明代正统、景泰、天顺御窑瓷器

景德镇御窑遗址出土与故宫博物院藏传世瓷器对比

故宫博物院　景德镇市陶瓷考古研究所 编

故宫出版社

Imperial Porcelains from the Reigns of Zhengtong, Jingtai and Tianshun in the Ming Dynasty

A Comparison of Porcelains from the Imperial Kiln Site at Jingdezhen and the Imperial Collection of the Palace Museum

Compiled by the Palace Museum and the Archaeological Research Institute of Ceramic in Jingdezhen

The Forbidden City Publishing House

序一

　　2014年，故宫博物院与景德镇市人民政府签署了合作框架协议，双方一致认为景德镇御器厂是明清皇家作坊之一，景德镇和故宫博物院有着天然的关系，双方有责任联合把御窑瓷器所代表的优秀文化展示出来，讲好御窑的故事。在这个框架内，双方在考古发掘、文物保护与修复、联合举办展览等方面开展了系列、深入的合作。从举办"明代御窑瓷器：景德镇御窑遗址出土与故宫博物院藏明代洪武、永乐、宣德御窑瓷器展"开始，双方已经联合举办过四次以明代御窑瓷器为主题的展览，不仅推进了关于明代御窑瓷器的研究，也产生了较好的社会效果。此次推出的"明代正统、景泰、天顺御窑瓷器展"，是我们双方合办系列展览中的第五个。对于故宫博物院与景德镇市人民政府几年来的密切合作以及所取得的丰硕成果，我由衷地感到高兴。

　　根据策展人的介绍，这次展览虽是系列对比展之一，但是对比手法有所改变：首先是选取的景德镇御窑产品，从断代史的角度把年代界定在从永乐、宣德时期直到成化时期，比较不同时期的异；其次是把景德镇御窑、龙泉窑、钧窑和磁州窑同时期的产品置于同一展室，展现不同窑场的同，在让观众看到景德镇御窑发展脉络的同时，也可以看到明代前期四大窑场的一致性。我认为和前几次景德镇御窑瓷器对比展相比较，这次展览不论是展品的包容方面，还是在历史广度方面都有较大的提升。

　　综合传世品和考古出土品来看，明代御窑瓷器已基本构建起洪武至万历时期的生产链条。长期以来，由于未能发现署正规年款的正统至天顺时期御窑瓷器，认识一直较为模糊，甚至称之为"空白期"或"黑暗期"。然而，考古工作者对景德镇御窑遗址开展的考古发掘，逐渐改变了人们的认识。1988年，考古工作者在景德镇明代御器厂遗址西墙内、靠近东司岭巷一带发现了以青花云龙纹缸为代表的正统时期瓷片堆积，印证了明代正统时期命御器厂烧造大龙缸的文献记载，说明正统时期御窑仍有烧造。2014年，考古工作者在御窑遗址珠山北麓发现了正统至天顺时期的地层，出土了数量巨大、种类丰富的瓷片。这些瓷片均不署年款，介于宣德地层和成化地层之间，以考古学证据证明了正统至天顺时期御窑烧造的历史。这一发现不仅改写了人们对"空白期"瓷器的认知，而且还将改写人们对传世品中一部分不署年款的、原定为宣德或成化时期御窑瓷器的认识，并能够充实、完善明代御窑从洪武至万历时期的生产链条，意义重大。

　　作为每年接待约1700万观众的大型博物馆，故宫博物院愿意借此平台，以精美的展览和文物图录，将考古新成果及时传达给观众，以服务于文物保护事业和公众教育事业。为此，2018年5月18日，正值国际博物馆日，故宫博物院联合景德镇市人民政府推出"明代正统、景泰、天顺御窑瓷器展"，展览终归有期，出版图录为了让展览成果能够在更大的时空范围内延续，是展览的自然延伸。

　　此次展览还得到了武汉博物馆和保利艺术博物馆的协助和支持。在此，我谨代表故宫博物院向上述各单位致以最诚挚的谢意！

故宫博物院院长

Preface I

In 2014, a collaborative framework agreement was signed between the Palace Museum and the Municipal People's Government of Jingdezhen. This close collaboration is particularly strongly fostered by the Jingdezhen Imperial Kiln site which, as one of the Imperial workshops during the Ming and Qing Dynasties, closely matches the research and curatorial priorities of both parties. Jingdezhen and the Palace Museum have a duty to understand, display and explain the high culture and craftsmanship represented by the Imperial Kilns, and to tell the stories behind the site in engaging and informative ways. As such, both sides have worked together to carry out excavations, conservation works and restorations as well as exhibitions. Since the first exhibition "Imperial Porcelains in the Reigns of Hongwu, Yongle and Xuande of the Ming Dynasty", another three exhibitions have followed on the themes of Ming Dynasty Imperial Porcelains. Not only do these exhibitions promote research on Ming Dynasty kiln porcelain, they have also had profound and highly beneficial social impacts. This is the fifth exhibition in this series: "Imperial Porcelains from the Reigns of Zhengtong, Jingtai and Tianshun in the Ming Dynasty". I am very grateful to see the many fruitful results produced by the extremely close collaboration between the Palace Museum and the Municipal People's Government of Jingdezhen.

This exhibition, in common with the previous exhibitions in this series, adopts a comparative perspective but with some new approaches: first, the collections are compared chronologically and typologically from the Yongle and Xuande period through until the Chenghua period. Second, this exhibition displays a diverse collection of contemporary imperial ceramics produced by different Imperial Kilns, including the Jingdezhen Kilns, Longquan Kilns, Jun Kilns and Cizhou Kilns. This comparative exhibition, therefore, not only reveals the development of the Jingdezhen Imperial Kilns but also highlights similar trends and developments among other imperial ceramic products during the early Ming Dynasty. I believe that this new approach has greatly enhanced this exhibition, in terms of both the diversity of collections on display and the renewed historical context provided by the wide range of artefacts on display.

Both museum collections and archaeological evidence chart a clear development of the Ming Imperial Ceramic Industry between the Hongwu and Wanli periods. It has traditionally been argued that between the Zhengtong and Tianshun reigns ceramic products did not bear reign marks and, as a result, this period has been labelled the 'Interregnum' period. However, this long-held view has been revised by the excavations at the Imperial Kiln site of Jingdezhen. In 1988, in the area of the west-wall of the Imperial Kiln and Dongsiling Alley, within an imperial ceramic waste pit dating to the Zhengtong reign, a blue and white porcelain vat bearing a dragon and cloud pattern was uncovered. This confirms documentary evidence for the firing of large dragon pattern vats in the Imperial Kiln during the Zhengtong period, and indicates that the Imperial Kilns were still running during that period. In 2014, excavations at the northern side of Zhushan Imperial Kiln site revealed an extensive collection of ceramic sherds from a variety of different vessel forms without any reign marks. Archaeologically, these can be dated by their stratigraphic position between material from the Xuande Period and the Chenghua Period and therefore date to the era between the Zhengtong and Tianshun reigns. The archaeological evidence, therefore, confirms and expands our knowledge of the history of Imperial Kiln production between the Zhengtong and Tianshun periods. This discovery rewrites the traditional understanding of Imperial ceramics in the 'Interregnum' period, as well as the chronology of collections without reign marks, which were originally thought to belong to the Xuande or Chenghua periods. It is of great significance, therefore, to fill in the gaps in our knowledge of the Jingdezhen Imperial Kiln, and ceramic production more generally, between the Hongwu and Wanli Periods.

As a world-class museum, the Palace Museum welcomes about 17 million visitors a year. We aim to capitalise on this privileged position to present new archaeological discoveries and research to our visitors through exquisitely designed and curated exhibitions; always striving to ensure that our collections and exhibitions serve to improve the conservation of the relics themselves as well as enhancing public education and awareness. The Palace Museum and the Municipal People's Government of Jingdezhen launched the "Imperial Porcelains from the Reigns of Zhengtong, Jingtai and Tianshun in the Ming Dynasty" exhibition on 18th May 2018—International Museums Day. The exhibition itself will eventually come to an end, but this catalogue allows it to have a life beyond the physical limitations of the exhibition. The exhibition: "Imperial Porcelains from the Reigns of Zhengtong, Jingtai and Tianshun in the Ming Dynasty" also received extensive and much welcomed support from the Wuhan Museum and the Poly Art Museum. On behalf of the Palace Museum, I would like to extend my most sincere gratitude to all of the above-mentioned partners.

Director of the Palace Museum
Shan Jixiang

序二

20 世纪 80 年代至今，景德镇市陶瓷考古研究所考古人员，为配合市政建设对景德镇御窑遗址进行了十多次的考古清理发掘，先后发现大量明清御窑遗物，其成果引起了国内外学术界瞩目。2014 年为配合基建，考古人员又在龙珠阁北麓发掘清理出大量正统至天顺时期的御窑瓷片，引起了国内外学术界广泛关注。

此次景德镇市陶瓷考古研究所与故宫博物院联合举办"明代正统、景泰、天顺御窑瓷器展"，是继 2017 年"明代御窑瓷器——景德镇御窑遗址出土与故宫博物院藏传世弘治、正德瓷器对比展"之后，再度合作举办的明代御窑瓷器系列展，体现了故宫博物院专家和学术界对景德镇陶瓷考古研究领域的熟悉了解及专深的研究，此次展览对中国陶瓷史研究有重大学术意义。

明代正统、景泰、天顺三朝瓷器，由于这一时期御窑不书年款，传世瓷器稀少，面貌不清，故被学术界称之为"空白期"。此次展出的 120 余件景德镇明代御器厂出土的"空白期"瓷器标本举世罕见，因有地层关系可考，年代可靠，是该时期瓷器的重要标准器，有重大的研究参考价值和学术研究价值，这对深入探讨研究"空白期"的瓷器和解决相关的学术问题提供了十分珍贵的资料。如此众多的"空白期"瓷器集中公开展示，这在国内外尚属首次。通过展览，可让观众加深了解景德镇明代中期瓷器特有的艺术风格，以及蕴藏在御窑瓷器中的历史文化与艺术和工艺技术方面的信息。

值展览开幕之际，我在这里代表中共景德镇市委、景德镇市人民政府感谢故宫博物院单霁翔院长等领导长期以来对景德镇文博事业的关心和大力支持！向为展览和图录编撰付出诸多心血的故宫博物院各位专家学者和工作人员表示深切的谢意！

最后，祝展览圆满成功！

中共景德镇市委书记

Preface II

From the 1980s, municipal construction projects provided archaeologists from the Archaeological Research Institute of Ceramic in Jingdezhen with the opportunity to conduct extensive excavations at the Imperial Kiln site of Jingdezhen. Here they uncovered great quantities of Imperial ceramics, dating from the Ming and Qing Dynasties, which quickly attracted great interest from academic circles within China as well as around the world. In 2014, a significant quantity of Imperial ceramics discovered at the northern side of Jingdezhen Imperial Kiln site, which belong to the reigns of Zhengtong to Tianshun, have once again drawn the attention of the scholarly community and the public.

This exhibition of "Imperial Porcelains from the Reigns of Zhengtong, Jingtai and Tianshun in the Ming Dynasty", designed and curated by the Archaeological Research Institute of Ceramic in Jingdezhen and the Palace Museum, represents a continued collaborative relationship following the earlier exhibition: "Imperial Porcelains in the Reigns of Hongzhi and Zhengde of the Ming Dynasty" in 2017. It, therefore, stands as a testament to the benefits offered by a close relationship between scholars and institutions which, in this case, has made an important contribution to the study of historical Chinese ceramics.

Due to the lack of ceramics bearing reign marks which originated during the Zhengtong, Jingtai and Tianshun reigns, our understanding of ceramics from this period has been relatively poor up until now and, for this reason, the era has been labelled the 'Interregnum' period. This exhibition represents the first time that over 120 pieces from the 'Interregnum' period, from the Imperial ceramics uncovered by the excavations in Jingdezhen, have been displayed. As all of these rare pieces have been revealed by archaeological excavations they can be well dated and are, therefore, highly important artefacts. These newly discovered Imperial ceramics allow this exhibition to promote and advance our understanding of porcelain from the 'Interregum' period. Hopefully, therefore, this exhibition will allow the audience to understand the historical context, manufacture and art of Chinese Imperial ceramic production during the middle Ming Dynasty in more depth and details than it has ever been possible before.

On behalf of the Jingdezhen Municipal Committee of the CPC and the Jingdezhen Municipal People's Government, I would like to extend my most sincere gratitude to Professor Shan Jixiang, Director of the Palace Museum, for his support in the development of the cultural heritage and museums of Jingdezhen. I also want to send my great gratitude to all the scholars and colleagues who contributed to the writing and editing of this catalogue.

To conclude, I wish this exhibition a resounding success.

Secretary of Jingdezhen Municipal Committee of the CPC
Zhong Zhisheng

目 录

Contents

图版目录

List of Plates

图版

Plates

引言

历史因新资料的发现而不断被修订、改写。

景德镇御窑遗址的考古成果，

也改变着以往关于正统、景泰、天顺时期御窑的认识。

大家都熟知：

永宣御窑瓷器中青花、甜白釉、鲜红釉等最著名；

成化御窑瓷器以淡描青花和斗彩为代表；

而正统、景泰、天顺时期的御窑，

却因实物证据不足，

一度被称为御窑生产的"空白期"。

但是 2014 年御窑遗址的最新考古发现向我们展示：

正统、景泰、天顺时期的御窑，

在继承永乐、宣德时期工艺成就的基础上，

青花、斗彩和仿龙泉青釉等方面均得以发展，

并开启了成化时期御窑瓷器的新风。

考古，不仅改变了学界对一些传世御窑瓷器的认知，

也让因认知不足而所说的"空白期"从此不再是空白。

Introduction

Human history has been constantly revised or re-written by new discoveries.

The same has happened to the knowledge on Imperial Kiln porcelains of the Ming Dynasty, which has been changed by archaeological excavations at the Ming-dynasty Imperial Kiln sites in Jingdezhen.

While there has been much knowledge about such widely-known Imperial Kiln porcelains of the Ming dynasty as blue-and-white, white-glazed and red-glazed porcelains of the Yongle and Xuande periods, *Doucai* porcelain of the Chenghua period, three reign periods of the dynasty – Zhengtong, Jingtai and Tianshun, had long been described by researchers of ceramics as the 'Interregnum' period, due to the practice of not using reign period inscriptions on the wares, and the lack of physical evidence.

As more and more physical objects were discovered, the mystery of the porcelains of these three periods has gradually been unveiled. Particularly, the latest archaeological discoveries in 2014 at the Ming-dynasty Imperial Kiln in Jingdezhen revealed that the Imperial Kiln during the Zhengtong, Jingtai and Tianshun periods, working on the basis of techniques from the Yongle and Xuande periods, achieved some development in such varieties as blue and white, *Doucai*, and celadon modeled on Longquan porcelain, and started what would later emerge in the Chenghua period, a new style of delicacy both in shape and ornamentation.

Not only did the archaeological discoveries at the Ming Imperial Kiln change our understanding of the ceramic products produced during the Ming and Qing Dynasties, they also explained that the lack of reign marks during the so-called 'Interregnum' period was not a gap of Imperial Ceramic productions.

第一单元：不识致"空白"

　　宣德时期和成化时期的御窑瓷器多有年款，而处于二者之间的正统、景泰、天顺时期，至今尚未发现一例有官式年款的御窑瓷器，长期以来缺少该时期御窑瓷器的标准器。在故宫博物院收藏的瓷器中，被认定为正统至天顺时期的瓷器数量并不多，且以民窑瓷器为主，面貌与永乐、宣德、成化时期御窑瓷器差别很大。2014年珠山北麓考古出土的正统、景泰、天顺时期的御窑瓷器，一部分与永乐、宣德御窑瓷器面貌接近，一部分和成化御窑瓷器风格相似。因此，以往被认为是永乐、宣德、成化时期御窑瓷器中的一些不署年款者，极有可能是正统、景泰、天顺时期御窑的产品。因此，所谓"空白期"，是以往对正统、景泰、天顺时期御窑瓷器认知的空白，而非生产的空白。

Section One:
The 'Interregnum' Period without Reign Marks

Imperial ceramics from the Xuande and Chenghua periods frequently bear markings identifying the reign under which they were produced. However, between these two periods, in the Zhengtong, Jingtai and Tianshun reigns, there is a complete absence of these 'reign marks' on known Imperial ceramic products. In addition, the standard-forms of Imperial ceramics dating to this period have also not been well understood due to a scarcity of firmly identified pieces. In the ceramic collections of the Palace Museum very few pieces can be dated to the period between the Zhengtong and Tianshun reigns and those which can be identified as belonging to this era are common, rather than Imperial ceramics. The quality and fabrics of these pieces are very different from the Imperial ceramics of the Yongle, Xuande or Chenghua reigns. In 2014, however, Imperial ceramics from the reigns of the Zhengtong, Jingtai and Tianshun Emperors were revealed during the excavation of the northern side of Jingdezhen Imperial Kiln site. According to the chronology of this site, it appears that the Imperial ceramics from this period bear strong similarities with the Imperial ceramics of the Yongle, Xuande and Chenghua periods. This may suggest that Imperial Ceramics without reign marks that have originally been dated to the Yongle, Xuande and Chenghua reigns may in fact date to the era of the Zhengtong, Jingtai and Tianshun reigns. The so-called 'Interregnum' period, therefore, represents a blank in our understanding of the ceramic products produced during the Zhengtong, Jingtai and Tianshun reigns, rather than a cessation in ceramic manufacture.

001 | 青花孔雀牡丹图罐

明正统
高 40 厘米　口径 20 厘米　足径 18.5 厘米
故宫博物院藏

罐敛口，短颈，丰肩，腹部内收，平底，圈足。罐通体施透明釉，外底不施釉，为垫烧部位，呈火石红色。外壁以青花描绘纹饰，自上而下共分四层。颈部绘卷草纹，肩部绘缠枝莲纹，腹部绘主体纹饰，近足处绘仰莲瓣纹。腹部主体纹饰为孔雀牡丹图，四只孔雀，姿态各异，立于牡丹花丛中。

Blue and white jar with design of peacock and peony
Zhengtong Period, Ming Dynasty, Height 40cm mouth diameter 20cm foot diameter 18.5cm, Collected by the Palace Museum

002 | 青花孔雀牡丹图梅瓶

明正统

高 36.5 厘米　口径 5 厘米　足径 12.8 厘米

故宫博物院藏

瓶圆唇，短颈，丰肩，弧腹斜向内收，平底，浅圈足。通体施透明釉，外底为垫烧部位，不施釉。外壁以青花描绘纹饰，发色浓艳。纹饰主要分为三层，肩部绘一周缠枝花卉，腹部绘主体图案，胫部绘蕉叶纹。主体图案为孔雀牡丹图，共绘两只孔雀，一雄一雌，雌孔雀闲庭信步，垂颈近地，雄孔雀尾部微张，翎毛竖立。

梅瓶是一种小口、短颈、丰肩、瘦底、圈足的瓶式，始见于唐代定窑。梅瓶有两种用途，一是用来插花，二是作盛酒的用具，宋时称"经瓶"。

Blue and white prunus vase with design of peacock and peony
Zhengtong Period, Ming Dynasty, Height 36.5cm mouth diameter 5cm foot diameter 12.8cm, Collected by the Palace Museum

青花人物故事图罐

明正统
高 35.7 厘米　口径 21.4 厘米　底径 20 厘米
故宫博物院藏

罐直口，短颈，丰肩，弧腹内收，平底。通体施透明釉，外底不施釉。外壁以青花为饰，自上至下，共分四层。颈部绘一周菱格锦地纹，肩部绘云鹤纹，腹部为主体图案，胫部绘海水纹。主体图案为几组人物故事图，包括三人对弈、樵夫过桥等内容，人物背景为云气、树木和仙鹤。

Blue and white jar with story design
Zhengtong Period, Ming Dynasty, Height 35.7cm mouth diameter 21.4cm bottom diameter 20cm, Collected by the Palace Museum

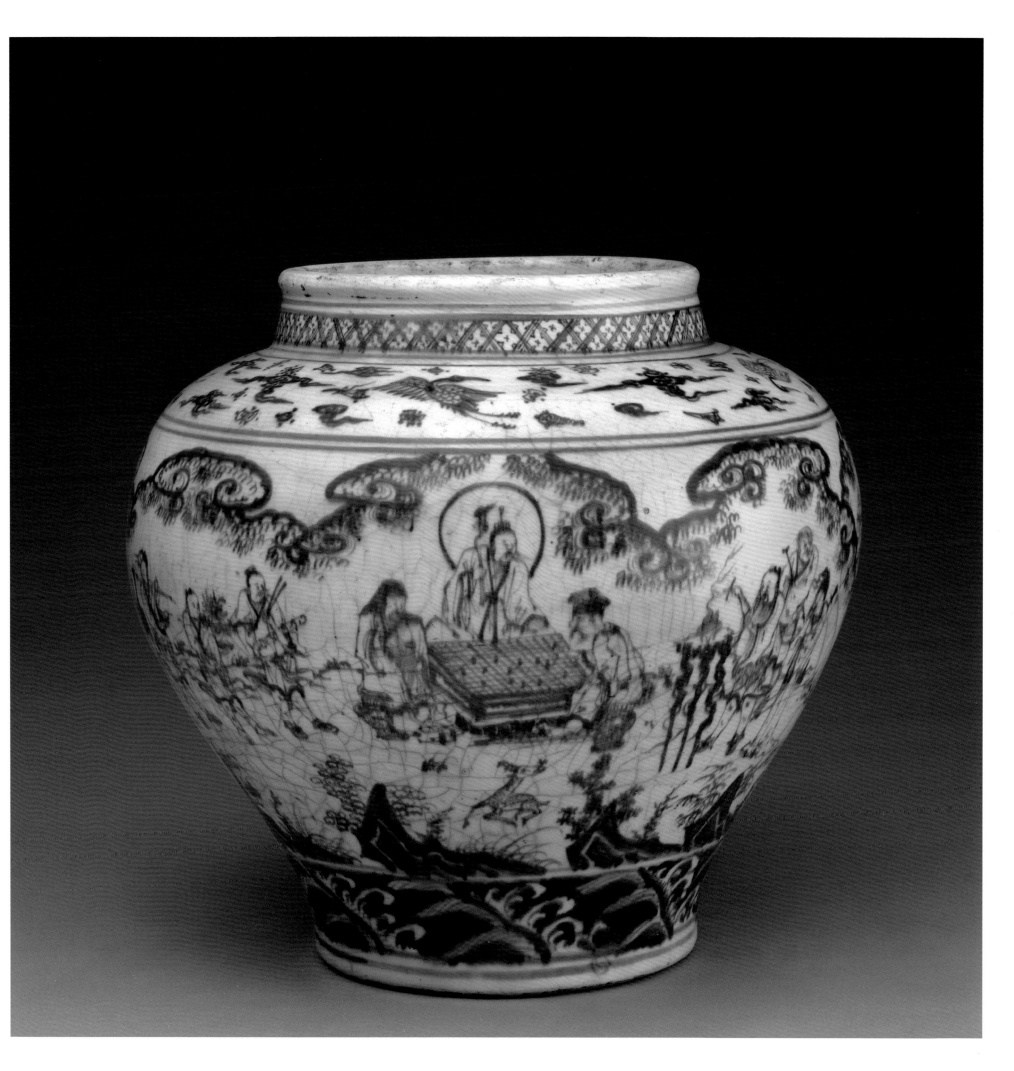

青花波斯文三足炉

明天顺
高 11.5 厘米　口径 15.3 厘米　足距 14 厘米
故宫博物院藏

炉直腹，三足，足端有磨损痕迹。外以青花为饰，口沿下饰回纹一周，腹部横书波斯文字三行，内底青花书"天顺年"三字。底釉略泛灰，外底施釉一周，底心无釉，现火石红。

外壁波斯文字出自波斯著名诗人萨迪（Sa'di, Moshlefoddin Mosaleh，1208~1291）的诗集《果园》，诗文内容译为："年轻人啊，敬主惜今；明朝易老，青春难擒。洁身守斋，尚不虔诚；周济穷人，方可安心。心无烦忧，能量身聚；驰骋球场，马球猛击。为政宽仁，不伤民心；欺压百姓，自掘老根。智者谦逊，宛如果品；累累枝头，不伐不矜。"明天顺时期距萨迪离世有一百余年。

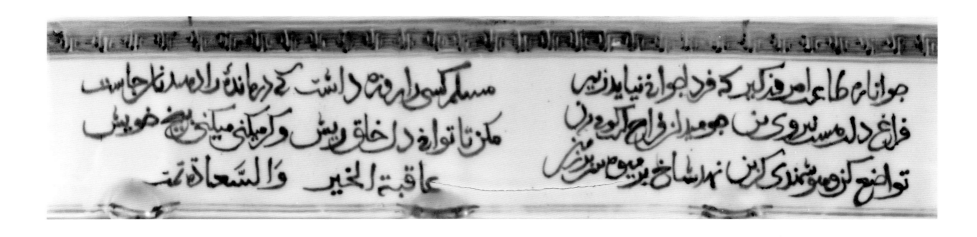

Blue and white tripod incense burner with Persian inscriptions
Tianshun Period, Ming Dynasty, Height 11.5cm mouth diameter 15.3cm distance between feet 14cm, Collected by the Palace Museum

کسور [؟] داشت که در جهانذ را [؟] صلف حاس...
ارواره داخلوریش و کرمیکنی میکنی بن...
عاقبت الخیر و السعاد نمن

جوانان طایع امرونذکبر که فردا جوانذ نیایذزیر...
فارغ دل ه سر نروی من جوهیدار فراح کنوون...
تواضع کنروشهندی کبن نهداشاخ بر میوصدربر...

005 青花云龙纹碗

明天顺

高 7.2 厘米　口径 16.3 厘米　足径 6.2 厘米

武汉博物馆藏，2007 年武汉市江夏区明代镇国将军朱季埅墓出土

碗敞口，弧腹，圈足。碗通体施透明釉，圈足端不施釉。内外以青花为饰。器内壁近口沿处饰青花双圈，碗心青花双圈内饰云龙纹，龙身周围衬以火焰云纹；外壁近口沿处绘有一圈菱格锦地纹，腹部主题纹饰为海水云龙纹，龙两两相对回首而舞，中间为"壬"字形云纹，下部饰海水江崖纹。

器物造型不甚规整，但构图饱满，纹饰运笔流畅。釉面泛青，青花发色浓艳，有晕散的现象，色深之处布满黑色的铁锈斑，手抚有凹凸不平之感。器心及内壁肉眼可见长短不一的细小划痕，应为使用过的痕迹。外底青花楷书"天顺年置"四字竖铭。

Blue and white bowl with design of dragon and cloud
Tianshun Period, Ming Dynasty, Height 7.2cm mouth diameter 16.3cm foot diameter 6.2cm, Unearthed at tomb of Zhu Jigong, General of Ming Dynasty, in Jiangxia District of Wuhan, Collected by the Wuhan Museum

青花云龙纹缸

明正统

高 75.5 厘米　口径 75 厘米　腹径 88 厘米　底径 61 厘米

景德镇御窑博物馆藏，1988 年景德镇御窑遗址出土

缸直口，短颈，溜肩，圆腹，平底，形制古朴厚重。内外施透明釉，外底不施釉。外壁以青花为饰。口沿绘卷草纹一周，肩部及底部绘莲瓣纹，腹身满饰双龙戏珠流云纹，龙腾云飞，气势恢宏。青花云龙纹缸集观赏性和实用性于一体，造型古朴典雅，云龙纹刚劲威武。

Blue and white vat with design of dragon and cloud
Zhengtong Period, Ming Dynasty, Height 75.5cm mouth diameter 75cm belly diameter 88cm bottom diameter 61cm, Unearthed at Imperial Kiln site of Jingdezhen in 1988, Collected by the Imperial Kiln Museum of Jingdezhen

青花翼龙纹花盆

明正统至天顺

高 22 厘米　口径 42 厘米　底径 25 厘米

景德镇市陶瓷考古研究所藏，2014 年景德镇御窑遗址珠山北麓出土

该器胎体厚重，敞口，折沿，深弧腹，底部连有托座。底部中心有一圆形小孔。内外施透明釉，外底不施釉。外壁以青花为饰。口沿绘卷草纹一周，外壁绘四爪翼龙纹及云纹，底部塑如意云头纹。2014 年景德镇御窑遗址珠山北麓出土了一批造型相同的花盆，尺寸有大、中、小三种，此器为最小者。

翼龙是中国古代神话传说中一种有翅膀的龙，是龙中寿命最长者，又名应龙。《述异记》记载："龙五百年为角龙，千年为应龙。"由此可知，明清时期翼龙被视作长寿的象征。

Blue and white flowerpot with design of winged dragon
Zhengtong to Tianshun Period, Ming Dynasty, Height 22cm mouth diameter 42cm bottom diameter 25cm, Unearthed at northern side of Zhushan Imperial Kiln site of Jingdezhen in 2014, Collected by the Archaeological Research Institute of Ceramic in Jingdezhen

青花翼龙纹花盆

明正统至天顺

高 25 厘米　口径 51 厘米　底径 25 厘米

景德镇市陶瓷考古研究所藏，2014 年景德镇御窑遗址珠山北麓出土

该器胎体厚重，敞口，折沿，深弧腹，底部连有托座。底部中心有一圆形小孔。内外施透明釉，外底不施釉。外壁以青花为饰。口沿绘卷草纹一周，外壁绘四爪翼龙纹及云纹，底部塑如意云头纹。翼龙是中国古代神话传说中一种有翅膀的龙。2014 年景德镇御窑遗址珠山北麓出土了一批造型相同的花盆，尺寸有大、中、小三种，此器为中型者。

Blue and white flowerpot with design of winged dragon
Zhengtong to Tianshun Period, Ming Dynasty, Height 25cm mouth diameter 51cm bottom diameter 25cm, Unearthed at northern side of Zhushan Imperial Kiln site of Jingdezhen in 2014, Collected by the Archaeological Research Institute of Ceramic in Jingdezhen

037

青花翼龙纹花盆

明正统至天顺

高 30 厘米　口径 60 厘米　底径 30 厘米

景德镇市陶瓷考古研究所藏，2014 年景德镇御窑遗址珠山北麓出土

该器胎体厚重，敞口，折沿，深弧腹，底部连有托座。底部中心有一圆形小孔。内外施透明釉，外底不施釉。外壁以青花为饰。口沿绘卷草纹一周，外壁绘四爪翼龙纹及云纹，底部塑如意云头纹。翼龙是中国古代神话传说中一种有翅膀的龙。2014 年景德镇御窑遗址珠山北麓出土了一批造型相同的花盆，尺寸有大、中、小三种，此器为大型者。

Blue and white flowerpot with design of winged dragon
Zhengtong to Tianshun Period, Ming Dynasty, Height 30cm mouth diameter 60cm bottom diameter 30cm, Unearthed at northern side of Zhushan Imperial Kiln site of Jingdezhen in 2014, Collected by the Archaeological Research Institute of Ceramic in Jingdezhen

青花麒麟海怪图花盆

明正统至天顺

高 21 厘米　口径 42 厘米　底径 23 厘米

景德镇市陶瓷考古研究所藏，2014 年景德镇御窑遗址珠山北麓出土

该器胎体厚重，敞口，折沿，深弧腹，底部连有托座。底部中心有一圆形小孔。内外施透明釉，外底不施釉。外壁以青花为饰。口沿绘团花一周，外壁绘麒麟海怪图，底部塑如意云头纹。麒麟为象征祥瑞之兽，青花瓷器上的麒麟图案最早出现在元代，明代更为普遍。2014 年景德镇御窑遗址珠山北麓出土了一批造型相同的花盆，尺寸有大、中、小三种，此器为最小者。

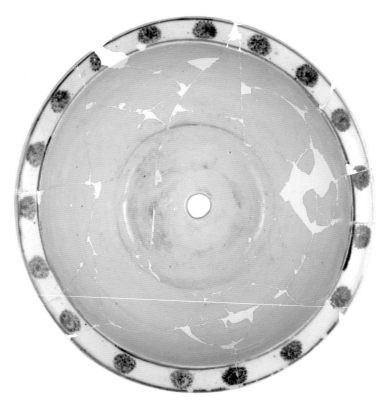

Blue and white flowerpot with design of *Qilin* and sea monsters
Zhengtong to Tianshun Period, Ming Dynasty, Height 21cm mouth diameter 42cm bottom diameter 23cm, Unearthed at northern side of Zhushan Imperial Kiln site of Jingdezhen in 2014, Collected by the Archaeological Research Institute of Ceramic in Jingdezhen

青花麒麟海怪图花盆

明正统至天顺
高 25 厘米　口径 50 厘米　底径 25 厘米
景德镇市陶瓷考古研究所藏，2014 年景德镇御窑遗址珠山北麓出土

该器胎体厚重，敞口，折沿，深弧腹，底部连有托座。底部中心有一圆形小孔。内外施透明釉，外底不施釉。外壁以青花为饰。口沿绘团花一周，外壁绘麒麟海怪图，底部塑如意云头纹。麒麟为象征祥瑞之兽，青花瓷器上的麒麟图案最早出现在元代，明代更为普遍。2014 年景德镇御窑遗址珠山北麓出土了一批造型相同的花盆，尺寸有大、中、小三种，此器为中型者。

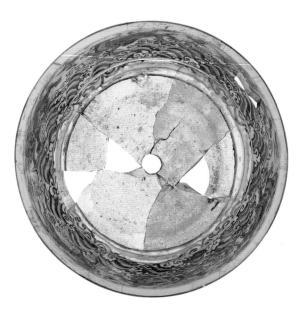

Blue and white flowerpot with design of *Qilin* and sea monsters
Zhengtong to Tianshun Period, Ming Dynasty, Height 25cm mouth diameter 50cm bottom diameter 25cm, Unearthed at northern side of Zhushan Imperial Kiln site of Jingdezhen in 2014, Collected by the Archaeological Research Institute of Ceramic in Jingdezhen

青花麒麟海怪图花盆

明正统至天顺

高 30 厘米　口径 60 厘米　底径 32 厘米

景德镇市陶瓷考古研究所藏，2014 年景德镇御窑遗址珠山北麓出土

该器胎体厚重，敞口，折沿，深弧腹，底部连有托座。底部中心有一圆形小孔。内外施透明釉，外底不施釉。外壁以青花为饰。口沿绘团花一周，外壁绘麒麟海怪图，底部塑如意云头纹。麒麟为象征祥瑞之兽，青花瓷器上的麒麟图案最早出现在元代，明代更为普遍。2014 年景德镇御窑遗址珠山北麓出土了一批造型相同的花盆，尺寸有大、中、小三种，此器为大型者。

Blue and white flowerpot with design of *Qilin* and sea monsters
Zhengtong to Tianshun Period, Ming Dynasty, Height 30cm mouth diameter 60cm bottom diameter 32cm, Unearthed at northern side of Zhushan Imperial Kiln site of Jingdezhen in 2014,
Collected by the Archaeological Research Institute of Ceramic in Jingdezhen

青花麒麟图盘

明成化

高 6.5 厘米　口径 34.2 厘米　足径 22.2 厘米

故宫博物院藏

盘圆唇，敞口，浅弧壁，矮圈足。里外青花装饰。内口沿饰双圈，内底双圈内绘双麒麟伴以云纹。外口沿饰双圈，外壁以青花绘六只麒麟及朵云纹。口沿下自右向左青花横书"大明成化年制"楷书款。外足墙绘饰双圈。外底露胎。

此盘为成化时期的大器，造型规整、端庄。青花色调亮丽，笔法细腻流畅，与明代中期流行的工笔绘画艺术相通。

成化时期的青花，以江西乐平所出的平等青（又称"陂塘青"）代替永乐、宣德时期的进口青料"苏麻离青"，发色浅蓝带灰，柔和淡雅。

Blue and white plate with *Qilin* design
Chenghua Period, Ming Dynasty, Height 6.5cm mouth diameter 34.2cm foot diameter 22.2cm, Collected by the Palace Museum

014 | 青花麒麟图盘

明成化
高 6.5 厘米　口径 35 厘米　足径 21.7 厘米
故宫博物院藏

盘敞口，弧壁，圈足。里外青花装饰。内外施透明釉，外底不施釉。外壁绘六只麒麟，首尾相接；内底心双圈内绘两只麒麟伴以云纹，首尾追逐。无款。

Blue and white plate with *Qilin* design
Chenghua Period, Ming Dynasty, Height 6.5cm mouth diameter 35cm foot diameter 21.7cm, Collected by the Palace Museum

青花海水龙纹盘

明正统至天顺

高 4.5 厘米　足径 11 厘米

景德镇市陶瓷考古研究所藏，2014 年景德镇御窑遗址珠山北麓出土

盘侈口，浅弧壁，矮圈足。通体施透明釉，圈足端不施釉。内外青花装饰。内底青花双圈中以青花淡描海水，上绘一条五爪龙。外壁同样绘海水，其中有龙九条，形态各异。海水龙纹系明清御窑瓷器最为常见的一类纹饰，自永乐时期出现以后长期沿用。该器胎坚釉润。

Blue and white plate with design of dragon among waves
Zhengtong to Tianshun Period, Ming Dynasty, Height 4.5cm foot diameter 11cm, Unearthed at northern side of Zhushan Imperial Kiln site of Jingdezhen in 2014,
Collected by the Archaeological Research Institute of Ceramic in Jingdezhen

青花海水龙纹盘

明正统至天顺

高 4.5 厘米　足径 13 厘米

景德镇市陶瓷考古研究所藏，2014 年景德镇御窑遗址珠山北麓出土

盘侈口，浅弧壁，矮圈足。通体施透明釉，圈足端不施釉。内外青花装饰，内底青花双圈中以青花淡描海水，上绘一条五爪龙。外壁同样绘海水，其中有龙九条，形态各异。

Blue and white plate with design of dragon among waves
Zhengtong to Tianshun Period, Ming Dynasty, Height 4.5cm foot diameter 13cm, Unearthed at northern side of Zhushan Imperial Kiln site of Jingdezhen in 2014, Collected by the Archaeological Research Institute of Ceramic in Jingdezhen

051

017 | 青花海水龙纹碗

明正统至天顺

高 8 厘米　口径 13.6 厘米　足径 7.7 厘米

景德镇市陶瓷考古研究所藏，2014 年景德镇御窑遗址珠山北麓出土

碗直口，深弧腹，圈足。通体施透明釉，圈足端不施釉。内外青花装饰。内底青花双圈内以青花淡描海水，上绘一条翻腾的五爪龙纹。外壁同样绘海浪，其中遍布龙数条，形态各异，龙造型威猛，长吻、利齿，呼之欲出。

Blue and white bowl with design of dragon among waves
Zhengtong to Tianshun Period, Ming Dynasty, Height 8cm mouth diameter 13.6cm foot diameter 7.7cm, Unearthed at northern side of Zhushan Imperial Kiln site of Jingdezhen in 2014, Collected by the Archaeological Research Institute of Ceramic in Jingdezhen

青花海水龙纹碗

明正统至天顺
高 7.5 厘米　足径 7.5 厘米
景德镇市陶瓷考古研究所藏，2014 年景德镇御窑遗址珠山北麓出土

　　碗直口，深弧腹，圈足。通体施透明釉，圈足端不施釉。内外青花装饰。内底青花双圈中以青花淡描海水，上绘龙纹。外壁亦绘海水龙纹。该器轻盈精致，胎釉俱佳，青花艳丽明快，龙纹生动威仪。

Blue and white bowl with design of dragon among waves
Zhengtong to Tianshun Period, Ming Dynasty, Height 7.5cm foot diameter 7.5cm, Unearthed at northern side of Zhushan Imperial Kiln site of Jingdezhen in 2014, Collected by the Archaeological Research Institute of Ceramic in Jingdezhen

青花海水龙纹碗

明正统至天顺

高 7.8 厘米　口径 15 厘米　足径 7 厘米

景德镇市陶瓷考古研究所藏，2014 年景德镇御窑遗址珠山北麓出土

碗侈口，深弧腹，圈足。通体施透明釉，圈足端不施釉。内外青花装饰。内底双圈中以青花淡描海水，上绘五爪龙一条。外壁近口沿处绘钱纹一周，腹壁绘海水龙纹，有龙九条，形态各异。

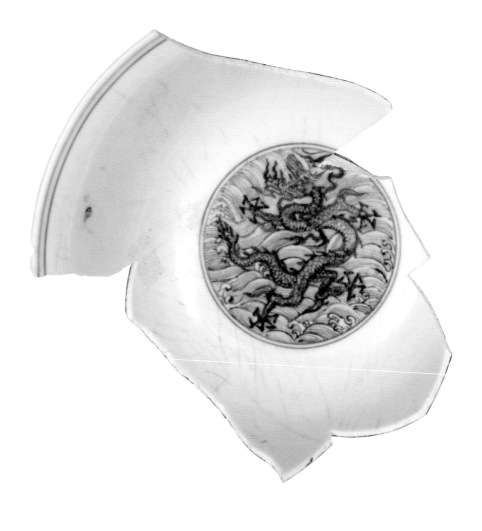

Blue and white bowl with design of dragon among waves
Zhengtong to Tianshun Period, Ming Dynasty, Height 7.8cm mouth diameter 15cm foot diameter 7cm, Unearthed at northern side of Zhushan Imperial Kiln site of Jingdezhen in 2014,
Collected by the Archaeological Research Institute of Ceramic in Jingdezhen

青花海水龙纹碗

明正统至天顺

高 5.4 厘米　口径 10 厘米　足径 4 厘米

景德镇市陶瓷考古研究所藏，2014 年景德镇御窑遗址珠山北麓出土

碗侈口，深弧腹，圈足。通体施透明釉，圈足端不施釉。内外青花装饰。内底青花双圈中以青花淡描海水，上绘五爪龙一条。外壁亦绘海水龙纹。该器所绘龙纹凶猛矫健，造型古拙，颇有意趣。而青花发色蓝中泛紫，蓝白两色交相辉映，对比鲜明。

Blue and white bowl with design of dragon among waves
Zhengtong to Tianshun Period, Ming Dynasty, Height 5.4cm mouth diameter 10cm foot diameter 4cm, Unearthed at northern side of Zhushan Imperial Kiln site of Jingdezhen in 2014, Collected by the Archaeological Research Institute of Ceramic in Jingdezhen

青花海水龙纹高足碗

明正统至天顺

残高 8 厘米　足径 4.4 厘米

景德镇市陶瓷考古研究所藏，2014 年景德镇御窑遗址珠山北麓出土

碗弧腹，柱足中空，足底微外撇。通体施透明釉，圈足端不施釉。内外青花装饰。内底青花双圈中以青花淡描海水，上绘一条五爪龙。外腹壁同样绘海浪，其上遍布龙纹，形态各异。高足外壁亦满饰海浪纹。

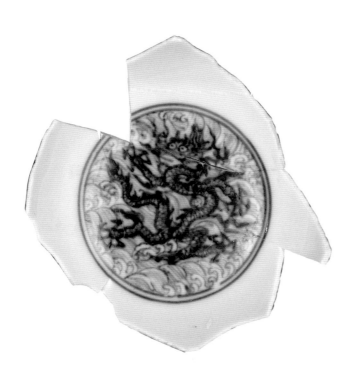

Blue and white bowl with high stem and design of dragon among waves
Zhengtong to Tianshun Period, Ming Dynasty, Remaining height 8cm foot diameter 4.4cm, Unearthed at northern side of Zhushan Imperial Kiln site of Jingdezhen in 2014,
Collected by the Archaeological Research Institute of Ceramic in Jingdezhen

青花海水翼龙纹碗

明正统至天顺

高 7.5 厘米　口径 15 厘米　足径 7.5 厘米

景德镇市陶瓷考古研究所藏，2014 年景德镇御窑遗址珠山北麓出土

碗直口，深弧腹，圈足。通体施透明釉，圈足端不施釉。内外青花装饰。器内底绘翼龙。外壁近口沿处绘一周落花流水纹，其下则绘翼龙、马、狮、麒麟、象、鱼、犬、羊、螺九种瑞兽跃于海浪之上。该器造型端庄，青花发色明亮清晰，瑞兽须发飘摆、神采昂扬。

Blue and white bowl with design of winged dragon among waves
Zhengtong to Tianshun Period, Ming Dynasty, Height 7.5cm mouth diameter 15cm foot diameter 7.5cm, Unearthed at northern side of Zhushan Imperial Kiln site of Jingdezhen in 2014, Collected by the Archaeological Research Institute of Ceramic in Jingdezhen

023 | 青花海水翼龙纹碗

明正统至天顺

足径 8.8 厘米

景德镇市陶瓷考古研究所藏，2014 年景德镇御窑遗址珠山北麓出土

碗弧腹，圈足。通体施透明釉，圈足端不施釉。内外以青花为饰。内底青花双圈内绘海水翼龙纹。外壁主题图案为青花瑞兽纹，间隙填以青花海水纹。

Blue and white bowl with design of winged dragon among waves
Zhengtong to Tianshun Period, Ming Dynasty, Foot diameter 8.8cm, Unearthed at northern side of Zhushan Imperial Kiln site of Jingdezhen in 2014, Collected by the Archaeological Research Institute of Ceramic in Jingdezhen

059

| **青花翼龙纹碗**

明正统至天顺

残高 3.5 厘米　残长 14.5 厘米　足径 8.5 厘米

景德镇市陶瓷考古研究所藏，2014 年景德镇御窑遗址珠山北麓出土

碗浅弧腹，圈足。通体施透明釉，圈足端不施釉。内外以青花为饰。器内底青花双圈内绘翼龙。

Blue and white bowl with design of winged dragon

Zhengtong to Tianshun Period, Ming Dynasty, Remaining height 3.5cm remaining length 14.5cm foot diameter 8.5cm, Unearthed at northern side of Zhushan Imperial Kiln site of Jingdezhen in 2014, Collected by the Archaeological Research Institute of Ceramic in Jingdezhen

青花翼龙纹碗

明成化

残长 10.2 厘米　足径 7.2 厘米

景德镇市陶瓷考古研究所藏，2014 年景德镇御窑遗址珠山北麓出土

碗浅弧腹，圈足。内外壁施透明釉，圈足端不施釉。器内底绘青花翼龙一条，气势磅礴，动态十足。外底书青花"大明成化年制"六字双行外围双圈楷书款。

Blue and white bowl with design of winged dragon
Chenghua Period, Ming Dynasty, Remaining length 10.2cm foot diameter 7.2cm, Unearthed at northern side of Zhushan Imperial Kiln site of Jingdezhen in 2014, Collected by the Archaeological Research Institute of Ceramic in Jingdezhen

青花翼龙纹盘

明正统至天顺

高 4.3 厘米　口径 21.5 厘米　足径 13.5 厘米

景德镇市陶瓷考古研究所藏，2014 年景德镇御窑遗址珠山北麓出土

盘侈口，浅弧壁，圈足。通体施透明釉，圈足端不施釉。内外均以青花为饰。内底青花双圈内绘翼龙。外口沿饰一周回纹，外壁绘九种瑞兽，有龙、马、狮、龟、象、鹿、羊、螺、麒麟。对比出土标本和传世实物，盘的留白处，可能是为填矾红彩图案预留的位置。

Blue and white plate with design of winged dragon
Zhengtong to Tianshun Period, Ming Dynasty, Height 4.3cm mouth diameter 21.5cm foot diameter 13.5cm, Unearthed at northern side of Zhushan Imperial Kiln site of Jingdezhen in 2014, Collected by the Archaeological Research Institute of Ceramic in Jingdezhen

青花海水翼龙纹盘

明成化
高 4.4 厘米　口径 20.4 厘米　足径 12.3 厘米
故宫博物院藏

盘侈口，弧壁，圈足，盘心微塌。通体施透明釉，圈足端不施釉。内外以青花为饰。内外壁口沿绘卷草纹，盘心绘翼龙，内外壁以海水浪花为地绘各种海兽纹。

海水翼龙纹承袭宣德器物，但此时画意已较宣德青花平和。海水纹以淡描青花描绘，翼龙和海兽以深色青花描绘，反映出这一时期对国产料的应用已非常娴熟。

Blue and white plate with design of winged dragon among waves
Chenghua Period, Ming Dynasty, Height 4.4cm mouth diameter 20.4cm foot diameter 12.3cm, Collected by the Palace Museum

青花暗刻海水龙纹盘

明正统至天顺

高 4.4 厘米　口径 21.4 厘米　足径 14 厘米

景德镇市陶瓷考古研究所藏，2014 年景德镇御窑遗址珠山北麓出土

盘敞口，浅弧壁，圈足。通体施透明釉，圈足端不施釉。内外均以青花为饰。内底与内口沿饰两道弦纹，外口沿绘朵花锦纹一周，圈足外壁绘弦纹四道。外壁釉下刻海水云龙纹。2014年珠山北麓出土有青花绿彩暗刻海水云龙纹器物，据此推测此件为这类器物的半成品。

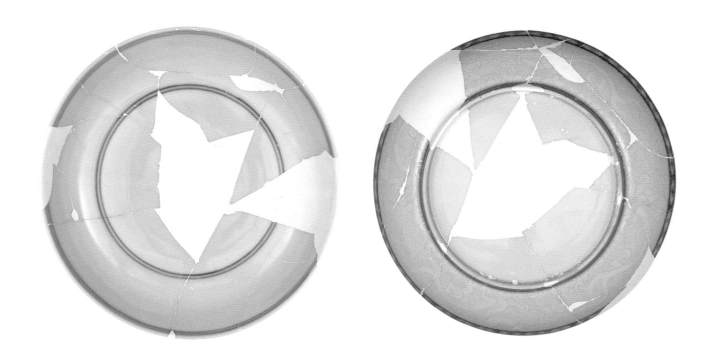

Blue and white plate with hidden design of incised dragon among waves
Zhengtong to Tianshun Period, Ming Dynasty, Height 4.4cm mouth diameter 21.4cm foot diameter 14cm, Unearthed at northern side of Zhushan Imperial Kiln site of Jingdezhen in 2014, Collected by the Archaeological Research Institute of Ceramic in Jingdezhen

029 | 青花暗刻海水龙纹杯

明正统至天顺

高 5 厘米　口径 10 厘米　足径 4 厘米

景德镇市陶瓷考古研究所藏，2014 年景德镇御窑遗址珠山北麓出土

杯侈口，深弧腹，圈足。通体施透明釉，釉色泛青，圈足端不施釉。内外均以青花装饰。内壁近口沿处及杯心各绘弦纹两道，外壁近口沿处绘朵花锦纹一周，近足和足墙上各绘弦纹两周。外壁釉下刻海水龙纹。2014 年珠山北麓出土有青花绿彩暗刻海水云龙纹器物，据此推测此件为这类器物的半成品。

Blue and white cup with hidden design of incised dragon among waves
Zhengtong to Tianshun Period, Ming Dynasty, Height 5cm mouth diameter 10cm foot diameter 4cm, Unearthed at northern side of Zhushan Imperial Kiln site of Jingdezhen in 2014, Collected by the Archaeological Research Institute of Ceramic in Jingdezhen

067

030 青花暗刻海水龙纹高足碗

明正统至天顺

高 10.7 厘米　口径 16 厘米　足径 4.5 厘米

景德镇市陶瓷考古研究所藏，2014 年景德镇御窑遗址珠山北麓出土

碗侈口，深弧腹，柱足中空，足底微外撇。通体施透明釉，圈足端不施釉。内底碗心绘青花双圈。外壁近口沿处绘一周朵花锦纹，腹壁布满暗刻的海水纹饰，足外壁亦然，近底处暗刻一圈仙山纹饰，其中又暗刻龙纹两组，间以朵云纹。2014 年珠山北麓出土有青花绿彩暗刻海水云龙纹器物，据此推测此件为这类器物的半成品。

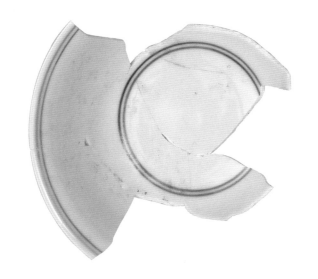
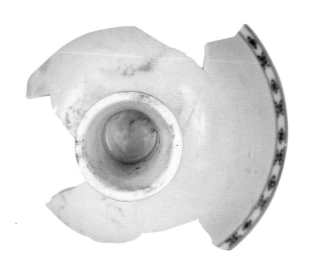

Blue and white bowl with high stem and hidden design of incised dragon among waves
Zhengtong to Tianshun Period, Ming Dynasty, Height 10.7cm mouth diameter 16cm foot diameter 4.5cm, Unearthed at northern side of Zhushan Imperial Kiln site of Jingdezhen in 2014, Collected by the Archaeological Research Institute of Ceramic in Jingdezhen

明正统
高 4 厘米　口径 17.8 厘米　足径 10.9 厘米
景德镇御窑博物馆藏，1988 年景德镇御窑遗址出土

盘侈口，浅弧壁，矮圈足，足微敛。通体施透明釉，圈足端不施釉。内外以青花为饰。内口沿处绘一周折线锦纹，盘心绘海水纹，外壁亦满绘海水纹。此器之青花发色浓艳而略带晕散，蓝色的海水与留白的浪花形成汹涌海潮，气势壮观。明代永乐、宣德瓷器，海水纹多作为龙纹、瑞兽纹、江崖纹等的地纹，单纯描绘海水的纹饰乃正统御窑独创。

Blue and white plate with wave design
Zhengtong Period, Ming Dynasty, Height 4cm mouth diameter 17.8cm foot diameter 10.9cm, Unearthed at Imperial Kiln site of Jingdezhen in 1988, Collected by the Imperial Kiln Museum of Jingdezhen

青花海水纹盘

明正统

高 4.4 厘米　口径 21.4 厘米　足径 14 厘米

景德镇御窑博物馆藏，1990 年景德镇御窑遗址出土

盘敞口，浅弧壁，圈足。通体施透明釉，圈足端不施釉。内底与外壁均以青花绘海水纹。

Blue and white plate with wave design
Zhengtong Period, Ming Dynasty, Height 4.4cm mouth diameter 21.4cm foot diameter 14cm, Unearthed at Imperial Kiln site of Jingdezhen in 1990, Collected by the Imperial Kiln Museum of Jingdezhen.

071

青花海水纹盘

明正统

高 3.5 厘米　口径 15 厘米　足径 8.5 厘米

景德镇御窑博物馆藏，1990 年景德镇御窑遗址出土

盘侈口，浅弧壁，圈足。通体施透明釉，圈足端不施釉。内外青花装饰。盘内口沿处绘一周折线锦纹，盘心绘海水纹。外壁亦满绘海水纹。经检测，该器青花系进口与国产混合料绘制，发色深沉，可见黑斑。

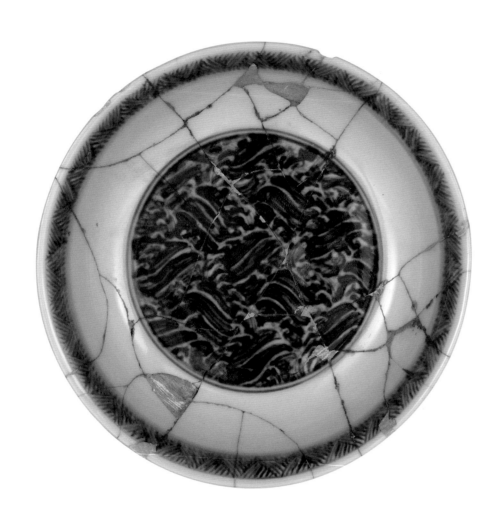

Blue and white plate with wave design

Zhengtong Period, Ming Dynasty, Height 3.5cm mouth diameter 15cm foot diameter 8.5cm, Unearthed at Imperial Kiln site of Jingdezhen in 1990, Collected by the Imperial Kiln Museum of Jingdezhen

青花海水纹碗

明正统

高 7.2 厘米　口径 17.9 厘米　足径 7.8 厘米

景德镇御窑博物馆藏，1988 年景德镇御窑遗址出土

碗侈口，弧腹，圈足。通体施透明釉，圈足端不施釉。口沿内壁绘折线锦纹一周，内心双圈内饰海水纹，外壁亦绘海水纹。青花深浅相衬，更显得波涛汹涌。

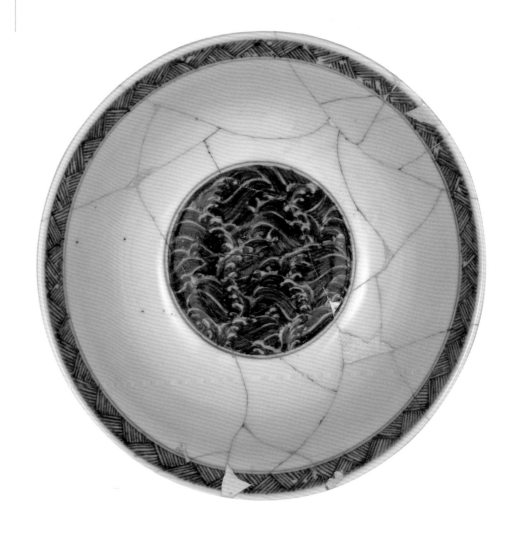

Blue and white bowl with wave design
Zhengtong Period, Ming Dynasty, Height 7.2cm mouth diameter 17.9cm foot diameter 7.8cm, Unearthed at Imperial Kiln site of Jingdezhen in 1988,
Collected by the Imperial Kiln Museum of Jingdezhen

青花海水纹高足碗

明正统

高 10.7 厘米 口径 15.4 厘米 足径 4.5 厘米

景德镇御窑博物馆藏，1988 年景德镇御窑遗址出土

碗侈口，弧腹，高圈足。柱足中空，足微外撇。通体施透明釉，圈足端不施釉。内外均以青花为饰。内口沿处绘折线锦纹，碗心绘海水纹，外壁通体绘海水纹。

Blue and white bowl with high stem and wave design
Zhengtong Period, Ming Dynasty, Height 10.7cm mouth diameter 15.4cm foot diameter 4.5cm, Unearthed at Imperial Kiln site of Jingdezhen in 1988,
Collected by the Imperial Kiln Museum of Jingdezhen

青花海兽纹盘

明正统至天顺
高 4 厘米　足径 9.5 厘米
景德镇市陶瓷考古研究所藏，2014 年景德镇御窑遗址珠山北麓出土

盘侈口，弧壁，圈足。通体施透明釉，釉色泛青，圈足端不施釉。内外以青花为饰。内壁近口沿处饰青花弦纹两周，内底心双圈内以淡描海水衬托瑞象图案。器物外壁口沿绘落花流水纹一周，腹部绘九只瑞兽腾跃于海水之中。

从出土资料看，正统、景泰、天顺时期常以瑞兽、海水作为器物的装饰纹样。为了凸显瑞兽等主题纹饰，常以较浓的青花料描绘，而作为辅助纹样的海水纹则用料较浅，整幅画面色彩浓淡相宜。

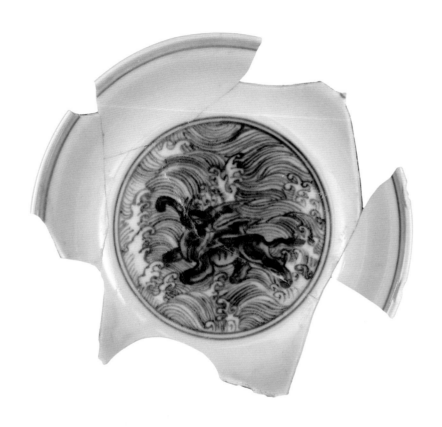

Blue and white plate with design of fictional animals among waves
Zhengtong to Tianshun Period, Ming Dynasty, Height 4cm foot diameter 9.5cm, Unearthed at northern side of Zhushan Imperial Kiln site of Jingdezhen in 2014, Collected by the Archaeological Research Institute of Ceramic in Jingdezhen

青花海兽纹盘

明正统至天顺

高 4.5 厘米　口径 22 厘米　足径 13.7 厘米

景德镇市陶瓷考古研究所藏，2014 年景德镇御窑遗址珠山北麓出土

盘敞口，浅弧壁，圈足。通体施透明釉，圈足端不施釉。内外青花装饰。内底青花双圈内绘海水纹，中心绘一只瑞象。外壁口沿处绘落花流水纹，其下满绘海水纹，并绘马、象等几种瑞兽跃于海浪之上。该器胎体轻薄，釉质肥厚，青花发色艳丽。

海水瑞兽纹是明永乐、宣德直至成化时期的传统装饰纹样。早期器物上一般绘 12 至 16 只海兽，形象较为模糊，而成化器物上一般绘九种或少于九种瑞兽，形象已突出清晰，与正统至天顺时期的海水瑞兽相似度很高。

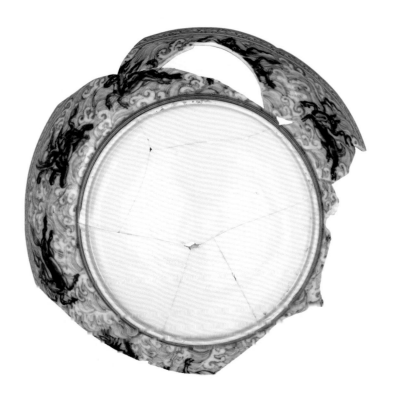

Blue and white plate with design of fictional animals among waves
Zhengtong to Tianshun Period, Ming Dynasty, Height 4.5cm mouth diameter 22cm foot diameter 13.7cm, Unearthed at northern side of Zhushan Imperial Kiln site of Jingdezhen in 2014, Collected by the Archaeological Research Institute of Ceramic in Jingdezhen

青花海兽纹盘
明正统至天顺
高 4.3 厘米　口径 20.5 厘米　足径 13 厘米
景德镇市陶瓷考古研究所藏，2014 年景德镇御窑遗址珠山北麓出土

盘侈口，浅弧壁，圈足。通体施透明釉，圈足端不施釉。内外青花装饰。内底青花双圈内绘海水纹，中心绘一只瑞象。外壁口沿处绘落花流水纹，其下满绘海水，并绘翼龙、马、象、鱼等几种瑞兽跃于海浪之上。构图虽然繁密，但总体线条流畅。

Blue and white plate with design of fictional animals among waves
Zhengtong to Tianshun Period, Ming Dynasty, Height 4.3cm mouth diameter 20.5cm foot diameter 13cm, Unearthed at northern side of Zhushan Imperial Kiln site of Jingdezhen in 2014,
Collected by the Archaeological Research Institute of Ceramic in Jingdezhen

青花海兽纹盘

明成化
高 4.6 厘米　口径 21.5 厘米　足径 13.7 厘米
故宫博物院藏

盘敞口，浅弧壁，圈足。通体施透明釉，圈足端不施釉。内外均以青花装饰。内底青花双圈内绘一踏浪飞驰的瑞象，外口沿绘一周落花流水纹，腹壁绘九种海中瑞兽，分别为翼龙、马、象、鱼等。无款。

2014 年，景德镇御窑遗址珠山北麓出土了一批青花海兽纹盘，与此盘器形、纹饰均相近，为此类盘的年代判定提供了新的标准。

Blue and white plate with design of fictional animals among waves
Chenghua Period, Ming Dynasty, Height 4.6cm mouth diameter 21.5cm foot diameter 13.7cm, Collected by the Palace Museum

青花海兽纹盘

明成化

高 3.8 厘米　口径 14.9 厘米　足径 8.8 厘米

故宫博物院藏

盘侈口，浅弧壁，圈足。盘内外均以青花装饰，内底青花双圈内绘一踏浪飞驰的瑞象，外口沿绘一周落花流水纹，腹壁绘八种海中瑞兽，分别为翼龙、马、象、鱼等。外底施透明釉，圈足端不施釉。无款。

Blue and white plate with design of fictional animals among waves
Chenghua Period, Ming Dynasty, Height 3.8cm mouth diameter 14.9cm foot diameter 8.8cm, Collected by the Palace Museum

青花海兽纹盘

明成化

高 3.5 厘米　口径 14.8 厘米　足径 7.8 厘米

故宫博物院藏

盘侈口，浅弧壁，圈足。盘内外均以青花装饰，内底青花双圈内绘一踏浪飞驰的海象，外口沿绘一周落花流水纹，腹壁绘八种海中瑞兽，分别为翼龙、马、象、鱼等。外底施透明釉，圈足端不施釉。无款。

Blue and white plate with design of fictional animals among waves
Chenghua Period, Ming Dynasty, Height 3.5cm mouth diameter 14.8cm foot diameter 7.8cm, Collected by the Palace Museum

青花海兽纹碗

明正统至天顺

高 9 厘米　口径 21 厘米　足径 8.9 厘米

景德镇市陶瓷考古研究所藏，2014 年景德镇御窑遗址珠山北麓出土

碗侈口，弧腹，圈足。通体施透明釉，釉色泛青，圈足端无釉。内外以青花为饰。内壁近口沿处饰青花弦纹两周，碗心双圈内以淡描海水衬托瑞象。器物外壁口沿绘落花流水纹一周，腹部九只瑞兽腾跃于海水之中。

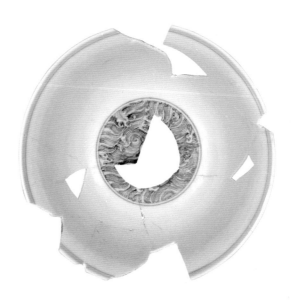

Blue and white bowl with design of fictional animals among waves
Zhengtong to Tianshun Period, Ming Dynasty, Height 9cm mouth diameter 21cm foot diameter 8.9cm, Unearthed at northern side of Zhushan Imperial Kiln site of Jingdezhen in 2014, Collected by the Archaeological Research Institute of Ceramic in Jingdezhen

043 | 青花海兽纹碗

明正统至天顺

高 7.7 厘米　口径 17.5 厘米　足径 7 厘米

景德镇市陶瓷考古研究所藏，2014 年景德镇御窑遗址珠山北麓出土

碗侈口，弧腹，圈足。通体施透明釉，釉色泛青，圈足端无釉。内外以青花为饰。器物内壁近口沿处饰青花弦纹两周，碗心双圈内以淡描海水衬托瑞象。器物外壁口沿绘落花流水纹一周，腹部九只瑞兽腾跃于海水之中。

Blue and white bowl with design of fictional animals among waves
Zhengtong to Tianshun Period, Ming Dynasty, Height 7.7cm mouth diameter 17.5cm foot diameter 7cm, Unearthed at northern side of Zhushan Imperial Kiln site of Jingdezhen in 2014, Collected by the Archaeological Research Institute of Ceramic in Jingdezhen

085

044 | 青花海兽纹高足碗

明正统至天顺

高 10.7 厘米　口径 16 厘米　足径 4.5 厘米

景德镇市陶瓷考古研究所藏，2014 年景德镇御窑遗址珠山北麓出土

碗侈口，弧腹，柱足中空，足底微外撇。通体施透明釉，圈足端无釉。内外青花装饰。内底绘青花双圈，其内以青花淡描海水，上绘一只跃起于海浪之上的飞象。外壁同样绘海浪，腹壁遍布瑞兽，形态各异。高足外壁亦以海浪铺满周身。

Blue and white bowl with high stem and design of fictional animals among waves
Zhengtong to Tianshun Period, Ming Dynasty, Height 10.7cm mouth diameter 16cm foot diameter 4.5cm, Unearthed at northern side of Zhushan Imperial Kiln site of Jingdezhen in 2014, Collected by the Archaeological Research Institute of Ceramic in Jingdezhen

青花海兽纹金钟碗

明正统至天顺

高 11 厘米　口径 15 厘米　足径 7.7 厘米

景德镇市陶瓷考古研究所藏，2014 年景德镇御窑遗址珠山北麓出土

碗侈口，深弧腹，圈足。通体施透明釉，圈足端不施釉。内外青花装饰。外壁口沿处绘落花流水纹，其下满绘海水，并绘几种瑞兽跃于海浪之上。碗心则绘海马纹。瑞兽纹或用作祈求天下太平。

Blue and white bell-shaped bowl with design of fictional animals among waves
Zhengtong to Tianshun Period, Ming Dynasty, Height 11cm mouth diameter 15cm foot diameter 7.7cm, Unearthed at northern side of Zhushan Imperial Kiln site of Jingdezhen in 2014, Collected by the Archaeological Research Institute of Ceramic in Jingdezhen

青花锦地花卉纹壮罐

明宣德
通高 29.3 厘米　高 23 厘米　口径 12.5 厘米　足径 10.8 厘米
故宫博物院藏

罐分罐盖和罐身两部分。罐身呈直筒式，直口，溜肩，直腹，平底，圈足。通体施透明釉，圈足端不施釉，为垫烧部位。外壁满绘青花纹饰，从上至下分为五层。口沿绘一周海浪纹，肩部绘一周缠枝花卉，腹部绘多方连续构图的几何形锦地纹，多边形内有规律地填绘折枝花卉、朵花、海浪等纹饰，胫部绘一周缠枝花卉，足部绘折线锦纹。青花发色浓艳，青料积淀处多呈黑蓝色。罐盖外壁亦绘青花，纹饰与罐身腹部图案相同。但盖面青花发色均匀，与罐身青花明显不同，应为后配。

　　这类直筒形瓶习惯上称为"壮罐"，始见于明代永乐、宣德时期。青花壮罐上满密的构图方式和几何形锦地花纹，在同时期烧造的青花扁壶上亦能见到，是受伊斯兰艺术影响的产物。除青花瓷外，浙江龙泉窑也烧造壮罐。2014 年景德镇御窑遗址出土了正统至天顺时期的青花壮罐，为研究明代御窑烧造该类器提供了新的资料。

Blue and white barrel-shaped jar with design of flowers against brocade ground
Xuande Period, Ming Dynasty, Overall height 29.3cm height 23cm mouth diameter 12.5cm foot diameter 10.8cm, Collected by the Palace Museum

089

青花锦地花卉纹壮罐

明正统至天顺

通高 27 厘米　口径 10 厘米　足径 10 厘米

景德镇市陶瓷考古研究所藏，2014 年景德镇御窑遗址珠山北麓出土

罐分罐盖和罐耳两部分。罐身直山，束颈，溜肩，直壁，圈足，足微外撇。颈部绘海浪纹一周，肩部绘缠枝花卉纹，外壁绘几何形锦地纹，锦地内绘云气、花草纹，底部绘缠枝莲纹一周，足部绘折线锦纹。罐绘几何形锦地纹，其内绘云气、花草纹。

Blue and white barrel-shaped jar with design of flowers against brocade ground
Zhengtong to Tianshun Period, Ming Dynasty, Overall height 27cm mouth diameter 10cm foot diameter 10cm, Unearthed at northern side of Zhushan Imperial Kiln site of Jingdezhen in 2014, Collected by the Archaeological Research Institute of Ceramic in Jingdezhen

青花矾红彩海水龙纹盘

明宣德

高 4.4 厘米　口径 22 厘米　足径 14 厘米

故宫博物院藏

盘敞口，浅弧壁，圈足。通体施透明釉，圈足端不施釉。以青花矾红彩装饰。盘心绘海水蛟龙纹。外口沿下饰青花回纹，外壁绘九条蛟龙翻腾于海水浪花之中。

青花与矾红彩及留白绘法相结合，是宣德时期一种新颖的装饰工艺。矾红彩的底色上留白海浪纹饰，蓝色的蛟龙腾跃其中，色彩对比鲜明，突出了纹饰的立体效果。2014年在景德镇御窑遗址正统至天顺时期的堆积层中发现了成组的青花矾红彩海水龙纹碗、高足碗、金钟碗、盘、盅等器物，在构图上和故宫博物院收藏的同类器相同，这不仅体现了御器厂生产的连续性，也为研究传世同类器提供了断代的证据。

青花矾红彩始见于明代宣德时期。青花系高温釉下彩，矾红彩是低温釉上彩，需入窑烧两次。

Plate with design of dragon in underglaze blue and waves in iron-red color
Xuande Period, Ming Dynasty, Height 4.4cm mouth diameter 22cm foot diameter 14cm, Collected by the Palace Museum

049 | 青花矾红彩海水龙纹盘

明正统至天顺

高 4.5 厘米　口径 20 厘米　足径 12.5 厘米

景德镇市陶瓷考古研究所藏，2014 年景德镇御窑遗址珠山北麓出土

盘侈口，浅弧壁，圈足。通体施透明釉，圈足端不施釉。内底绘青花海水，其中以矾红彩填入留白之处绘红龙一条。外壁口沿绘青花落花流水纹，外腹壁绘九条青花海水矾红彩龙纹。

Plate with design of dragon in iron-red color and waves in underglaze blue
Zhengtong to Tianshun Period, Ming Dynasty, Height 4.5cm mouth diameter 20cm foot diameter 12.5cm, Unearthed at northern side of Zhushan Imperial Kiln site of Jingdezhen in 2014, Collected by the Archaeological Research Institute of Ceramic in Jingdezhen

050 | 青花矾红彩海水翼龙纹盘

明正统至天顺

高 4 厘米　口径 19 厘米　足径 10.8 厘米

景德镇市陶瓷考古研究所藏，2014 年景德镇御窑遗址珠山北麓出土

盘侈口，浅弧壁，圈足。通体施透明釉，圈足端不施釉。内外均以青花、矾红彩为饰。内底青花双圈内以矾红彩绘海浪，中心绘青花翼龙。外壁近口沿处绘回纹一周，腹壁以矾红彩绘海水，以青花绘几种瑞兽。

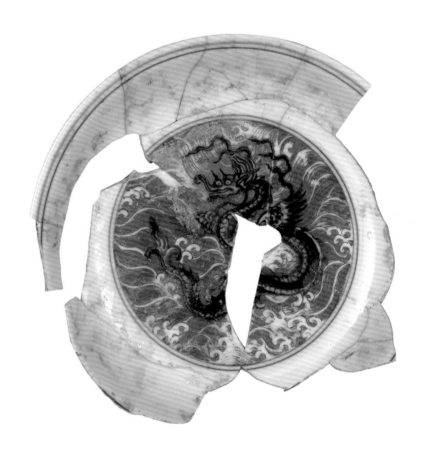

Plate with design of winged dragon in underglaze blue and waves in iron-red color
Zhengtong to Tianshun Period, Ming Dynasty, Height 4cm mouth diameter 19cm foot diameter 10.8cm, Unearthed at northern side of Zhushan Imperial Kiln site of Jingdezhen in 2014, Collected by the Archaeological Research Institute of Ceramic in Jingdezhen

095

051 | 青花矾红彩海水翼龙纹盘

明正统至天顺

高 4 厘米　口径 18 厘米　足径 11.5 厘米

景德镇市陶瓷考古研究所藏，2014 年景德镇御窑遗址珠山北麓出土

盘侈口，浅弧壁，圈足。通体施透明釉，圈足端不施釉。内外均以青花、矾红彩为饰。内底青花双圈内绘矾红海水，以青花绘翼龙。外口沿饰一周青花回纹，外壁绘矾红海水地青花瑞兽。

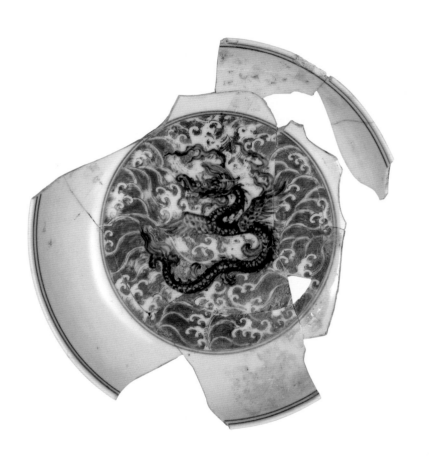

Plate with design of winged dragon in underglaze blue and waves in iron-red color
Zhengtong to Tianshun Period, Ming Dynasty, Height 4cm mouth diameter 18cm foot diameter 11.5cm, Unearthed at northern side of Zhushan Imperial Kiln site of Jingdezhen in 2014, Collected by the Archaeological Research Institute of Ceramic in Jingdezhen

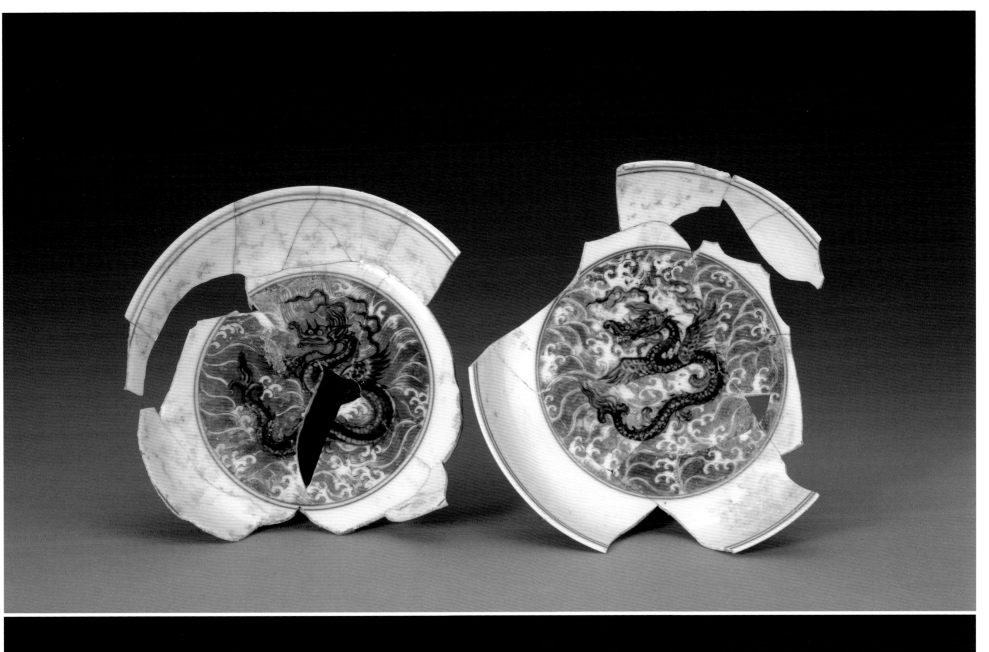

052 | 青花矾红彩海水龙纹金钟碗

明宣德

高 10.7 厘米　口径 15.3 厘米　足径 7.6 厘米

故宫博物院藏

碗侈口，深弧腹，圈足。碗心饰青花龙纹与矾红彩海水纹。外口沿饰青花回纹，外壁饰九条青花龙翻腾于矾红彩海水浪花之中，足外墙饰两道青花弦纹。

此器先于釉下以钴料绘龙纹，罩透明釉后入窑炉高温焙烧，再于釉上用矾红彩画出浪花，再入窑炉低温烧制，经两次烧成。

Bell-shaped bowl with design of dragon in underglaze blue and waves in iron-red color

Xuande Period, Ming Dynasty, Height 10.7cm mouth diameter 15.3cm foot diameter 7.6cm, Collected by the Palace Museum

053 | 青花矾红彩海水龙纹金钟碗

明正统至天顺

高 10.5 厘米　口径 13.5 厘米　足径 7 厘米

景德镇市陶瓷考古研究所藏，2014 年景德镇御窑遗址珠山北麓出土

碗造型作金钟状，敞口，深弧腹，圈足。通体施透明釉，圈足端不施釉。内底青花双圈内以青花海水纹为地，以矾红彩绘龙纹。外口沿饰一周青花落花流水纹，外腹以矾红彩绘龙纹，隙地以青花满绘海水纹。

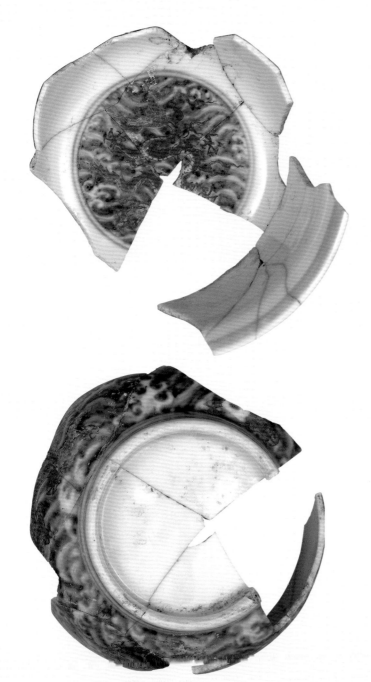

Bell-shaped bowl with design of dragon in underglaze blue and waves in iron-red color
Zhengtong to Tianshun Period, Ming Dynasty, Height 10.5cm mouth diameter 13.5cm foot diameter 7cm, Unearthed at northern side of Zhushan Imperial Kiln site of Jingdezhen in 2014, Collected by the Archaeological Research Institute of Ceramic in Jingdezhen

054 | 青花矾红彩云龙纹碗

明正统至天顺

高 8 厘米　足径 8 厘米

景德镇市陶瓷考古研究所藏，2014 年景德镇御窑遗址珠山北麓出土

碗侈口，弧腹，圈足。通体施透明釉，圈足端不施釉。内壁口沿饰青花弦纹两道，碗心双圈内暗刻龙纹并附以青花云纹装饰，龙纹上涂抹矾红彩。外壁口沿以青花绘龟背纹一周，腹部饰青花云纹和矾红彩龙纹，下腹部绘青花海水纹。

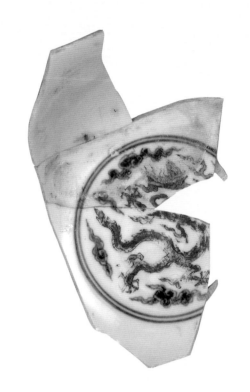

Bowl with design of dragon in iron-red color and cloud in underglaze blue
Zhengtong to Tianshun Period, Ming Dynasty, Height 8cm foot diameter 8cm, Unearthed at northern side of Zhushan Imperial Kiln site of Jingdezhen in 2014,
Collected by the Archaeological Research Institute of Ceramic in Jingdezhen

矾红彩双狮戏球图盘

明正统至天顺

复原尺寸：高 6.6 厘米　口径 40 厘米

景德镇市陶瓷考古研究所藏，2014 年景德镇御窑遗址珠山北麓出土

盘平底，圈足。内外壁施透明釉，外底不施釉，为"糊米底"。内外均以矾红彩为装饰。内底以矾红彩绘双圈，其内绘双狮戏球图案，描绘细腻、生动。

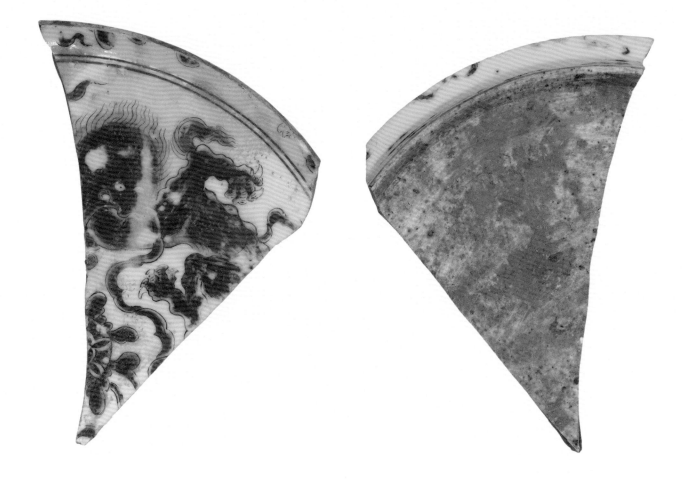

Plate with design of two lions chasing beribboned balls in iron-red color
Zhengtong to Tianshun Period, Ming Dynasty, Repaired height 6.6cm repaired mouth diameter 40cm, Unearthed at northern side of Zhushan Imperial Kiln site of Jingdezhen in 2014, Collected by the Archaeological Research Institute of Ceramic in Jingdezhen

绿彩双狮戏球图盘

明正统至天顺

复原尺寸：高 6.6 厘米　口径 40 厘米

景德镇市陶瓷考古研究所藏，2014 年景德镇御窑遗址珠山北麓出土

盘侈口，浅弧腹，圈足。内外施透明釉，外底不施釉，为"糊米底"。内外除以釉下青花作数道弦纹外，均以釉上绿彩为装饰。内底青花双圈内绘双狮戏球纹，内外壁均绘有两组双狮戏球纹。

Plate with design of two lions chasing beribboned balls in green color
Zhengtong to Tianshun Period, Ming Dynasty, Repaired height 6.6cm repaired mouth diameter 40cm, Unearthed at northern side of Zhushan Imperial Kiln site of Jingdezhen in 2014, Collected by the Archaeological Research Institute of Ceramic in Jingdezhen

057 | 绿彩弦纹盘（半成品）

明正统至天顺
高 8 厘米　足径 28 厘米
景德镇市陶瓷考古研究所藏，2014 年景德镇御窑遗址珠山北麓出土

盘侈口，浅弧腹，圈足。内外施透明釉，圈足内不施釉，为"糊米底"。盘外壁及内壁近口沿处均以青花绘弦纹一条，内底绘青花双圈，圈足外侧有青花弦纹三条。2014 年珠山北麓出土有与此盘器形、尺寸、青花纹饰相同的绿彩双狮戏球图大盘，可知此盘为绿彩双狮戏球图大盘的半成品。

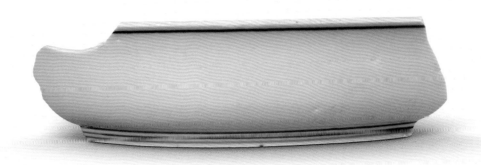

Bowl with design of string in green color (semi-finished product)
Zhengtong to Tianshun Period, Ming Dynasty, Height 8cm foot diameter 28cm, Unearthed at northern side of Zhushan Imperial Kiln site of Jingdezhen in 2014,
Collected by the Archaeological Research Institute of Ceramic in Jingdezhen

矾红彩云龙纹匜

明正统至天顺

高 6 厘米　口径 18 厘米

景德镇市陶瓷考古研究所藏，2014 年景德镇御窑遗址珠山北麓出土

匜圆唇，弧壁，平底，器壁高度三分之二处开梯形小口，镶接梯形短槽流。内外施透明釉，外底不施釉。内壁素面，外壁以矾红彩为饰。口沿绘弦纹二周，腹部绘云龙纹。

Yi with design of dragon and cloud in iron-red color

Zhengtong to Tianshun Period, Ming Dynasty, Height 6cm mouth diameter 18cm, Unearthed at northern side of Zhushan Imperial Kiln site of Jingdezhen in 2014, Collected by the Archaeological Research Institute of Ceramic in Jingdezhen

绿彩云龙纹匜

明正统至天顺

高 6.3 厘米　口径 18 厘米

景德镇市陶瓷考古研究所藏，2014 年景德镇御窑遗址珠山北麓出土

匜圆唇，弧壁，平底，器壁高度三分之二处开梯形小口，镶接梯形短槽流。内外施透明釉，外底不施釉。内壁素面。外壁口沿以青花绘弦纹二周，腹部绘绿彩云龙纹。

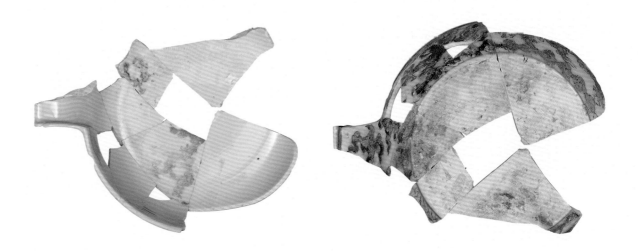

Yi with design of dragon and cloud in green color
Zhengtong to Tianshun Period, Ming Dynasty, Height 6.3cm mouth diameter 18cm, Unearthed at northern side of Zhushan Imperial Kiln site of Jingdezhen in 2014,
Collected by the Archaeological Research Institute of Ceramic in Jingdezhen

绿彩云龙纹玉壶春瓶

明正统至天顺

腹径 16 厘米　足径 9.5 厘米

景德镇市陶瓷考古研究所藏，2014 年景德镇御窑遗址珠山北麓出土

瓶修复完整后为喇叭口，束颈，溜肩，矮圈足微外撇。通体施透明釉，圈足端不施釉。颈、肩、腹部以低温绿彩满绘五爪龙纹及云纹。圈足处饰一周朵云纹，足端以青花绘一周弦纹。

Pear-shaped vase with design of dragon and cloud in green color
Zhengtong to Tianshun Period, Ming Dynasty, Belly diameter 16cm foot diameter 9.5cm, Unearthed at northern side of Zhushan Imperial Kiln site of Jingdezhen in 2014,
Collected by the Archaeological Research Institute of Ceramic in Jingdezhen

061 | 青花云龙纹鸡心执壶

明正统至天顺

高 30 厘米　口径 5 厘米　腹径 25 厘米　足径 8 厘米
景德镇市陶瓷考古研究所藏，2014 年景德镇御窑遗址珠山北麓出土

此器缺盖。壶盘口，束颈，溜肩，圆腹，圈足微外撇。通体施透明釉，圈足端不施釉。口沿青花双线纹下饰云纹一周，颈部纹饰分上、中、下三层，上绘莲瓣一周，中间饰一周卷草纹，下绘一周交枝花卉纹，腹部鸡心形开光内绘五爪云龙纹，周围满饰"壬"字云纹，近足端饰一周回纹。柄外侧面绘青花卷草纹，柄上端有一小环形系。

Blue and white pot with handle and design of dragon and cloud
Zhengtong to Tianshun Period, Ming Dynasty, Height 30cm mouth diameter 5cm belly diameter 25cm foot diameter 8cm, Unearthed at northern side of Zhushan Imperial Kiln site of Jingdezhen in 2014, Collected by the Archaeological Research Institute of Ceramic in Jingdezhen

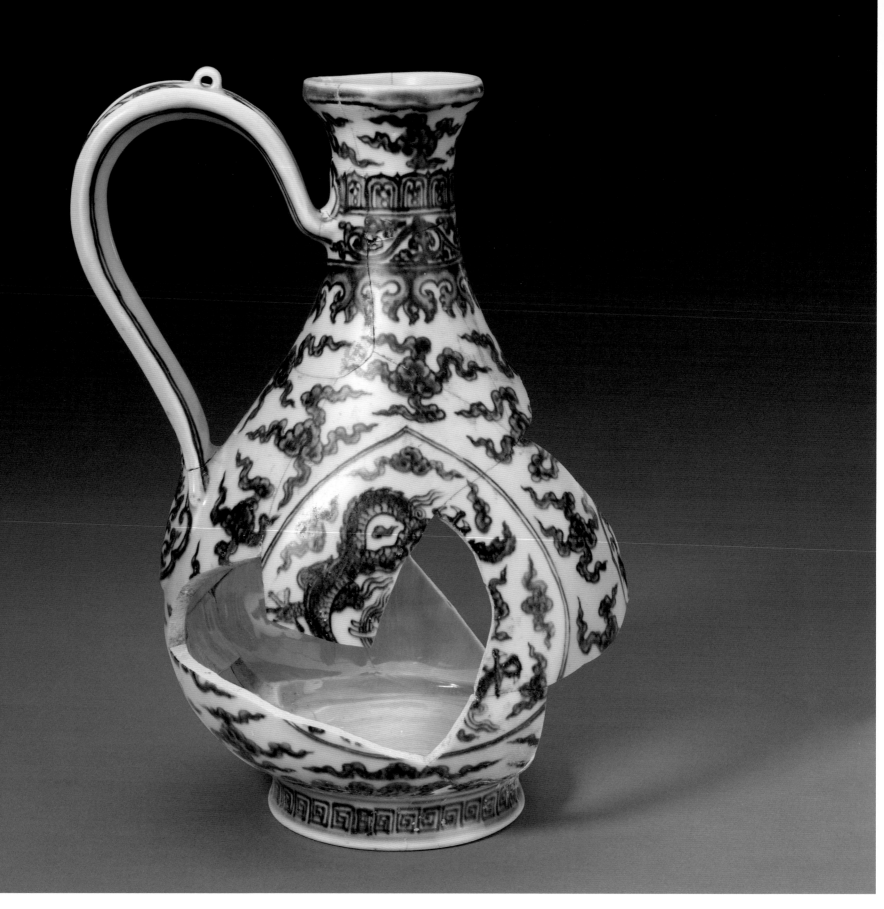

绿彩云龙纹鸡心执壶

明正统至天顺
腹径 18 厘米
景德镇市陶瓷考古研究所藏，2014 年景德镇御窑遗址珠山北麓出土

壶盘口，束颈，方流，溜肩，圆腹。柄以青花勾双线纹一周，颈、肩、腹部均以绿彩装饰纹样，颈部纹饰分上、中、下三层，上绘莲瓣一周，中间饰一周卷草纹，下绘一周交枝花卉纹，腹部青花鸡心形开光内绘绿彩五爪云龙纹，周围满饰绿彩"壬"字云纹。

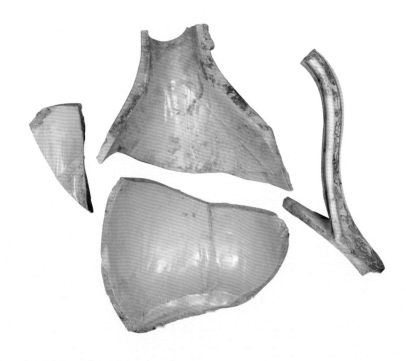

Pot with handle and design of dragon and cloud in green color
Zhengtong to Tianshun Period, Ming Dynasty, Belly diameter 18cm, Unearthed at northern side of Zhushan Imperial Kiln site of Jingdezhen in 2014,
Collected by the Archaeological Research Institute of Ceramic in Jingdezhen

109

矾红彩云龙纹鸡心执壶

明正统至天顺

腹径 18 厘米　足径 8 厘米

景德镇市陶瓷考古研究所藏，2014 年景德镇御窑遗址珠山北麓出土

此器缺盖。壶上部残，圆腹，圈足微外撇。通体施透明釉，圈足端不施釉。外壁以低温矾红彩装饰。壶腹部鸡心形开光内绘五爪云龙纹，周围满饰"壬"字云纹，近足端饰一周回纹。方流口部饰二周双线纹及卷草纹。纹饰以墨线勾边，框内填写红彩，与同出的绿彩装饰工艺相同。这种构图手法，或许是受宣德时期出现的斗彩工艺的影响。

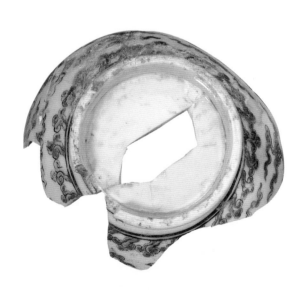

Pot with handle and design of dragon and cloud in iron-red color
Zhengtong to Tianshun Period, Ming Dynasty, Belly diameter 18cm foot diameter 8cm, Unearthed at northern side of Zhushan Imperial Kiln site of Jingdezhen in 2014,
Collected by the Archaeological Research Institute of Ceramic in Jingdezhen

第二单元：考古新收获

　　2014 年，考古工作者在景德镇御窑遗址珠山北麓首次发现被成化时期地层叠压、又直接叠压在宋元时期地层之上的瓷片堆积层，表明其时间应早于或等于成化时期。出土瓷片大致可分为两类，一类与永乐、宣德御窑瓷器面貌接近，另一类则与成化御窑瓷器风格相似。第二类青花瓷器的特点与湖北省武汉市镇国将军朱季垱墓出土的"天顺年置"铭青花云龙纹碗相同。考古地层和出土实物的双重证据表明，这批瓷片是正统、景泰、天顺时期的御窑产品。其釉色品种有青花、白釉、仿龙泉青釉、褐釉、黄釉、祭蓝釉、矾红彩、绿彩、五彩等，器物类别有碗、墩式碗、盘、执壶、钵、匜、枕、绣墩、花盆、出戟尊、瓶、双耳瓶、玉壶春瓶等。

Section Two: New Archaeological Discoveries

In 2014, excavations at the northern side of Zhushan Imperial Kiln site revealed a rich deposit of ceramic sherds. Their stratigraphic position, beneath material dating to the Chenghua period and above finds from Song and Yuan Dynasties, provided a clear chronology. The ceramic finds from this deposit can be divided into two groups: the first group display strong similarities to the Imperial ceramics of the Yongle and Xuande reigns while the other group are very similar to the Imperial Ceramics of the Chenghua period. The features of the second group are very similar to a dragon and cloud patterned bowl with the mark 'Tianshun Nian Zhi (Purchased in the Tianshun Reign)'. This bowl was unearthed from the tomb of a Ming military general in Wuhan City, Hubei Province. Based on both archaeological evidence and museum collections, the deposit of Imperial ceramics sherds can be securely dated to the era between the Zhengtong and Tianshun reigns. Included within this deposit are a wide variety of different ceramic products including blue and white porcelain, white porcelain, Longquan-type celadon, brown glazed porcelains, yellow monochrome porcelains, blue monochrome porcelains, porcelains with overglazed red-painting, green overglazed porcelain, *Wucai*. The typical forms found in the deposit include bowls, bowls with rounded-sides, bowls with an in-turned rim, variously sized dishes, ewers, *Yi* , head-rests, garden-seats, flower-pots, bronze-*Zun* shaped vases, vases with two lugs and bulb-shaped *Yuhuchun* bottles.

064 青花云龙纹盘

明正统至天顺

高 11.5 厘米　口径 75 厘米

景德镇市陶瓷考古研究所藏，2014 年景德镇御窑遗址珠山北麓出土

盘敞口，浅弧壁，圈足。通体施透明釉，外底不施釉。内外均以青花为饰。内底青花双圈内绘云龙纹，内壁饰青花海水纹。外壁绘九条姿态各异的行龙。

Blue and white plate with design of dragon and cloud
Zhengtong to Tianshun Period, Ming Dynasty, Height 11.5cm mouth diameter 75cm, Unearthed at northern side of Zhushan Imperial Kiln site of Jingdezhen in 2014,
Collected by the Archaeological Research Institute of Ceramic in Jingdezhen

青花龙纹盘

明正统至天顺

高 4 厘米　口径 20.5 厘米　足径 12.5 厘米

景德镇市陶瓷考古研究所藏，2014 年景德镇御窑遗址珠山北麓出土

盘侈口，浅弧壁，矮圈足。通体施透明釉，圈足端不施釉。内外以青花为饰。内壁近口沿处绘两道弦纹，内底青花双圈内绘一条五爪龙。外壁口沿处绘一周回纹，其下则绘九条形态各异的五爪龙。

Blue and white plate with dragon design
Zhengtong to Tianshun Period, Ming Dynasty, Height 4cm mouth diameter 20.5cm foot diameter 12.5cm, Unearthed at northern side of Zhushan Imperial Kiln site of Jingdezhen in 2014, Collected by the Archaeological Research Institute of Ceramic in Jingdezhen

066 青花龙纹盘

明正统至天顺
高 4 厘米　口径 19.8 厘米　足径 12.5 厘米
景德镇市陶瓷考古研究所藏，2014 年景德镇御窑遗址珠山北麓出土

盘敞口，浅弧壁，圈足。通体施透明釉，圈足端不施釉。内外青花装饰。内底绘五爪龙一条。外壁口沿处绘一周回纹，下绘五爪龙纹九条，形态各异。该器构图严谨，绘画精细，呈色鲜艳。

Blue and white plate with dragon design
Zhengtong to Tianshun Period, Ming Dynasty, Height 4cm mouth diameter 19.8cm foot diameter 12.5cm, Unearthed at northern side of Zhushan Imperial Kiln site of Jingdezhen in 2014, Collected by the Archaeological Research Institute of Ceramic in Jingdezhen

117

青花云龙纹碗

明正统至天顺

高 7.8 厘米　口径 14 厘米　足径 7.5 厘米

景德镇市陶瓷考古研究所藏，2014 年景德镇御窑遗址珠山北麓出土

碗敞口，深弧腹，圈足。通体施透明釉，圈足端不施釉。内外以青花为饰，内壁口沿饰卷草纹，内底心青花双圈内绘折带云纹。外壁口沿处饰一道弦纹，腹部绘青花云龙纹，五爪，腾空，须发奋张，矫健凶猛。近足处绘仰莲瓣纹。

Blue and white bowl with design of dragon and cloud
Zhengtong to Tianshun Period, Ming Dynasty, Height 7.8cm mouth diameter 14cm foot diameter 7.5cm, Unearthed at northern side of Zhushan Imperial Kiln site of Jingdezhen in 2014, Collected by the Archaeological Research Institute of Ceramic in Jingdezhen

068 | 青花云龙纹金钟碗

明正统至天顺

高 11.5 厘米　口径 16 厘米　足径 8 厘米

景德镇市陶瓷考古研究所藏，2014 年景德镇御窑遗址珠山北麓出土

碗侈口，深弧腹，圈足。通体施透明釉，圈足端不施釉。内外青花装饰。内外壁近口沿处各绘青花弦纹两道，内底青花双圈内绘云龙纹，腹部素面无纹。外腹饰青花龙纹五条，隙地以云纹装饰，近足处绘仰莲瓣纹，足墙绘青花弦纹两道。

Blue and white bell-shaped bowl with design of dragon and cloud
Zhengtong to Tianshun Period, Ming Dynasty, Height 11.5cm mouth diameter 16cm foot diameter 8cm, Unearthed at northern side of Zhushan Imperial Kiln site of Jingdezhen in 2014, Collected by the Archaeological Research Institute of Ceramic in Jingdezhen

青花云龙纹高足碗

明正统至天顺

高 11 厘米　口径 16 厘米　足径 4.5 厘米

景德镇市陶瓷考古研究所藏，2014 年景德镇御窑遗址珠山北麓出土

碗侈口，弧腹，高足中空，足底微外撇。通体施透明釉，圈足端不施釉。内外以青花为饰，内壁口沿处绘两道弦纹，内底双圈内绘云龙纹，外壁周身绘云龙纹。足墙外近底处绘一周卷草纹。

Blue and white bowl with high stem and design of dragon and cloud
Zhengtong to Tianshun Period, Ming Dynasty, Height 11cm mouth diameter 16cm foot diameter 4.5cm, Unearthed at northern side of Zhushan Imperial Kiln site of Jingdezhen in 2014, Collected by the Archaeological Research Institute of Ceramic in Jingdezhen

青花云龙纹钵

明正统至天顺
高6厘米　口径18厘米
景德镇市陶瓷考古研究所藏，2014年景德镇御窑遗址珠山北麓出土

钵圆唇，弧壁，平底。通体施透明釉，外底不施釉，釉层较厚。外壁以青花为饰，腹部绘云龙纹。龙嘴上翘，龙须上翻，龙体粗壮，肘部纹样的处理较前朝细腻，继承了宣德时期御窑瓷器云龙纹的特点。

Blue and white earthen bowl with design of dragon and cloud
Zhengtong to Tianshun Period, Ming Dynasty, Height 6cm mouth diameter 18cm, Unearthed at northern side of Zhushan Imperial Kiln site of Jingdezhen in 2014,
Collected by the Archaeological Research Institute of Ceramic in Jingdezhen

青花云龙纹匜

明正统至天顺

高 5.5 厘米　口径 17.5 厘米

景德镇市陶瓷考古研究所藏，2014 年景德镇御窑遗址珠山北麓出土

匜圆唇，弧壁，平底，器壁高度三分之二处开梯形小口，镶接梯形短槽流。通体施透明釉，外底不施釉。内壁光素，外壁以青花装饰。口沿下绘弦纹两道，腹部绘云龙纹。瓷匜系模仿青铜匜而来。

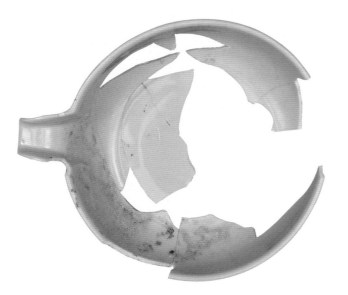

Blue and white *Yi* with design of dragon and cloud
Zhengtong to Tianshun Period, Ming Dynasty, Height 5.5cm mouth diameter 17.5cm, Unearthed at northern side of Zhushan Imperial Kiln site of Jingdezhen in 2014, Collected by the Archaeological Research Institute of Ceramic in Jingdezhen

青花云龙纹梨形执壶

明正统至天顺

通高 12.6 厘米　口径 4 厘米　腹径 11 厘米　足径 5 厘米

景德镇市陶瓷考古研究所藏，2014 年景德镇御窑遗址珠山北麓出土

壶分壶身和壶盖两部分。通体施透明釉，圈足端无釉。壶身整体似梨形，直口，溜肩，鼓腹，圈足外撇。器身对称置一曲柄、弯流。盖为宝珠钮。柄上端接近壶颈处作一小环形系，盖面亦附一环形系，以金属链条将盖与器身连接。盖面绘一周莲瓣纹。柄及流、近足端满绘卷草纹，壶身绘青花五爪云龙纹，下腹部绘一周青花莲瓣纹。

梨形壶最早出现于元代，新安沉船中即出水青白釉梨形壶，入明以后历代均有烧制，多见施单色釉者。正统至天顺时期的梨形壶则见有施白釉及绘青花者两类，风格上均近似宣德器。

Blue and white pear-shaped pot with handle and design of dragon and cloud
Zhengtong to Tianshun Period, Ming Dynasty, Overall height 12.6cm mouth diameter 4cm belly diameter 11cm foot diameter 5cm, Unearthed at northern side of Zhushan Imperial Kiln site of Jingdezhen in 2014, Collected by the Archaeological Research Institute of Ceramic in Jingdezhen

白釉锥拱云龙纹梨形执壶

明正统至天顺

残高 6.5 厘米　足径 5 厘米

景德镇市陶瓷考古研究所藏，2014 年景德镇御窑遗址珠山北麓出土

壶圆腹，圈足。通体施白釉，圈足端不施釉。器身锥拱云龙纹，线条婉转流畅，纹饰繁简有度。

锥拱，是一种瓷器暗刻工艺，即用尖细的锥状工具在瓷坯表面刻划出细线纹饰，再罩釉烧制。因工艺复杂，所需成本和技术较高，故暗刻工艺瓷器烧造数量相对较少，且多为精品。景德镇御窑遗址也出土了一些宣德时期和正统、景泰、天顺时期的锥拱装饰瓷器。

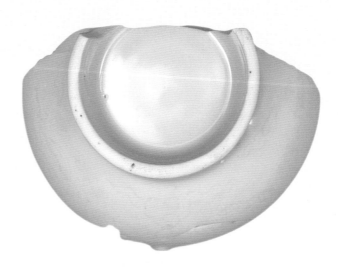

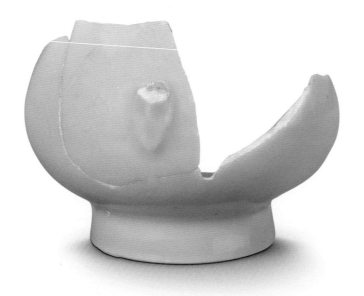

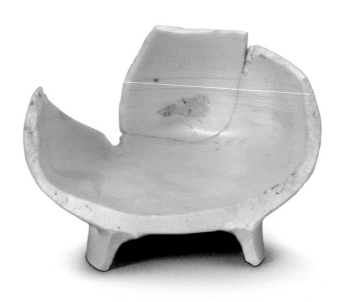

White glaze pear-shaped pot with handle and incised design of dragon and cloud
Zhengtong to Tianshun Period, Ming Dynasty, Remaining height 6.5cm foot diameter 5cm, Unearthed at northern side of Zhushan Imperial Kiln site of Jingdezhen in 2014,
Collected by the Archaeological Research Institute of Ceramic in Jingdezhen

青花云龙纹出戟花觚

明正统至天顺

高 21.6 厘米　口径 15.2 厘米　足径 10.8 厘米

景德镇市陶瓷考古研究所藏，2014 年景德镇御窑遗址珠山北麓出土

觚口呈喇叭状，长颈，折肩，扁圆腹，足部外撇，呈三层台状。颈部、腹部、底部两侧各置两组出戟。通体施透明釉，足端不施釉。内外以青花为饰。口沿内壁绘蕉叶纹，外壁颈部、腹部绘云龙纹，足部第一层、第三层台绘云纹，第二层台绘龙纹。

花觚是仿青铜器造型的一种陈设用瓷，始见于南宋，元、明、清时期均有烧造。明代景德镇御窑花觚，主要烧造于明代中晚期。

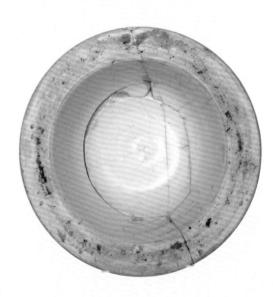

Blue and white *Gu* with flanges and design of dragon and cloud
Zhengtong to Tianshun Period, Ming Dynasty, Height 21.6cm mouth diameter 15.2cm foot diameter 10.8cm, Unearthed at northern side of Zhushan Imperial Kiln site of Jingdezhen in 2014, Collected by the Archaeological Research Institute of Ceramic in Jingdezhen

青花海水翼龙纹碗

明正统至天顺

残高 7 厘米　足径 8.8 厘米

景德镇市陶瓷考古研究所藏，2014 年景德镇御窑遗址珠山北麓出土

碗仅存底部。圈足端不施釉。内外以青花为饰，内底青花双圈内绘腾飞状的翼龙纹，周环青花海水纹。外壁近足处绘海水江崖纹。

Blue and white bowl with design of winged dragon and waves
Zhengtong to Tianshun Period, Ming Dynasty, Remaining height 7cm foot diameter 8.8cm, Unearthed at northern side of Zhushan Imperial Kiln site of Jingdezhen in 2014, Collected by the Archaeological Research Institute of Ceramic in Jingdezhen

076 | **青花海水龙纹梨形执壶**
明正统至天顺
高 10.4 厘米　口径 4 厘米　足径 5 厘米
景德镇市陶瓷考古研究所藏，2014 年景德镇御窑遗址珠山北麓出土

壶直口，溜肩，圆腹，圈足。器身一侧置弯流，柄残缺。通体施透明釉，圈足端无釉。外壁以青花为饰。口沿下和流口绘一周如意头纹，器身通体绘海水龙纹。

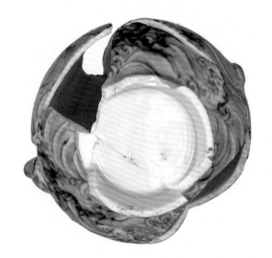

Blue and white pear-shaped pot with handle and design of dragon among waves
Zhengtong to Tianshun Period, Ming Dynasty, Height 10.4cm mouth diameter 4cm foot diameter 5cm, Unearthed at northern side of Zhushan Imperial Kiln site of Jingdezhen in 2014, Collected by the Archaeological Research Institute of Ceramic in Jingdezhen

青花凤穿花纹碗

明正统至天顺

高 5.5 厘米　口径 10.3 厘米　足径 4 厘米

景德镇市陶瓷考古研究所藏，2014 年景德镇御窑遗址珠山北麓出土

碗侈口，弧腹，圈足。通体施透明釉，足端无釉。内外均以青花为饰。内口沿饰卷草纹一周，里心双圈内绘折带云纹。外口沿饰弦纹一道，外腹绘凤穿花纹，近足处绘仰莲瓣纹。

Blue and white bowl with design of phoenix among flowers
Zhengtong to Tianshun Period, Ming Dynasty, Height 5.5cm mouth diameter 10.3cm foot diameter 4cm, Unearthed at northern side of Zhushan Imperial Kiln site of Jingdezhen in 2014, Collected by the Archaeological Research Institute of Ceramic in Jingdezhen

青花凤穿花纹碗

明正统至天顺

高 9.5 厘米　口径 20 厘米　足径 8 厘米

景德镇市陶瓷考古研究所藏，2014 年景德镇御窑遗址珠山北麓出土

碗侈口，弧腹，圈足。通体施透明釉，足端无釉。内外均以青花为饰。内壁口沿绘一周卷草纹，碗心绘折带云纹。外腹壁绘凤穿花纹，近圈足处绘仰莲瓣纹一周。此器胎体细腻，釉面肥润，青花发色浓艳，纹饰绘画精美，双凤展翅穿梭于缠枝莲花之中，呈婉约飘逸之态。

Blue and white bowl with design of phoenix among flowers
Zhengtong to Tianshun Period, Ming Dynasty, Height 9.5cm mouth diameter 20cm foot diameter 8cm, Unearthed at northern side of Zhushan Imperial Kiln site of Jingdezhen in 2014, Collected by the Archaeological Research Institute of Ceramic in Jingdezhen

青花凤穿花纹金钟碗

明正统至天顺

高 12.5 厘米　口径 14.5 厘米　足径 7 厘米

景德镇市陶瓷考古研究所藏，2014 年景德镇御窑遗址珠山北麓出土

碗侈口，深弧腹，圈足。通体施透明釉，足端无釉。内外青花装饰。内壁近口沿处绘卷草纹一周，碗心青花双圈内绘折带云纹。外壁腹部绘青花凤纹，间饰缠枝花卉，近足处绘一周仰莲瓣纹，足墙绘青花弦纹一道。

Blue and white bell-shaped bowl with design of phoenix among flowers
Zhengtong to Tianshun Period, Ming Dynasty, Height 12.5cm mouth diameter 14.5cm foot diameter 7cm, Unearthed at northern side of Zhushan Imperial Kiln site of Jingdezhen in 2014, Collected by the Archaeological Research Institute of Ceramic in Jingdezhen

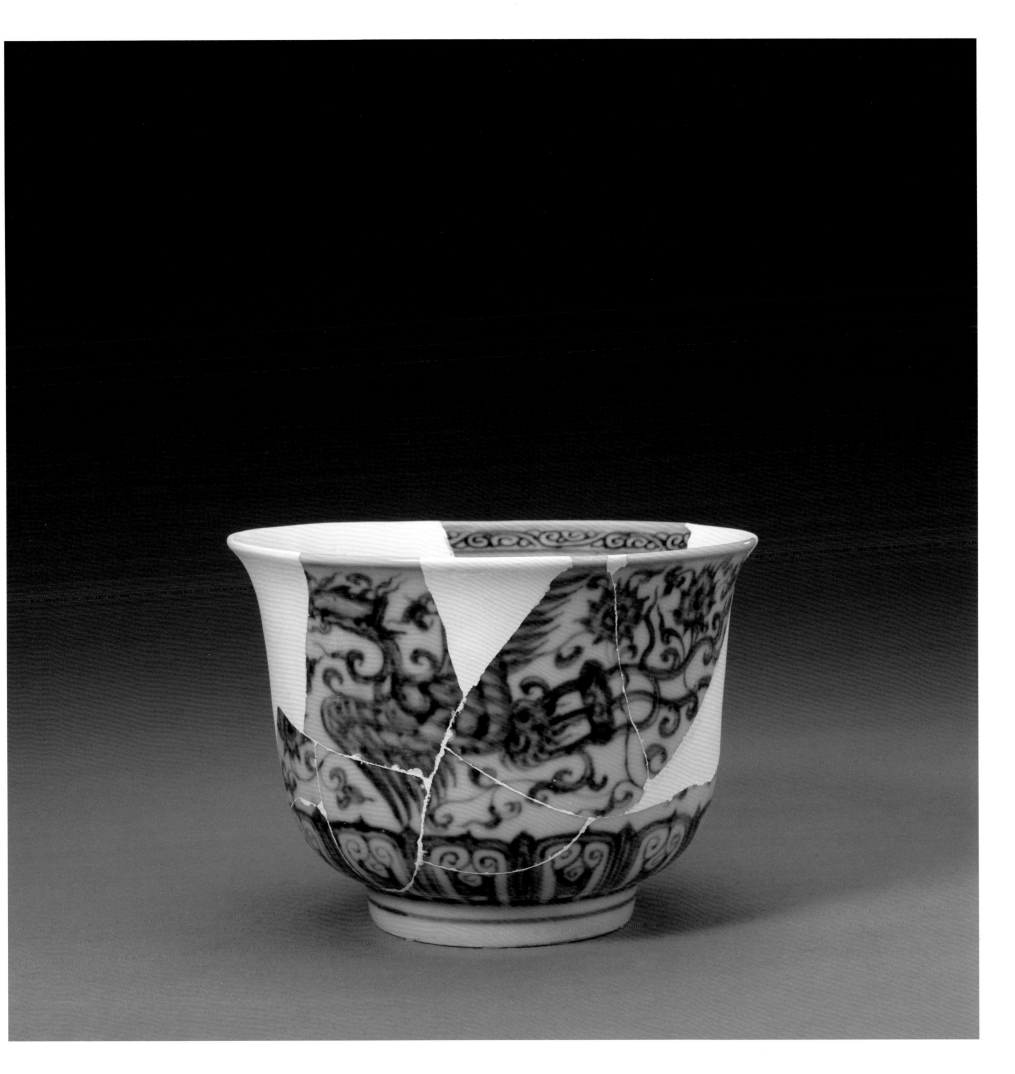

青花凤穿花纹梨形执壶

明正统至天顺
高 10.5 厘米　口径 4 厘米　腹径 11 厘米　足径 5.1 厘米
景德镇市陶瓷考古研究所藏，2014 年景德镇御窑遗址珠山北麓出土

壶直口，溜肩，鼓腹，圈足外撇，壶身似梨形。器身对称置一曲柄、弯流。柄上端接近壶颈处作一小环形系。壶原附盖，盖边缘亦有一系，使用时以金属链条拴在系上，将盖与器身连接。通体施透明釉，圈足端不施釉。外壁青花装饰。口沿绘两道弦纹，柄及流、近足端满饰卷草纹，肩、腹部绘凤穿花纹。

Blue and white pear-shaped pot with handle and design of phoenix among flowers
Zhengtong to Tianshun Period, Ming Dynasty, Height 10.5cm mouth diameter 4cm belly diameter 11cm foot diameter 5.1cm, Unearthed at northern side of Zhushan Imperial Kiln site of Jingdezhen in 2014, Collected by the Archaeological Research Institute of Ceramic in Jingdezhen

青花淡描海水瑞兽纹梨形执壶

明正统至天顺

高 10.3 厘米　足径 5.3 厘米

景德镇市陶瓷考古研究所藏，2014 年景德镇御窑遗址珠山北麓出土

壶直口，溜肩，圆腹，圈足。器身一侧置一曲柄、弯流。通体施透明釉，圈足端无釉。外壁以青花为饰。口沿及圈足墙各绘一周落花流水纹，器身满绘淡描海水，海水之中绘有瑞兽。

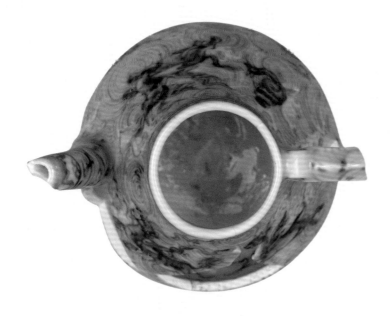

Blue and white pear-shaped pot with handle and design of auspicious beast among waves in light color
Zhengtong to Tianshun Period, Ming Dynasty, Height 10.3cm foot diameter 5.3cm, Unearthed at northern side of Zhushan Imperial Kiln site of Jingdezhen in 2014,
Collected by the Archaeological Research Institute of Ceramic in Jingdezhen

082 | 青花缠枝莲纹高足碗

明正统至天顺

残高 7.5 厘米　口径 16.3 厘米

景德镇市陶瓷考古研究所藏，2014 年景德镇御窑遗址珠山北麓出土

碗侈口，深弧腹，高足残缺。内外青花装饰。内底心绘一束折枝莲纹。外壁绘缠枝莲纹，近足处绘一周海水江崖纹。

缠枝纹因其图案花枝缠转不断而得名，明代称为"转枝"。缠枝纹种类很多，有缠枝莲、缠枝菊、缠枝牡丹、缠枝石榴、缠枝灵芝、缠枝宝相花等纹样。缠枝纹兴起于宋代，元、明、清三代盛行，多作为主题装饰出现，也可作为辅助纹饰运用。

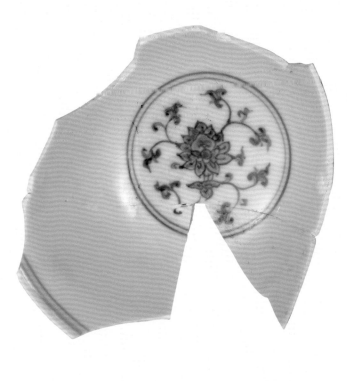

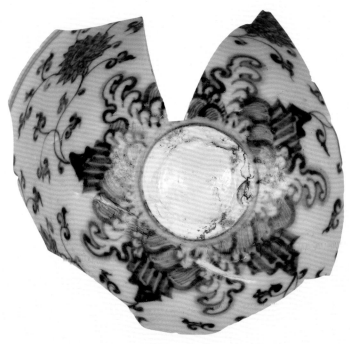

Blue and white bowl with high stem and design of entwined lotus
Zhengtong to Tianshun Period, Ming Dynasty, Remaining height 7.5cm mouth diameter 16.3cm, Unearthed at northern side of Zhushan Imperial Kiln site of Jingdezhen in 2014, Collected by the Archaeological Research Institute of Ceramic in Jingdezhen

青花缠枝莲纹僧帽壶

明正统至成化

残高 15.6 厘米　腹径 14.8 厘米

景德镇市陶瓷考古研究所藏，2014 年景德镇御窑遗址珠山北麓出土

壶敞口，直颈，鼓腹，圈足，原接柄与流，均残。带圆饼形盖，盖面微弧。通体施透明釉，圈足端不施釉。外壁以青花装饰。颈部和腹部均绘缠枝莲纹，近足处绘一周仰莲瓣纹。盖面绘缠枝纹。僧帽壶多见于明永乐、宣德时期。正统至成化时期，僧帽壶非常少见。

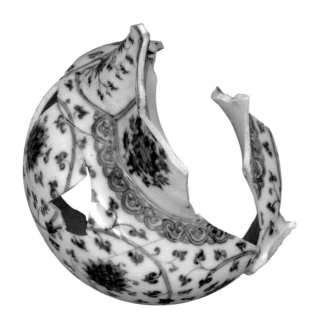

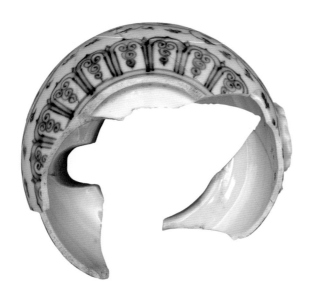

Blue and white monk's cap jug with design of entwined lotus
Zhengtong to Chenghua Period, Ming Dynasty, Remaining height 15.6cm belly diameter 14.8cm, Unearthed at northern side of Zhushan Imperial Kiln site of Jingdezhen in 2014,
Collected by the Archaeological Research Institute of Ceramic in Jingdezhen

084 青花折枝宝相花纹如意形枕

明正统至天顺

高 13 厘米　长 34 厘米　宽 26 厘米

景德镇市陶瓷考古研究所藏，2014 年景德镇御窑遗址珠山北麓出土

枕平面呈如意形，顶面微内凹。通体施透明釉，外底不施釉。外壁以青花为饰。枕面双线如意形开光内绘青花双折枝宝相花纹，外壁饰以四朵青花折枝宝相花纹。透过断裂处观察，枕内壁局部有釉，粘接痕迹显示这件枕是上下接片而成。瓷枕在明初御窑瓷器中非常少见，2014 年珠山北麓出土的瓷枕是御窑遗址首次出土此类器。

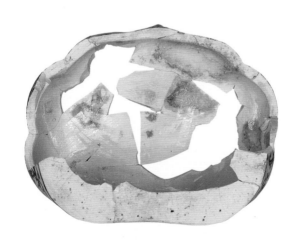

Blue and white *Ruyi*-sceptre heads shaped pillow with design of branched flowers
Zhengtong to Tianshun Period, Ming Dynasty, Height 13cm length 34cm width 26cm, Unearthed at northern side of Zhushan Imperial Kiln site of Jingdezhen in 2014,
Collected by the Archaeological Research Institute of Ceramic in Jingdezhen

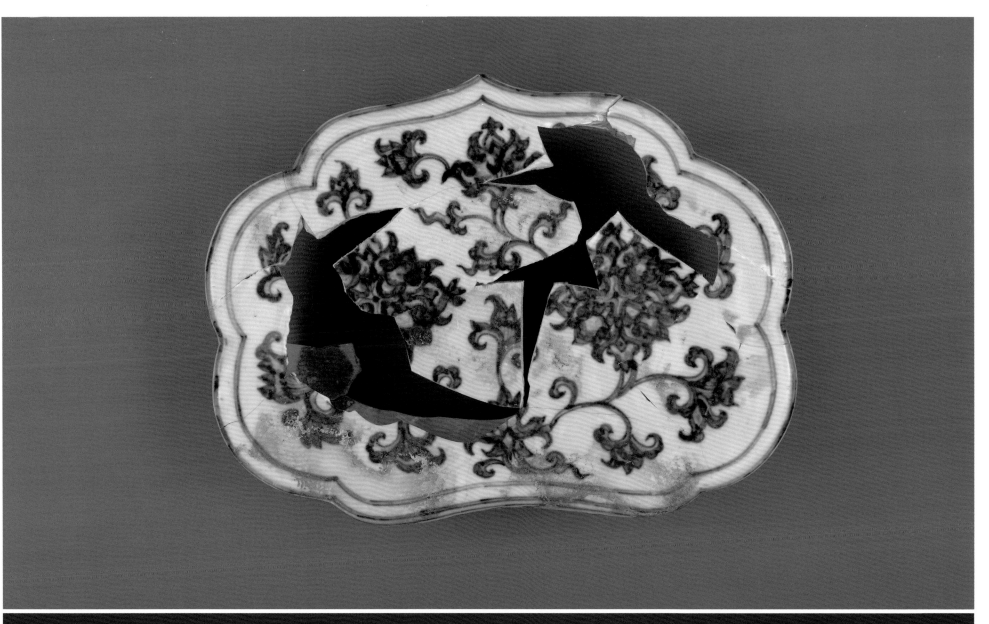

青花婴戏图莲子碗

明正统至天顺

高 7.5 厘米　口径 21 厘米　足径 10.5 厘米

景德镇市陶瓷考古研究所藏，2014 年景德镇御窑遗址珠山北麓出土

　　碗敞口，深弧腹，圈足。通体施透明釉，足端无釉，釉色泛青。内外壁近口沿处各绘弦纹两道，内腹部及碗心不做装饰。外壁腹部以青花绘不同场景的婴戏图四组，并以柳树、亭栏、山石、花卉纹样将每组图案分饰开来。孩童们或静坐或跳动，画面充满童趣。足外墙绘青花回纹一周。此碗因碗口变形而落选。

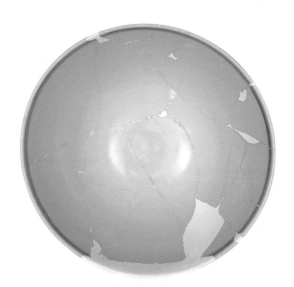

Blue and white bowl with design of children at play
Zhengtong to Tianshun Period, Ming Dynasty, Height 7.5cm mouth diameter 21cm foot diameter 10.5cm, Unearthed at northern side of Zhushan Imperial Kiln site of Jingdezhen in 2014,
Collected by the Archaeological Research Institute of Ceramic in Jingdezhen

青花团花纹碗

明正统至天顺

高 8 厘米　口径 18 厘米　足径 8 厘米

景德镇市陶瓷考古研究所藏，2014 年景德镇御窑遗址珠山北麓出土

碗侈口，弧腹，圈足。通体施透明釉，圈足端不施釉。内外青花装饰。内底绘折枝菊纹。外壁口沿绘落花流水纹，外壁绘团花纹，团花上下交错分布。团花青花发色层次分明，象征一团和气。

2014 年景德镇御窑遗址珠山北麓出土了一批以团花纹为主题纹样的瓷器，器型有高足碗、碗、盘等。团花纹是成化时期常见的装饰题材，正统至天顺时期团花纹瓷器的出土，显示出这一纹样在明代御窑瓷器上的传承与发展。

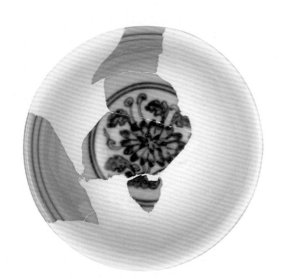

Blue and white bowl with medallion of flowers design
Zhengtong to Tianshun Period, Ming Dynasty, Height 8cm mouth diameter 18cm foot diameter 8cm, Unearthed at northern side of Zhushan Imperial Kiln site of Jingdezhen in 2014, Collected by the Archaeological Research Institute of Ceramic in Jingdezhen

087 | **青花团花纹碗**

明正统至天顺

高 7.6 厘米　口径 13.4 厘米　足径 7.6 厘米

景德镇市陶瓷考古研究所藏，2014 年景德镇御窑遗址珠山北麓出土

碗直口，深弧腹，圈足。通体施透明釉，足端无釉，釉色泛青。内外青花装饰。内壁近口沿处绘青花弦纹两道，晕散严重，碗心青花双圈内绘折枝菊纹，腹部素面无纹。外壁近口沿处绘落花流水纹，腹部饰十二团花纹，近足处与足墙绘青花弦纹四道。

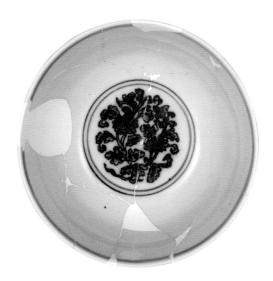

Blue and white bowl with medallion of flowers design
Zhengtong to Tianshun Period, Ming Dynasty, Height 7.6cm mouth diameter 13.4cm foot diameter 7.6cm, Unearthed at northern side of Zhushan Imperial Kiln site of Jingdezhen in 2014, Collected by the Archaeological Research Institute of Ceramic in Jingdezhen

088 青花团花纹高足碗

明正统至天顺

高 10.6 厘米　足径 4.5 厘米

景德镇市陶瓷考古研究所藏，2014 年景德镇御窑遗址珠山北麓出土

碗侈口，弧腹，柱足中空，外撇。通体施透明釉，足端不施釉。内外以青花为饰。内底绘折枝菊纹。外壁口沿绘落花流水纹，外腹壁绘数朵团花，足墙近底处绘两道弦纹。

Blue and white bowl with high stem and medallion of flowers design
Zhengtong to Tianshun Period, Ming Dynasty, Height 10.6cm foot diameter 4.5cm, Unearthed at northern side of Zhushan Imperial Kiln site of Jingdezhen in 2014, Collected by the Archaeological Research Institute of Ceramic in Jingdezhen

145

青花团花纹盘

明正统至天顺

高 4.5 厘米　口径 17.7 厘米　足径 10.6 厘米

景德镇市陶瓷考古研究所藏，2014 年景德镇御窑遗址珠山北麓出土

盘侈口，浅弧壁，矮圈足。通体施透明釉，圈足端无釉。内外青花装饰，盘底双圈内绘折枝菊纹，外壁口沿处绘落花流水纹，外腹壁绘团花数组。

Blue and white plate with medallion of flowers design
Zhengtong to Tianshun Period, Ming Dynasty, Height 4.5cm mouth diameter 17.7cm foot diameter 10.6cm, Unearthed at northern side of Zhushan Imperial Kiln site of Jingdezhen in 2014, Collected by the Archaeological Research Institute of Ceramic in Jingdezhen

090 青花松竹梅图盘

明正统至天顺

高 6 厘米　口径 30 厘米　足径 11.5 厘米

景德镇市陶瓷考古研究所藏，2014 年景德镇御窑遗址珠山北麓出土

盘敞口，浅弧壁，圈足。内外施透明釉，外底不施釉。内外均以青花为饰，内底青花双圈内绘山石、松竹、梅纹立于海水纹上，内壁与外壁满绘青花海水仙山纹，海水之上绘折枝花纹。

Blue and white plate with design of pine, bamboo and plum blossom
Zhengtong to Tianshun Period, Ming Dynasty, Height 6cm mouth diameter 30cm foot diameter 11.5cm, Unearthed at northern side of Zhushan Imperial Kiln site of Jingdezhen in 2014, Collected by the Archaeological Research Institute of Ceramic in Jingdezhen

青花莲托八宝纹劝盘

明正统至天顺

高 2 厘米　口径 18 厘米　足径 13 厘米

景德镇市陶瓷考古研究所藏，2014 年景德镇御窑遗址珠山北麓出土

盘敞口，折沿，浅弧壁，盘心处微隆起，矮圈足。内外青花装饰。内壁近口沿处绘一周回纹，内底满绘卷草及莲托八宝纹。盘心有一凸起的圆环，外环饰以花瓣，为承托杯盏处。外壁绘三组折枝花卉。外底施釉，唯底中心一块区域无釉，为装烧时以垫具支撑处。

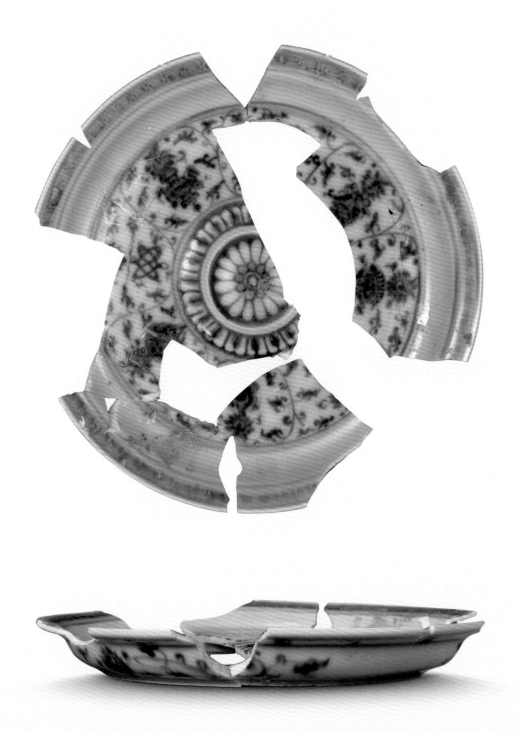

Blue and white saucer with design of entwined lotus and the Eight Auspicious Symbols
Zhengtong to Tianshun Period, Ming Dynasty, Height 2cm mouth diameter 18cm foot diameter 13cm, Unearthed at northern side of Zhushan Imperial Kiln site of Jingdezhen in 2014, Collected by the Archaeological Research Institute of Ceramic in Jingdezhen

149

青花双狮戏球图绣墩

明正统至天顺

直径 46.5 厘米

景德镇市陶瓷考古研究所藏，2014 年景德镇御窑遗址珠山北麓出土

该残器为绣墩墩面，内外壁均施透明釉，外壁以青花为饰。墩面纹饰分为两层，主题纹饰为双狮戏球，外侧饰卷草纹一周，纹饰之间用三道弦纹隔开。器物侧面纹饰分为两层，第一层为云纹一周，第二层为回纹一周，其间分别以双线弦纹隔开。其下可见镂空装饰，具体纹饰不详。

Blue and white stool with design of two lions chasing beribboned balls
Zhengtong to Tianshun Period, Ming Dynasty, Diameter 46.5cm, Unearthed at northern side of Zhushan Imperial Kiln site of Jingdezhen in 2014, Collected by the Archaeological Research Institute of Ceramic in Jingdezhen

白釉樽式弦纹三足炉

明正统至天顺

残高 9 厘米

景德镇市陶瓷考古研究所藏，2014 年景德镇御窑遗址珠山北麓出土

炉直口，桶形腹，平底。下承三足，足残。通体施白釉。外壁模印弦纹装饰。借鉴汉代樽的造型，定窑、磁州窑、汝窑、官窑及龙泉窑等均有同型器。景德镇御窑于宣德时期开始生产樽式弦纹三足炉，有红釉、白釉、仿哥釉等品种，而正统至天顺时期的樽式弦纹三足炉目前仅见施白釉者，尺寸略大于宣德弦纹炉。

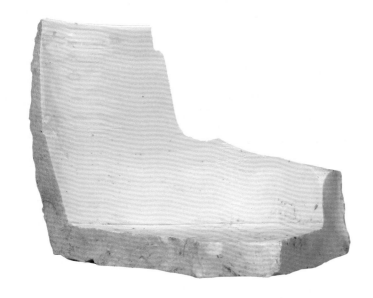

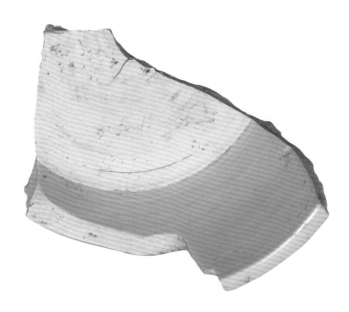

White glaze tripod *Zun* with string design
Zhengtong to Tianshun Period, Ming Dynasty, Remaining height 9cm, Unearthed at northern side of Zhushan Imperial Kiln site of Jingdezhen in 2014, Collected by the Archaeological Research Institute of Ceramic in Jingdezhen

第三单元：继承更创新

　　永乐、宣德时期的御窑瓷器生产集各地名窑的技艺于一体，并博纳海外之长，从而使得该时期御窑生产工艺成就达到了一个新的高度，青花、甜白釉、鲜红釉、孔雀蓝釉等品种名重于世。出土资料表明，正统、景泰、天顺时期的御窑瓷器，在全面继承永宣御窑工艺成就的基础上，更以发展、创新而著称。如果说永乐、宣德时期是在简单地模仿伊斯兰世界器物造型，那么到正统、景泰、天顺时期已把阿拉伯花纹装饰于中国传统的器物上，将外来文化和本土文化更巧妙地结合；同时，正统到天顺时期还把宣德时期新出现的斗彩工艺、仿龙泉青釉工艺等发展成熟，并成功使用国产青料，奠定了成化时期本土青花瓷器的辉煌。

Section Three: Carrying on with Innovation

Imperial ceramic manufacture reached a peak during the Yongle and Xuande periods through a combination of advanced skills developed at other famous kilns and the imitation of artistic styles from abroad. The well-known categories of ceramics produced during this era were blue and white porcelain, white porcelain, copper red porcelain and turquoise blue-glazed porcelain. According to the newly discovered archaeological evidence from Jingdezhen, Imperial ceramic production during the Zhengtong, Jingtai and Tianshun reigns not only continued these achievements but also made important developments and innovations. For example, while some exotic ceramic products produced in the Yongle and Xuande periods were simply imitations of Islamic artefacts, Imperial ceramics from the Zhengtong, Jingtai and Tianshun reigns were characterized by the originality through which they combined elements derived from both Islamic and Chinese art styles. Other achievements of the Jingdezhen Imperial ceramic industry which belong to this period are the further development of the *Doucai* and Longquan-type porcelains as well as the successful use of Chinese cobalt ore in the decoration of blue and white porcelain. These steps formed the basis behind the significant developments in Chinese blue and white porcelain production seen during the Chenghua period.

青花折枝花果纹碗

明宣德
高 8 厘米　口径 22.4 厘米　足径 7.3 厘米
故宫博物院藏

碗花口，斜弧腹，圈足。碗通体以青花装饰。内底心绘折枝桃实纹，内壁绘六组折枝四季花卉，内口沿处绘一周折枝花卉纹。外壁绘折枝花果纹，足墙绘一周卷草纹。外底署青花楷体"大明宣德年制"六字双行外围双圈款。

此碗造型秀挺，胎体轻薄。碗内外可见水锈痕迹。

Blue and white bowl with design of branched flowers and fruits
Xuande Period, Ming Dynasty, Height 8cm mouth diameter 22.4cm foot diameter 7.3cm, Collected by the Palace Museum

青花缠枝花卉纹贯耳瓶

明宣德

高 19 厘米　口径 4.5 厘米　足径 6.5 厘米

故宫博物院藏

瓶圆唇，直口，长颈，丰肩，弧腹渐往下收，胫部微外撇，隐圈足。瓶颈中部对称置一对贯耳。瓶通体青花装饰。瓶颈上下部绘海水纹，中部及贯耳绘回纹。肩部饰覆蕉叶纹，腹部饰缠枝花卉纹，胫部饰仰蕉叶纹。外底署青花楷体"大明宣德年制"六字双行外围双圈款。

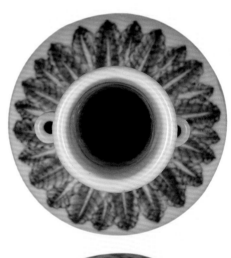

Blue and white vase with tubular handle and design of entwined flowers
Xuande Period, Ming Dynasty, Height 19cm mouth diameter 4.5cm foot diameter 6.5cm, Collected by the Palace Museum

青花卷草纹带盖梅瓶

明正统至天顺

通高 31.5 厘米　口径 5.5 厘米　腹径 14 厘米　足径 9.2 厘米

景德镇市陶瓷考古研究所藏，2014 年景德镇御窑遗址珠山北麓出土

瓶分盖和器身两部分。梅瓶卷唇，矮颈，丰肩，下腹部斜直，浅圈足。内外施透明釉，外底不施釉。盖平顶，上小下大，顶部接宝珠钮。外壁以青花为饰。盖面饰交枝如意纹。盖身绘缠枝卷草纹。瓶肩部及近底处饰蕉叶纹，瓶身绘青花缠枝卷草纹。

Blue and white lidded prunus vase with design of entwined vines
Zhengtong to Tianshun Period, Ming Dynasty, Overall height 31.5cm mouth diameter 5.5cm belly diameter 14cm foot diameter 9.2cm, Unearthed at northern side of Zhushan Imperial Kiln site of Jingdezhen in 2014, Collected by the Archaeological Research Institute of Ceramic in Jingdezhen

青花缠枝花卉纹四棱双耳瓶

明正统至天顺

高 26.8 厘米　口径 8.3 厘米　腹径 11.8 厘米　足径 9.2 厘米

景德镇市陶瓷考古研究所藏，2014 年景德镇御窑遗址珠山北麓出土

瓶喇叭形四出花口，长颈，颈部两侧置一对称长耳，双耳外沿略呈弧形。瓶身作瓜棱形，圈足高而外撇，足内中空，满釉，足端无釉。颈部以青花绘散点式球花，腹部以变形缠枝花卉装饰。釉面白润，发色青翠。

Blue and white vase with two ears and design of entwined flowers
Zhengtong to Tianshun Period, Ming Dynasty, Height 26.8cm mouth diameter 8.3cm belly diameter 11.8cm foot diameter 9.2cm, Unearthed at northern side of Zhushan Imperial
Kiln site of Jingdezhen in 2014, Collected by the Archaeological Research Institute of Ceramic in Jingdezhen

098 | 青花如意双耳缠枝莲纹蒜头瓶

明正统至天顺

高 27 厘米　口径 4 厘米　腹径 14 厘米　足径 9 厘米

景德镇市陶瓷考古研究所藏，2014 年景德镇御窑遗址珠山北麓出土

瓶小口，形似蒜头，长颈，溜肩，圆腹，圈足。口部、颈部、肩部、足端交接处均以一周青花双线分隔，口部刻双重仰莲纹，颈部点缀朵莲纹，并附有如意灵芝形双耳，肩部青花双线下饰一周交枝花卉，腹部主体满绘缠枝莲纹，圈足饰以一周五瓣形朵花。

Blue and white vase with garlic-shaped mouth, two ears and design of entwined lotus
Zhengtong to Tianshun Period, Ming Dynasty, Height 27cm mouth diameter 4cm belly diameter 14cm foot diameter 9cm, Unearthed at northern side of Zhushan Imperial Kiln site of Jingdezhen in 2014, Collected by the Archaeological Research Institute of Ceramic in Jingdezhen

青花莲池纹盘

明正统

高 4.2 厘米 口径 19.8 厘米 足径 11.2 厘米

景德镇御窑博物馆藏，1988 年景德镇御窑遗址出土

盘侈口，浅弧壁，矮圈足。通体施透明釉，足端不施釉。内外青花装饰。内壁口沿处绘一周回纹，盘内壁绘一周朵云纹，盘心绘莲池纹。外壁绘两条口衔仙草的夔龙和一只瑞兽。

Blue and white plate with design of lotus pond
Zhengtong Period, Ming Dynasty, Height 4.2cm mouth diameter 19.8cm foot diameter 11.2cm, Unearthed at Imperial Kiln site of Jingdezhen in 1988,
Collected by the Imperial Kiln Museum of Jingdezhen

青花八宝纹碗

明正统

高 9 厘米　口径 20.8 厘米　足径 8.5 厘米

景德镇御窑博物馆藏，1988 年景德镇御窑遗址出土

　　碗侈口，弧腹，圈足。通体施透明釉，釉色泛青，足端不施釉。内外均以青花为饰。内壁近口沿处饰青花菱格锦地纹一周，腹部素面无纹，内底心青花双圈内绘折枝花卉。外壁近口沿处绘青花弦纹一周，腹部绘缠枝八宝纹，近底处绘一周仰莲瓣纹。此器画面俊秀舒朗，青花发色艳丽悦目。

Blue and white bowl with design of eight treasures
Zhengtong Period, Ming Dynasty, Height 9cm mouth diameter 20.8cm foot diameter 8.5cm, Unearthed at Imperial Kiln site of Jingdezhen in 1988,
Collected by the Imperial Kiln Museum of Jingdezhen

青花海马纹四铺首器座

明正统

高 20.4 厘米　口径 26.3 厘米　足径 34.8 厘米

景德镇御窑博物馆藏，1988 年景德镇御窑遗址出土

器座方唇，直口，束腰，平底，底中部有一圆形小孔，喇叭状圈足。颈部对称贴塑四个兽头铺首。内外壁均饰以青花纹饰。外部纹饰分三层，分别以三道弦纹间隔。上层主体纹饰为交枝纹，间以缀珠和璎珞，四铺首以青花描绘样貌。中层绘缠枝莲纹一周。下层绘海水江崖纹一周，海马奔腾其中。内壁纹饰分腹壁和内底两部分，分别绘一周缠枝莲纹。外底亦满绘青花纹饰，足端绘卷草纹，外底腹壁绘一周缠枝莲纹，外底绘缠枝纹。

此器造型稀有，通体满施釉或彩，制作工艺非常特别。

Blue and white stand with animal head applique and design of horse among waves
Zhengtong Period, Ming Dynasty, Height 20.4cm mouth diameter 26.3cm foot diameter 34.8cm, Unearthed at Imperial Kiln site of Jingdezhen in 1988,
Collected by the Imperial Kiln Museum of Jingdezhen

青花白龙纹高足碗

明宣德

高 11.1 厘米　口径 16.7 厘米　足径 4.8 厘米

故宫博物院藏

碗侈口，弧腹，高足中空外撇。无款。通体施透明釉，圈足端不施釉。内外遍饰纹饰。碗内壁饰两组云龙穿花纹，内底心圆圈内再饰一组云龙穿花纹。碗身外壁饰两组云龙穿花纹。足墙饰缠枝莲纹。

此碗以暗刻纹饰和青花地留白为装饰方法，先在胎上暗刻云龙、莲花等图案，再以青花涂抹，将主体图案留白。烧成后即呈现出青花为地、白釉为主体纹饰的独特效果，区别于常见的白地青花，拓展了青花的艺术表现形式。在主体纹样下以暗刻构成图案的手法，是对宋、元、明初刻花装饰工艺的继承，在宣德时期的斗彩、青花等器物上多见，成化以后不再流行。

Blue and white bowl with high stem and design of white dragon
Xuande Period, Ming Dynasty, Height 11.1cm mouth diameter 16.7cm foot diameter 4.8cm, Collected by the Palace Museum

青花海水白龙纹盘

明正统

高 3.8 厘米　口径 17.5 厘米　足径 10.9 厘米

景德镇御窑博物馆藏，1988 年景德镇御窑遗址出土

盘侈口，浅弧壁，矮圈足。通体施透明釉，圈足端不施釉。内外青花装饰。内壁口沿绘两道弦纹，内底双圈内绘青花海水白龙纹。龙纹下，先于胎上锥拱纹饰主要轮廓，再用青料描绘。外壁口沿处绘一周落花流水纹，外腹壁绘一周青花海水白龙纹，龙纹姿态各异。

青花海水白龙纹瓷器，以青花绘海水纹，龙纹部分留白，青料消耗量大，纹饰绘制颇费工时。与常见的白地蓝花瓷器相比，主题纹饰突出，艺术效果独特。

御窑遗址出土瓷器中，有在白龙处填矾红者，因此此件也有可能为青花地海水矾红龙纹盘之半成品。

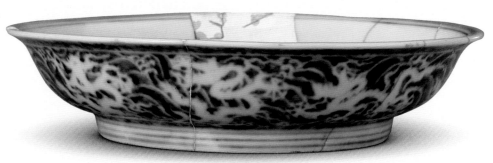

Blue and white plate with design of white dragon among waves
Zhengtong Period, Ming Dynasty, Height 3.8cm mouth diameter 17.5cm foot diameter 10.9cm, Unearthed at Imperial Kiln site of Jingdezhen in 1988,
Collected by the Imperial Kiln Museum of Jingdezhen

104 | 青花海水白龙纹盘

明正统至天顺

高 4.7 厘米　口径 20 厘米　足径 12.6 厘米

景德镇市陶瓷考古研究所藏，2014 年景德镇御窑遗址珠山北麓出土

盘侈口，浅弧壁，矮圈足。通体施透明釉，圈足端不施釉。内外青花装饰。内壁口沿绘两道弦纹，内底双圈内绘青花海水白龙纹。龙纹下，先于胎上锥拱纹饰主要轮廓，再用青料描绘。外壁口沿处绘一周落花流水纹，外腹壁绘一周青花海水白龙纹，龙纹姿态各异。

Blue and white plate with design of white dragon among waves
Zhengtong to Tianshun Period, Ming Dynasty, Height 4.7cm mouth diameter 20cm foot diameter 12.6cm, Unearthed at northern side of Zhushan Imperial Kiln site of Jingdezhen in 2014, Collected by the Archaeological Research Institute of Ceramic in Jingdezhen

青花海水白龙纹盘

明正统至天顺

高 4.4 厘米　足径 12.5 厘米

景德镇市陶瓷考古研究所藏，2014 年景德镇御窑遗址珠山北麓出土

盘侈口，浅弧壁，矮圈足。通体施透明釉，圈足端不施釉。内外青花装饰。内壁口沿绘两道弦纹，内底双圈内绘青花海水白龙纹。外壁口沿处绘一周落花流水纹，外腹壁绘一周青花海水白龙纹，龙纹姿态各异。内外壁龙纹，均于胎上先锥拱纹饰主要轮廓，再用青料描绘纹饰。

Blue and white plate with design of white dragon among waves
Zhengtong to Tianshun Period, Ming Dynasty, Height 4.4cm foot diameter 12.5cm, Unearthed at northern side of Zhushan Imperial Kiln site of Jingdezhen in 2014, Collected by the Archaeological Research Institute of Ceramic in Jingdezhen

青花海水白龙纹盘

明正统至天顺

高 4.7 厘米　足径 14 厘米

景德镇市陶瓷考古研究所藏，2014 年景德镇御窑遗址珠山北麓出土

盘敞口，浅弧壁，矮圈足。通体施透明釉，圈足端不施釉。内外青花装饰。内壁口沿绘两道弦纹，内底双圈内绘青花海水白龙纹。外壁口沿处绘一周落花流水纹，外壁绘一周青花海水白龙纹，龙纹姿态各异。

Blue and white plate with design of white dragon among waves

Zhengtong to Tianshun Period, Ming Dynasty, Height 4.7cm foot diameter 14cm, Unearthed at northern side of Zhushan Imperial Kiln site of Jingdezhen in 2014, Collected by the Archaeological Research Institute of Ceramic in Jingdezhen

171

青花海水白龙纹碗

明正统至天顺

高 7.5 厘米　口径 14 厘米　足径 7.5 厘米

景德镇市陶瓷考古研究所藏，2014 年景德镇御窑遗址珠山北麓出土

碗直口，深弧腹，圈足。通体施透明釉，圈足端不施釉。内外青花装饰。内壁口沿绘两道弦纹，内底双圈内绘青花海水白龙纹。外壁口沿处绘一周落花流水纹，外腹壁绘一周青花海水白龙纹，龙纹姿态各异。

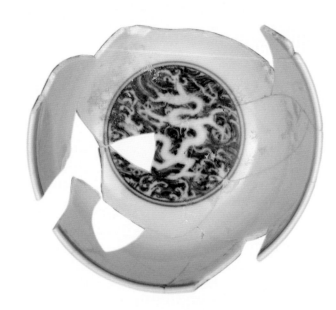

Blue and white bowl with design of white dragon among waves
Zhengtong to Tianshun Period, Ming Dynasty, Height 7.5cm mouth diameter 14cm foot diameter 7.5cm, Unearthed at northern side of Zhushan Imperial Kiln site of Jingdezhen in 2014,
Collected by the Archaeological Research Institute of Ceramic in Jingdezhen

青花海水白龙纹碗

明正统至天顺

高 9 厘米　口径 20 厘米　足径 8.6 厘米

景德镇市陶瓷考古研究所藏，2014 年景德镇御窑遗址珠山北麓出土

碗侈口，弧腹，圈足。通体施透明釉，圈足端不施釉。内外青花装饰。内壁口沿绘两道弦纹，内底双圈内绘青花海水白龙纹。外壁口沿处绘一周落花流水纹，外腹壁绘一周青花海水白龙纹，龙纹姿态各异，海水汹涌，龙体矫健。

此器胎体细腻，绘画精巧，线条流畅，青花发色艳丽。

Blue and white bowl with design of white dragon among waves
Zhengtong to Tianshun Period, Ming Dynasty, Height 9cm mouth diameter 20cm foot diameter 8.6cm, Unearthed at northern side of Zhushan Imperial Kiln site of Jingdezhen in 2014, Collected by the Archaeological Research Institute of Ceramic in Jingdezhen

173

青花海水白龙纹高足碗

明正统至天顺

高 10.5 厘米　口径 15.2 厘米　足径 4.3 厘米

景德镇市陶瓷考古研究所藏，2014 年景德镇御窑遗址珠山北麓出土

碗侈口，弧腹，柱足中空，足底微外撇。通体施透明釉，圈足端不施釉。内外均有青花装饰。内底双圈内以青花海水为地绘白龙一条，外壁亦以青花地拔白之法在青花海水中绘白龙九条。高足外壁则以海浪铺满周身。

Blue and white bowl with high stem and design of white dragon among waves
Zhengtong to Tianshun Period, Ming Dynasty, Height 10.5cm mouth diameter 15.2cm foot diameter 4.3cm, Unearthed at northern side of Zhushan Imperial Kiln site of Jingdezhen in 2014, Collected by the Archaeological Research Institute of Ceramic in Jingdezhen

110 青花海水白龙纹金钟碗

明正统至天顺

高 10.5 厘米　口径 16 厘米　足径 7.7 厘米

景德镇市陶瓷考古研究所藏，2014 年景德镇御窑遗址珠山北麓出土

碗侈口，深弧腹，圈足。通体施透明釉，圈足端不施釉。内外青花装饰。内壁口沿绘两道弦纹，内底双圈内绘青花海水白龙纹。外壁口沿处绘一周落花流水纹，外腹壁绘一周青花海水白龙纹，龙纹姿态各异。

Blue and white bell-shaped bowl with design of white dragon among waves
Zhengtong to Tianshun Period, Ming Dynasty, Height 10.5cm mouth diameter 16cm foot diameter 7.7cm, Unearthed at northern side of Zhushan Imperial Kiln site of Jingdezhen in 2014, Collected by the Archaeological Research Institute of Ceramic in Jingdezhen

青花龙纹碗

明正统至天顺

高 8.1 厘米　口径 19.3 厘米　足径 7.8 厘米

景德镇市陶瓷考古研究所藏，2014 年景德镇御窑遗址珠山北麓出土

碗侈口，斜弧腹，圈足。通体施透明釉，圈足端不施釉。内外装饰青花纹饰。内壁口沿绘双圈弦纹，碗心绘龙纹。外壁口沿以回纹装饰一周，腹部绘九条青花龙纹。此器纹饰生动，外壁九条青花龙纹神情各异，形态威猛生动，气势夺人。

Blue and white bowl with dragon design
Zhengtong to Tianshun Period, Ming Dynasty, Height 8.1cm mouth diameter 19.3cm foot diameter 7.8cm, Unearthed at northern side of Zhushan Imperial Kiln site of Jingdezhen in 2014, Collected by the Archaeological Research Institute of Ceramic in Jingdezhen

112 青花海水龙纹碗

明成化

高 7.8 厘米　口径 17.2 厘米　足径 7 厘米

故宫博物院藏

碗侈口，深弧腹，圈足。通体施透明釉，圈足端不施釉。内外装饰青花纹饰，内口沿绘两周弦纹，内底心两周弦纹内绘海水纹，在海水之上绘五爪龙纹，海水波涛汹涌，龙纹威武苍劲。外口沿绘一周叠加钱纹，外壁通景绘汹涌澎湃的海水纹，在海水上面绘九条蛟龙，游弋在海水之上，足边泛起白色的浪花。足边一周绘弦纹。外底署青花楷体"大明成化年制"六字双行双圈款。

此器海水用淡色青料细致勾摹，龙纹以深色青料描绘，显示出成化时期对国产青料的娴熟运用。

青花海水纹盘

明正统

高 11.7 厘米　口径 62.4 厘米　足径 49.7 厘米

景德镇御窑博物馆藏，1988 年景德镇御窑遗址出土

盘敞口，浅弧壁，圈足。内外施透明釉，外底不施釉。内外壁均以青花为饰。内壁纹饰分腹壁和内底两层，腹壁绘海水寿山纹和缠枝莲纹，内底绘海水纹。外壁纹饰与内壁纹饰相同。

Blue and white plate with waves design
Zhengtong Period, Ming Dynasty, Height 11.7cm mouth diameter 62.4cm foot diameter 49.7cm, Unearthed at Imperial Kiln site of Jingdezhen in 1988,
Collected by the Imperial Kiln Museum of Jingdezhen

青花双狮戏球图盘

明正统至天顺

高 6.4 厘米　口径 39 厘米　足径 27.5 厘米

景德镇市陶瓷考古研究所藏，2014 年景德镇御窑遗址珠山北麓出土

盘侈口，浅弧壁，圈足。内外施透明釉，外底不施釉。内外均以青花为饰。内外壁各绘两组双狮戏球图，狮子首尾相接。内底青花双圈内绘一组双狮戏球图，双狮追逐，绣球位于画面中心。

此器布局匀称，绘画生动，呈色鲜艳。同样器形和纹饰的盘，御窑遗址还出土有尺寸较小者。

Blue and white plate with design of two lions chasing beribboned balls
Zhengtong to Tianshun Period, Ming Dynasty, Height 6.4cm mouth diameter 39cm foot diameter 27.5cm, Unearthed at northern side of Zhushan Imperial Kiln site of Jingdezhen in 2014, Collected by the Archaeological Research Institute of Ceramic in Jingdezhen

青花双狮戏球图盘

明正统至天顺

高 3.7 厘米　口径 25 厘米　足径 16 厘米

景德镇市陶瓷考古研究所藏，2014 年景德镇御窑遗址珠山北麓出土

盘侈口，浅弧壁，圈足。通体施透明釉，圈足端不施釉。内外均以青花为饰。内外壁各绘两组双狮戏球图，狮子首尾相接。内底青花双圈内绘一组双狮戏球，双狮追逐，绣球位于画面中心。

御窑遗址还出土有与此盘器形和纹饰相同的尺寸较大的盘。大盘因体量大，为防止塌底，外底不施釉，扩大垫烧部位。此盘尺寸稍小，圈足端不施釉，于圈足端垫烧。

Blue and white plate with design of two lions chasing beribboned balls
Zhengtong to Tianshun Period, Ming Dynasty, Height 3.7cm mouth diameter 25cm foot diameter 16cm, Unearthed at northern side of Zhushan Imperial Kiln site of Jingdezhen in 2014, Collected by the Archaeological Research Institute of Ceramic in Jingdezhen

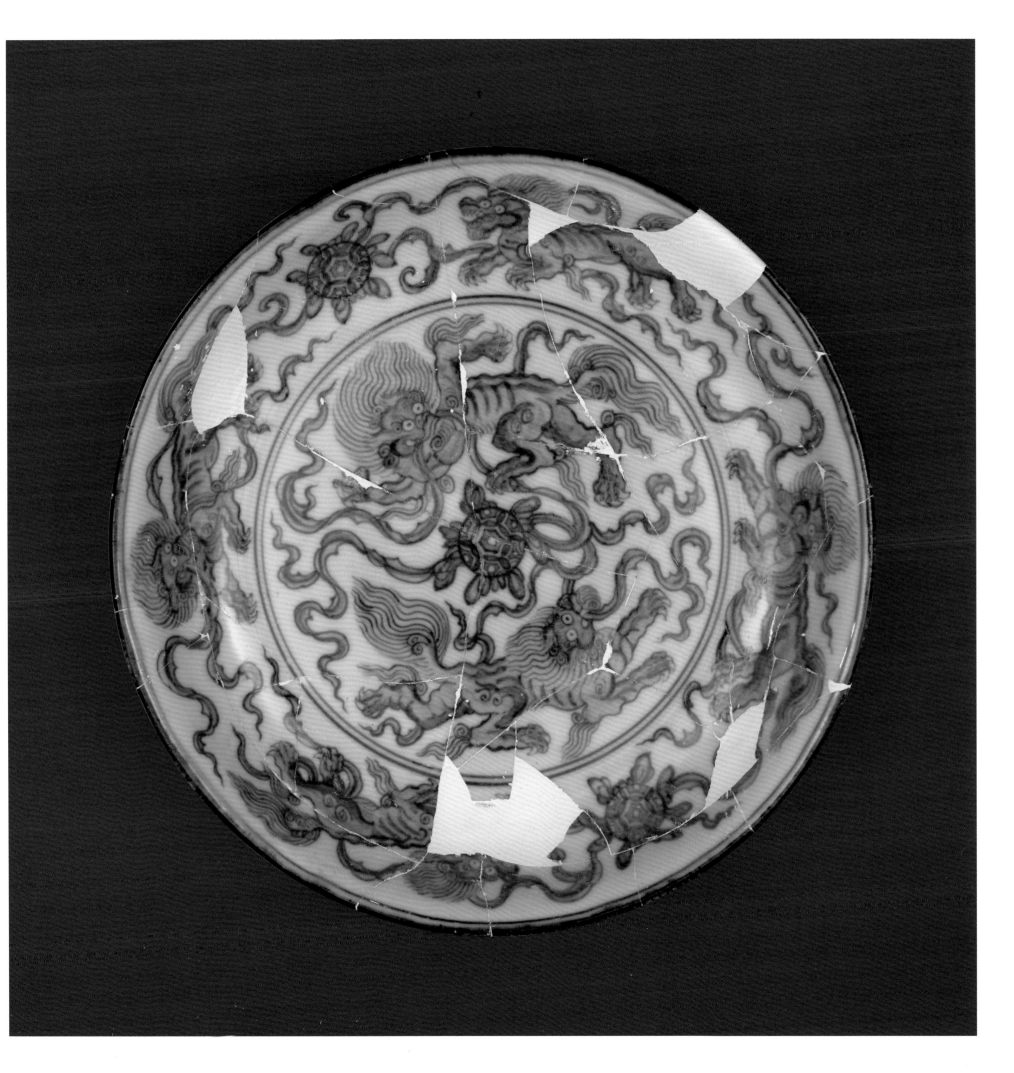

青花云纹盘（半成品）

明正统

高 4.3 厘米　口径 20.7 厘米　足径 8.5 厘米

景德镇御窑博物馆藏，1990 年景德镇御窑遗址出土

盘侈口，浅弧壁，矮圈足。通体施透明釉，圈足端不施釉。内外青花装饰。内壁近口沿处书一周藏文，内底青花双圈内绘分散的朵云纹，外壁绘分散的朵云纹。外壁和内底心有大量留白之处，是为进行釉上加彩而预留的空间。此器为青花加釉上彩瓷器的半成品。

Blue and white plate with cloud design (semi-finished product)
Zhengtong Period, Ming Dynasty, Height 4.3cm mouth diameter 20.7cm foot diameter 8.5cm, Unearthed at Imperial Kiln site of Jingdezhen in 1990, Collected by the Imperial Kiln Museum of Jingdezhen

青花云纹锥拱龙纹盘（半成品）

明正统

高 4.3 厘米　口径 20.7 厘米　足径 8.5 厘米

景德镇御窑博物馆藏，1988 年景德镇御窑遗址出土

盘侈口，浅弧壁，矮圈足。通体施透明釉，圈足端不施釉。内外青花装饰。内壁口沿绘两道弦纹，内底青花双圈内绘分散的朵云纹，留白之处于釉下刻龙纹。外壁亦如盘心，绘分散朵云纹，留白之处于釉下刻龙纹。

根据御窑遗址出土的相同纹饰的青花矾红彩云龙纹瓷器推测，此器为青花矾红彩瓷器的半成品。

Blue and white plate with design of incised dragon and cloud (semi-finished product)
Zhengtong Period, Ming Dynasty, Height 4.3cm mouth diameter 20.7cm foot diameter 8.5cm, Unearthed at Imperial Kiln site of Jingdezhen in 1988, Collected by the Imperial Kiln Museum of Jingdezhen

| **青花云纹锥拱龙纹碗**（半成品）

明正统
高 9.2 厘米　口径 20.7 厘米　足径 8.5 厘米
景德镇御窑博物馆藏，1988 年景德镇御窑遗址出土

碗侈口，弧腹，圈足。通体施透明釉，圈足端不施釉。内外均以青花装饰。口沿内壁绘两道弦纹，碗心青花双圈内绘分散的朵云纹，留白处于釉下刻龙纹。口沿外壁绘青花回纹一周，腹部装饰手法和碗心一样，以青花绘制云纹，留白处于釉下刻龙纹。该器为青花矾红彩瓷器的半成品。

Blue and white bowl with design of incised dragon and cloud (semi-finished product)
Zhengtong Period, Ming Dynasty, Height 9.2cm mouth diameter 20.7cm foot diameter 8.5cm, Unearthed at Imperial Kiln site of Jingdezhen in 1988,
Collected by the Imperial Kiln Museum of Jingdezhen

青花矾红彩海水龙纹碗

明正统

高 7.3 厘米　口径 13.7 厘米　足径 7.5 厘米

景德镇御窑博物馆藏，1988 年景德镇御窑遗址出土

碗直口，深弧腹，圈足。通体施透明釉，足端不施釉。内外以青花为饰。内壁近口沿外画青花弦纹两道，碗心双圈内绘龙纹，腹部素面无纹。外壁以青花、矾红装饰，近口沿处绘回纹一周，腹部绘形态各异的龙纹九条，隙地饰以矾红海水纹，近足处和足墙上各绘青花弦纹两周。

Bowl with design of dragon in underglaze blue and waves in iron-red color
Zhengtong Period, Ming Dynasty, Height 7.3cm mouth diameter 13.7cm foot diameter 7.5cm, Unearthed at Imperial Kiln site of Jingdezhen in 1988,
Collected by the Imperial Kiln Museum of Jingdezhen

120 斗彩鸳鸯莲池图碗

明正统
高 7.5 厘米　口径 18.9 厘米　足径 7.5 厘米
故宫博物院藏

碗侈口，深弧腹，圈足。内外斗彩装饰，纹饰有一致性。外壁口沿与圈足皆饰双圈，腹壁绘两对鸳鸯游于四组荷花、红蓼、慈姑、浮萍间，近底处绘仰莲瓣纹。内口沿及内底绘双圈，内底心双圈内绘鸳鸯莲池。外底施透明釉，足端刮釉。无款。

此碗局部有裂，已拼接完整。碗上所绘鸳鸯莲池图在元、明时期被称作"满池娇"。此碗构图严谨，鸳鸯描画生动活泼，色彩清丽，艳而不俗，为正统斗彩瓷器中的珍品。

斗彩鸳鸯莲池图器物最早出现于宣德时期，西藏萨迦寺收藏有两件落宣德年款的碗及高足碗，而正统至天顺时期斗彩鸳鸯莲池图器物在纹饰上稍有改动，更加规整，而其烧制数量更丰，其中以碗、盘等日用器最为常见。

Doucai bowl with design of mandarin duck and lotus pond
Zhengtong Period, Ming Dynasty, Height 7.5cm mouth diameter 18.9cm foot diameter 7.5cm, Collected by the Palace Museum

121 斗彩鸳鸯莲池图碗

明正统

高 8.5 厘米 口径 19 厘米 足径 7.8 厘米

景德镇御窑博物馆藏，1988 年景德镇御窑遗址出土

碗侈口，深弧腹，圈足。通体施透明釉，圈足端不施釉。内底碗心绘青花双圈，其内绘红莲绿荷四组，并有红蓼、芦苇、慈姑、浮萍等水生植物点缀其间，一对鸳鸯嬉戏于莲池中央。鸳鸯和绿荷等植物均以青花勾勒，以红、黄、紫等颜色填绘。而外壁绘鸳鸯两对，以四组莲荷穿插其中，再以红蓼、慈姑、芦苇等点饰。外壁近底足处绘一圈变形莲瓣纹。

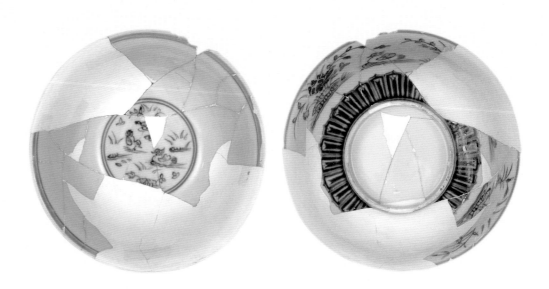

Doucai bowl with design of mandarin duck and lotus pond
Zhengtong Period, Ming Dynasty, Height 8.5cm mouth diameter 19cm foot diameter 7.8cm, Unearthed at Imperial Kiln site of Jingdezhen in 1988,
Collected by the Imperial Kiln Museum of Jingdezhen

斗彩鸳鸯莲池图碗（半成品）

明正统

高 7.4 厘米　口径 17 厘米　足径 7.2 厘米

景德镇御窑博物馆藏，1988 年景德镇御窑遗址出土。

碗侈口，斜腹，圈足。通体施透明釉，圈足端不施釉。内外饰青花绘鸳鸯莲池图。内底青花双圈内绘一对鸳鸯在莲池中戏水。外壁绘三对鸳鸯，鸳鸯之间以莲荷相隔。近足处用青花绘一周莲瓣纹，其下绘弦纹两道。

该器仅以青花勾勒图案轮廓，未画荷花，是一件斗彩瓷器的半成品，对研究明代御窑斗彩工艺的发展过程具有重要意义。

Doucai bowl with design of mandarin duck and lotus pond (semi-finished product)
Zhengtong Period, Ming Dynasty, Height 7.4cm mouth diameter 17cm foot diameter 7.2cm, Unearthed at Imperial Kiln site of Jingdezhen in 1988,
Collected by the Imperial Kiln Museum of Jingdezhen

191

123 | 斗彩鸳鸯莲池图碗（半成品）

明正统

高 5.2 厘米　口径 10 厘米　足径 4 厘米

景德镇市陶瓷考古研究所藏，2014 年景德镇御窑遗址珠山北麓出土

碗侈口，弧腹，圈足。通体施透明釉，圈足端不施釉。内外壁以青花绘鸳鸯莲池图。内底心青花双圈内绘一对鸳鸯在莲池中戏水。外壁口沿绘弦纹一周，腹壁绘鸳鸯莲池图，两对鸳鸯游弋于莲池之中，荷花盛开，花和叶互相映衬，其间点缀芦苇、红蓼、慈姑和浮萍。近足处用青花绘一圈莲瓣纹，其下绘弦纹两道。该器为斗彩瓷器的半成品。

Doucai bowl with design of mandarin duck and lotus pond (semi-finished product)
Zhengtong Period, Ming Dynasty, Height 5.2cm mouth diameter 10cm foot diameter 4cm, Unearthed at northern side of Zhushan Imperial Kiln site of Jingdezhen in 2014, Collected by the Archaeological Research Institute of Ceramic in Jingdezhen

124 | 斗彩鸳鸯莲池图盘（半成品）

明正统

高 5.2 厘米　口径 10 厘米　足径 4 厘米

景德镇市陶瓷考古研究所藏，2014 年景德镇御窑遗址珠山北麓出土

盘敞口，浅弧壁，圈足。通体施透明釉，圈足端不施釉。内外均以青花为饰。内底和外壁绘鸳鸯莲池图，外壁近足处饰莲瓣纹。该盘为正统时期斗彩盘的半成品。

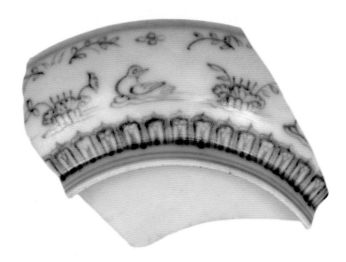

Doucai plate with design of mandarin duck and lotus pond (semi-finished product)

Zhengtong Period, Ming Dynasty, Height 5.2cm mouth diameter 10cm foot diameter 4cm, Unearthed at northern side of Zhushan Imperial Kiln site of Jingdezhen in 2014, Collected by the Archaeological Research Institute of Ceramic in Jingdezhen

斗彩鸳鸯莲池图盘

明成化

高 3.9 厘米　口径 17.1 厘米　足径 10.4 厘米

景德镇御窑博物馆藏，1987 年景德镇御窑遗址出土

盘侈口，弧壁，圈足微撇。通体施透明釉，圈足端不施釉。内外壁以斗彩为饰。内口沿有青花藏文吉祥经文一周，盘心绘红莲荷叶三组，芦苇、红蓼、慈姑、浮萍等穿插其间，鸳鸯翅膀及尾部用青料划线，再以红紫诸色合绘而出。外壁绘莲荷四组并间饰红蓼、慈姑、鸳鸯两对。外底用青料书楷体"大明成化年制"六字双行外围双圈款。

斗彩鸳鸯莲池图盘，始见于明宣德时期。正统时期沿用此主题，但纹样略有变化。成化时期，鸳鸯莲池图有两类，一类与宣德纹样相同，一类与正统纹样相同。此件为与宣德纹样相同者。

Doucai plate with design of mandarin duck and lotus pond

Chenghua Period, Ming Dynasty, Height 3.9cm mouth diameter 17.1cm foot diameter 10.4cm, Unearthed at Imperial Kiln site of Jingdezhen in 1987, Collected by the Imperial Kiln Museum of Jingdezhen

斗彩鸳鸯莲池图盘

明成化
高 3.8 厘米　口径 18 厘米　足径 10.8 厘米
景德镇御窑博物馆藏，1987 年景德镇御窑遗址出土

盘侈口，浅弧壁，圈足。通体施透明釉，圈足端不施釉。内外壁以斗彩为饰，绘鸳鸯莲池图。器底书楷体"大明成化年制"六字双行外围双圈款。

成化瓷器以斗彩最负盛名，其早期作品以追摹宣德及正统御窑器物为特点，即如本器与正统御窑斗彩鸳鸯莲池纹盘纹饰近乎一致。鸳鸯莲池纹，又名"满池娇"，始见于南宋织物之上，入元后更为流行，常见于元青花瓷器上。

Doucai plate with design of mandarin duck and lotus pond
Chenghua Period, Ming Dynasty, Height 3.8cm mouth diameter 18cm foot diameter 10.8cm, Unearthed at Imperial Kiln site of Jingdezhen in 1987,
Collected by the Imperial Kiln Museum of Jingdezhen

127 | 斗彩葡萄纹高足杯

明成化
高 4.8 厘米　口径 5.5 厘米　足径 2.4 厘米
故宫博物院藏

　　杯敞口，深弧腹，喇叭形高圈足。此杯胎薄体轻，迎光微透，盈手可握，小巧可爱。杯内外均施透明釉，足端不施釉。外腹壁以斗彩绘两组缠枝葡萄纹。制作时，先以釉下青花勾勒图案，罩透明釉入窑烧造。烧成后在釉上填彩，涂于青花勾勒的图案之内。此杯彩绘所用彩料有绿彩、黄彩、紫彩等。外底自右向左横书"大明成化年制"六字楷书款。

Doucai bowl with high stem and grape design
Chenghua Period, Ming Dynasty, Height 4.8cm mouth diameter 5.5cm foot diameter 2.4cm, Collected by the Palace Museum

斗彩高士图杯

明成化

高 3.9 厘米　口径 6 厘米　足径 3 厘米

故宫博物院藏

杯口微敞，斜弧腹，略深，隐圈足。外底署青花楷体"大明成化年制"六字双行外围双方框款。用斗彩做装饰，杯外壁绘身着红色长衣的高士正在赏莲，身边有绿衣童仆陪伴，绘画精细雅致。

高士图是瓷器装饰的典型纹样之一，特指人物图画中以文人雅士生活情趣为题材的纹饰。最负盛名的有王羲之爱鹅、爱兰，陶渊明爱菊，周敦颐爱莲，林逋爱鹤等，俗称"四爱图"。这些人素以行为高雅脱俗著称，因此这类纹样习称高士图。高士图在元代的瓷器中趋于成熟，明代则运用得更加广泛。

Doucai cup with design of profound scholar
Chenghua Period, Ming Dynasty, Height 3.9cm mouth diameter 6cm foot diameter 3cm, Collected by the Palace Museum

斗彩海马图天字罐

明成化
高 10.5 厘米　口径 5.5 厘米　足径 7.3 厘米
故宫博物院藏

罐直口，短颈，丰肩，肩以下渐收，隐圈足。通体斗彩装饰。腹部绘四只飞跃的天马及海水纹、朵云纹。肩与近底处分别绘下覆、上仰蕉叶纹。外底署青花楷体"天"字款。

此罐胎体轻薄，用色明丽悦目。画面海水汹涌，浪花飞溅，天马腾空而跃，矫健异常，体现出明代成化时期景德镇御器厂制瓷工匠高超的绘画技法。

此罐因外底书"天"字，俗称"天字罐"，是成化斗彩瓷中的名品。清宫档案中称之为"成窑五彩罐"或"成窑天字罐"。除海马纹外，有的天字罐以海水异兽纹、海水龙纹、缠枝莲纹等作主题纹饰。

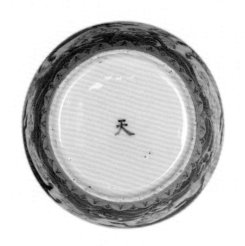

Doucai jar with mythical horses design and Chinese character "Tian" mark
Chenghua Period, Ming Dynasty, Height 10.5cm mouth diameter 5.5cm foot diameter 7.3cm, Collected by the Palace Museum

斗彩缠枝莲纹天字盖罐

明成化
通高 8.3 厘米　口径 4.3 厘米　足径 6.5 厘米
故宫博物院藏

罐直口，短颈，溜肩，鼓腹，腹下渐收敛，隐圈足。通体斗彩装饰，外壁肩部及近底处分别以青花绘俯仰莲瓣纹，腹部绘缠枝莲纹，上结六朵莲花以青花绘出，蓝色花朵相间排列，茎蔓与叶片以青花勾勒后填以绿彩。罐附平顶直边圆盖，盖面微隆起。亦用斗彩装饰，盖面中央绘青花团莲一朵，覆以红彩，盖面外饰双圈，盖边施一圈淡黄色彩，盖侧面绘一周青花卷草纹。外底施透明釉，足端刮釉。外底心有青花楷书"天"字款，故一般称此类器为天字罐。

此罐构图饱满，虚实处理得当。在色彩运用上，以单一的草绿色衬托淡雅的青莲，透出莲花清高典雅的风姿。成化斗彩瓷器的画面设色，以同时使用两种以上釉上彩者较为多见，如此罐主体画面只用一种釉上彩者较少见。

Doucai lidded jar with entwined lotus design and Chinese character "Tian" mark
Chenghua Period, Ming Dynasty, Overal height 8.3cm mouth diameter 4.3cm foot diameter 6.5cm, Collected by the Palace Museum

131 青花阿拉伯文无当尊

明永乐
高 7.2 厘米　口径 7.3 厘米　足径 16.6 厘米
故宫博物院藏

尊身为筒状，上下口处宽折沿。通体施透明釉，底部内侧刮釉一周，为支烧部位。通体青花纹饰。口沿及底沿饰菊瓣纹，腹部纹饰分三层，上下分别用阿拉伯文书写并绘圆形图案，中间一层绘变形花瓣纹。此器仿阿拉伯铜器造型，形制奇特。乾隆御制诗中，称之为"无当尊"。

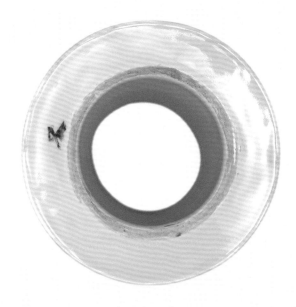

Blue and white *Zun* with flat rim and Arabic inscriptions
Yongle Period, Ming Dynasty, Height 7.2cm mouth diameter 7.3cm foot diameter 16.6cm, Collected by the Palace Museum

132 青花缠枝花卉纹烛台

明宣德
高 38.5 厘米　口径 9 厘米　足径 23.5 厘米
故宫博物院藏

烛台由三部分构成，自上而下分别为烛插、连柱、台座。平底中空。无款。烛插和台座均为八方形，中部内弧呈亚腰状。连柱为上小下大的圆柱形。烛台外壁满绘青花纹饰，烛插、连柱、台座均以弦纹、锦纹等边饰相隔，边饰之间绘主体纹饰。连柱上绘一周缠枝花卉。台座每面绘折枝花朵，为宣德时期常见的折枝牡丹、菊花、莲花等。

此器造型颀长，线条优美，与 13~14 世纪的阿拉伯铜烛台有颇多相似之处，是仿阿拉伯铜器之作。

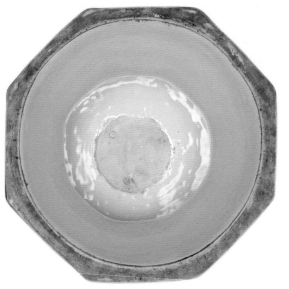

Blue and white candlestick with design of entwined flowers
Xuande Period, Ming Dynasty, Height 38.5cm mouth diameter 9cm foot diameter 23.5cm, Collected by the Palace Museum

133 | 青花缠枝花卉纹板沿洗

明宣德
高 13.9 厘米　口径 31.6 厘米　底径 21.5 厘米
故宫博物院藏

洗圆唇，侈口，斜折沿，深腹，直壁，腹下渐微鼓，近底部内收，平底。内外满饰青花纹饰。口沿外绘折枝花卉，外腹绘缠枝花纹，近底处饰变形几何纹。口沿内壁和腹壁分别绘缠枝花纹；内底心纹饰分两层，外侧绘一周回纹，其内绘八朵莲瓣攒心聚拢，莲瓣内绘杂宝图案，即元青花瓷器中的"八大码"图案。莲瓣中心绘圆圈内套十字花纹。外底无釉露胎。此器造型仿自阿拉伯铜器。

Blue and white washer with flat rim and design of entwined flowers
Xuande Period, Ming Dynasty, Height 13.9cm mouth diameter 31.6cm bottom diameter 21.5cm, Collected by the Palace Museum

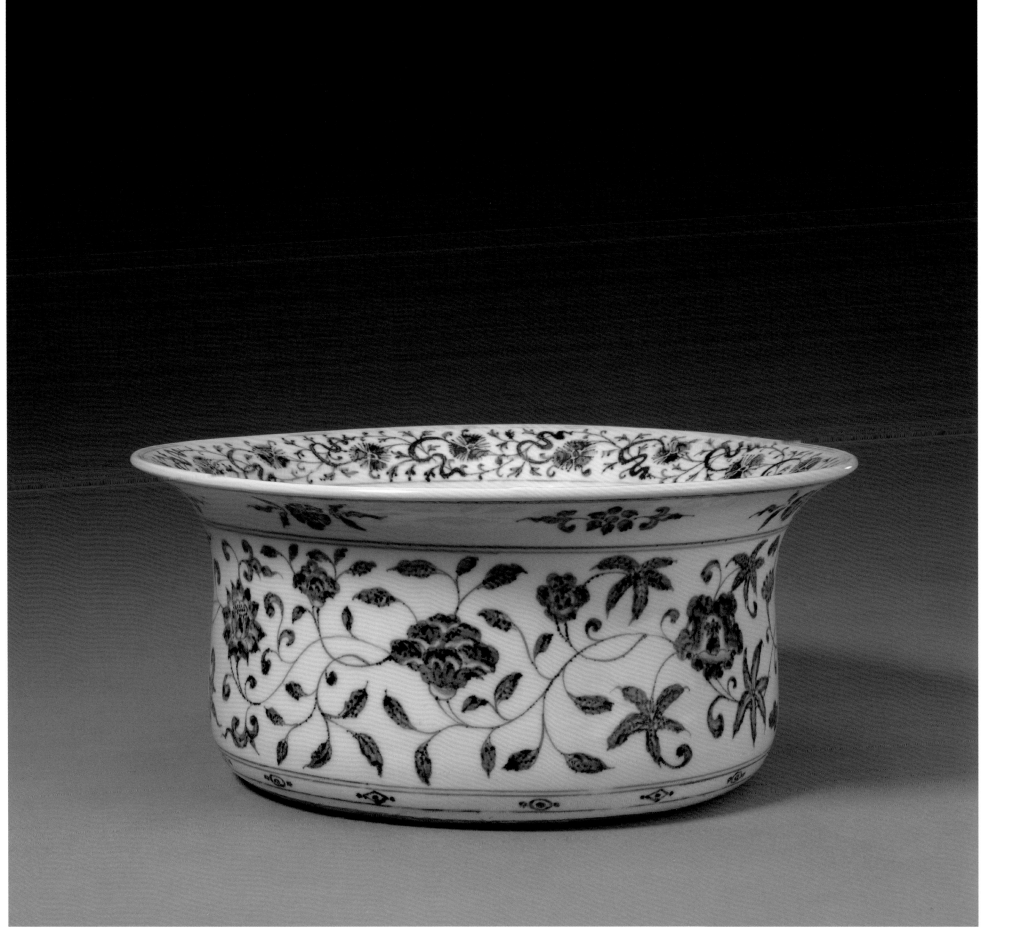

青花缠枝花卉纹花浇

明宣德

高 13.1 厘米　口径 7.5 厘米　底径 4.5 厘米

故宫博物院藏

花浇直口，长颈，溜肩，圆腹，卧足，一侧口肩相交处有如意形柄。内外壁施透明釉，外底无釉。肩下自右至左以青花横书"大明宣德年制"六字楷书款。外壁以青花为饰，颈部、肩部和底部绘变形菊瓣纹边饰，腹部绘缠枝花卉纹一周。

此器造型模仿阿拉伯铜器、玉器。清乾隆时期，景德镇亦曾仿烧这种器形。

Blue and white pot for watering plants with design of entwined flowers
Xuande Period, Ming Dynasty, Height 13.1cm mouth diameter 7.5cm bottom diameter 4.5cm, Collected by the Palace Museum

135 | 白釉锥拱花卉纹碗

明宣德

高 10.5 厘米　口径 20.8 厘米　足径 7.6 厘米

故宫博物院藏

碗敞口，深弧腹，圈足。通体施透明釉，圈足端不施釉。碗外壁锥拱菊瓣纹装饰。碗底署青花楷体"大明宣德年制"六字双行外围双圈款。

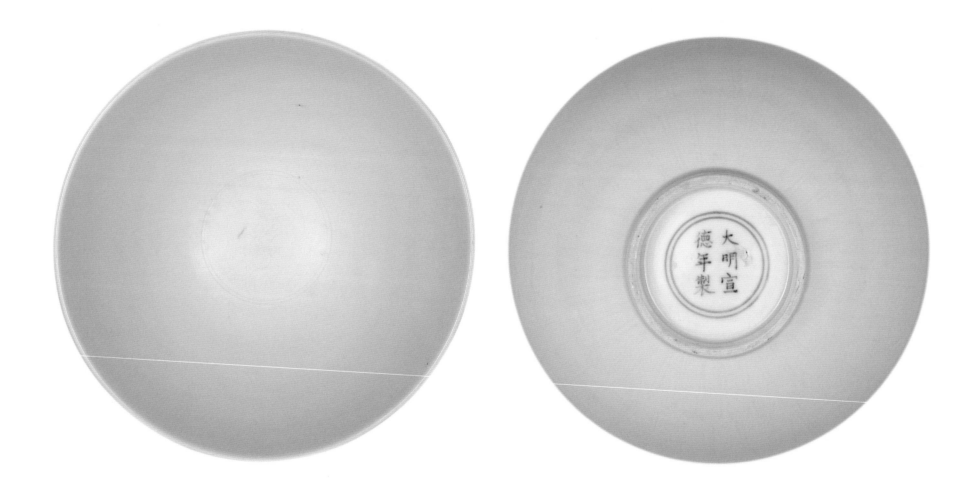

White glaze bowl with incised flower design
Xuande Period, Ming Dynasty, Height 10.5cm mouth diameter 20.8cm foot diameter 7.6cm, Collected by the Palace Museum

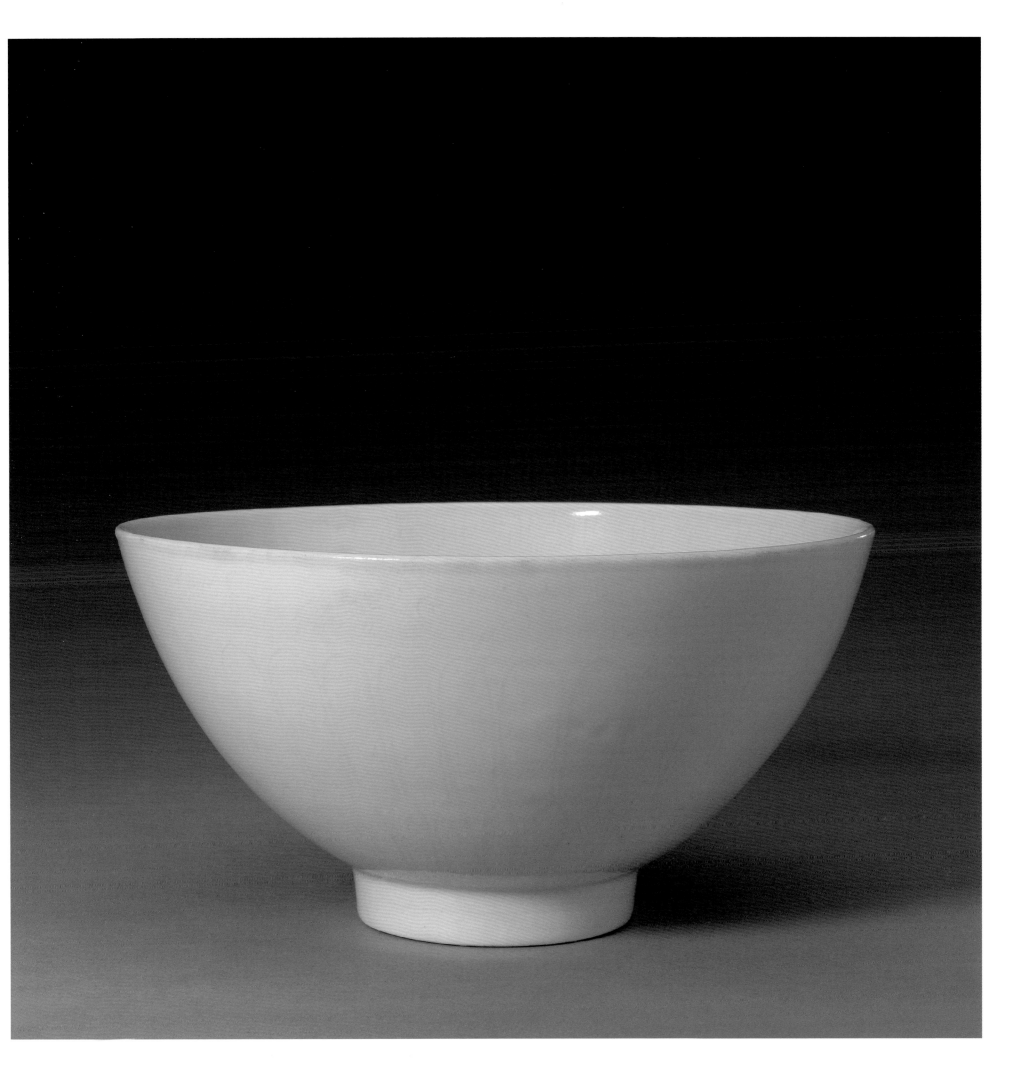

136 白釉锥拱缠枝莲托八吉祥纹高足碗

明宣德

高 8.4 厘米　口径 15.5 厘米　足径 5.7 厘米

故宫博物院藏

碗敞口微侈，深弧腹，圈足较高。通体施透明釉，微泛青色，圈足端不施釉。外壁暗刻纹饰。口沿下饰两道弦纹。腹壁为缠枝莲托八宝纹，依次为轮、螺、伞、盖、花、鱼、罐、肠。近足处刻仰莲瓣纹。足墙饰卷草纹。内壁素面无纹饰。内底以青花绘双圈，中心绘竖向长方形双线框，框内书"大明宣德年制"六字楷书款。

此器造型秀丽，釉色洁净莹润，暗刻纹饰若隐若现，给人以高雅、纯净之感。

White glaze bowl with high stem and incised design of lotus and eight auspicious symbols
Xuande Period, Ming Dynasty, Height 8.4cm mouth diameter 15.5cm foot diameter 5.7cm, Collected by the Palace Museum

137 | 青花缠枝花卉纹卧足碗

明宣德

高 3.8 厘米　口径 13.5 厘米　底径 4.2 厘米

故宫博物院藏

碗圆唇，敞口，弧腹，卧足。通体施透明釉，足端不施釉。内外以青花为饰。外壁口沿下和腹中部绘两组双圈，其间填以缠枝花纹，腹部双圈下绘一周连续交枝纹。内壁口沿饰双圈，内壁和底心有三层纹饰，以两组双圈间隔，间隔内饰缠枝花叶纹，底心和最外层纹饰为变形桃纹。外底署青花楷体"大明宣德年制"六字双行外围双圈款。此器造型线条柔和，纹饰严谨而细腻，有异域风格。

Blue and white bowl with inward foot and design of entwined flowers

Xuande Period, Ming Dynasty, Height 3.8cm mouth diameter 13.5cm bottom diameter 4.2cm, Collected by the Palace Museum

青花团花纹碗

明正统至天顺

高 7 厘米　口径 15 厘米　足径 5 厘米

景德镇市陶瓷考古研究所藏，2014 年景德镇御窑遗址珠山北麓出土

碗侈口，弧腹，圈足。通体施透明釉，圈足端不施釉。外壁以青花为饰，口沿下绘两道弦纹，腹部绘几组青花团花，团花之间绘交枝纹，圈足外墙绘水波纹。

Blue and white bowl with design of medallion flowers
Zhengtong to Tianshun Period, Ming Dynasty, Height 7cm mouth diameter 15cm foot diameter 5cm, Unearthed at northern side of Zhushan Imperial Kiln site of Jingdezhen in 2014,
Collected by the Archaeological Research Institute of Ceramic in Jingdezhen

139 青花缠枝莲纹碗

明正统至天顺

高 6.4 厘米 口径 15.5 厘米 足径 5 厘米

景德镇市陶瓷考古研究所藏，2014 年景德镇御窑遗址珠山北麓出土

碗侈口，深弧腹，圈足。通体施透明釉，釉色泛青，圈足端不施釉。内壁光素无纹。外壁近口沿处饰两道弦纹，腹部绘缠枝莲纹，足墙处绘水波纹。

Blue and white bowl with design of entwined lotus
Zhengtong to Tianshun Period, Ming Dynasty, Height 6.4cm mouth diameter 15.5cm foot diameter 5cm, Unearthed at northern side of Zhushan Imperial Kiln site of Jingdezhen in 2014, Collected by the Archaeological Research Institute of Ceramic in Jingdezhen

217

140 青花缠枝莲纹碗

明正统至天顺

高 6.3 厘米　口径 15.5 厘米　足径 5 厘米

景德镇市陶瓷考古研究所藏，2014 年景德镇御窑遗址珠山北麓出土

碗侈口，弧腹，圈足。通体施透明釉，釉面光滑，足端无釉。器物内壁光素无纹。外壁以青花为饰，近口沿处绘弦纹两周，腹部为缠枝莲纹，圈足外墙绘水波纹。青花色泽明亮，画面中朵花盛开，枝叶相互环绕，与花卉互为呼应，整幅画面构图匀称美观。

Blue and white bowl with design of entwined lotus

Zhengtong to Tianshun Period, Ming Dynasty, Height 6.3cm mouth diameter 15.5cm foot diameter 5cm, Unearthed at northern side of Zhushan Imperial Kiln site of Jingdezhen in 2014, Collected by the Archaeological Research Institute of Ceramic in Jingdezhen

141 青花缠枝莲纹卧足碗（一对）

明成化

高 4.2 厘米　口径 11.9 厘米　足径 6.6 厘米

故宫博物院藏

碗圆唇，敞口，深腹斜直，卧足。通体施透明釉，足端不施釉。内壁素面。外壁以青花为饰，口沿下绘双圈，腹部绘勾莲纹。外底署青花楷体"大明成化年制"六字双行外围双圈款。

Blue and white bowl with inward foot and design of entwined flowers (a pair)
Chenghua Period, Ming Dynasty, Height 4.2cm mouth diameter 11.9cm foot diameter 6.6cm, Collected by the Palace Museum

142 | 青花团花纹卧足碗（6件）

明成化

高 5 厘米　口径 13.7 厘米　足径 6.9 厘米

故宫博物院藏

碗敞口，浅腹，卧足。通体施透明釉，足端不施釉。碗外壁以青花绘团花六朵。碗底书青花楷体"大明成化年制"六字双行外围双圈款。碗身所饰团花纹，具有伊斯兰艺术风格，在明代文献中被称为"回回花"。

Blue and white bowl with inward foot and design of medallion flowers (six pieces)
Chenghua Period, Ming Dynasty, Height 5cm mouth diameter 13.7cm foot diameter 6.9cm, Collected by the Palace Museum

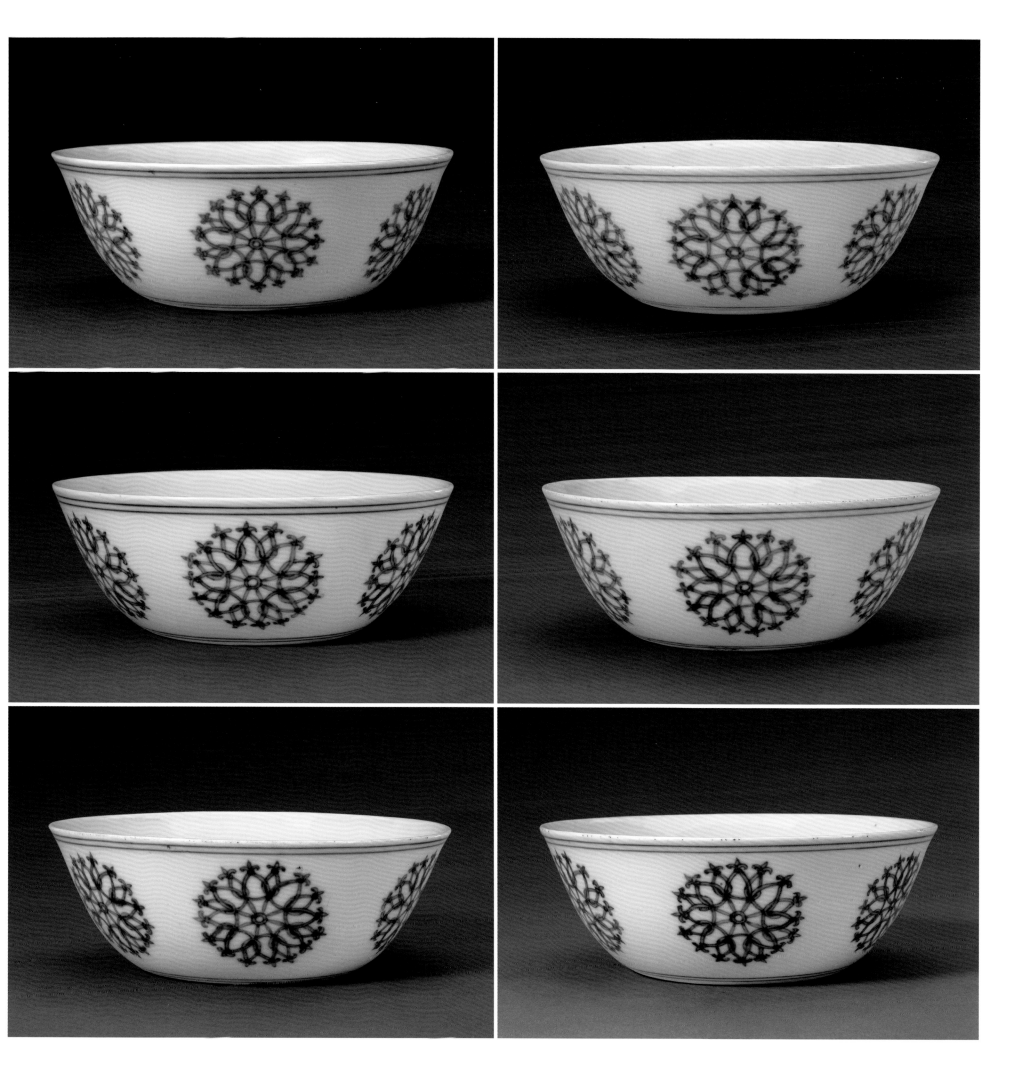

143 | 青花梵文卧足碗

明成化
高 4.2 厘米　口径 10.2 厘米　足径 5.3 厘米
故宫博物院藏

碗圆唇，敞口，弧腹，卧足。通体施透明釉，足端不施釉。以青花为饰。外壁口沿卜绘双圈，底部环饰套勾海石榴纹。内壁碗心双圈内书青花梵文，代表五方佛之一的成就佛。外底署青花楷体"大明成化年制"六字双行外围双方框款。此碗纹饰简洁连贯，与碗心文字配合得当，应为皇室佛前供器。

Blue and white bowl with inward foot and Sanskrit characters
Chenghua Period, Ming Dynasty, Height 4.2cm mouth diameter 10.2cm foot diameter 5.3cm, Collected by the Palace Museum

青釉葵花式盘

明宣德
高 4 厘米　口径 17.5 厘米　足径 11 厘米
故宫博物院藏

盘葵花口，弧壁，圈足。周身施青釉，圈足端不施釉。内外壁暗刻 "S" 形花纹。外底署青花楷体 "大明宣德年制" 六字双行外围双圈款。

此器色泽莹润如碧玉，款识书风规整，为明初宣德时期台阁体书法风格。

Celadon plate with mallow form
Xuande Period, Ming Dynasty, Height 4cm mouth diameter 17.5cm foot diameter 11cm, Collected by the Palace Museum

145 仿龙泉青釉盘

明宣德

高 3.8 厘米　口径 17 厘米　足径 10 厘米

景德镇御窑博物馆藏，2002 年景德镇御窑遗址出土

盘侈口，浅弧壁，圈足。通体施青釉，圈足端不施釉。明早期，景德镇窑与龙泉窑共同承担御窑瓷器的烧造任务，相互之间互有影响。在此大背景下，景德镇窑于永乐时期开始烧造仿龙泉釉瓷器，并于正统至天顺时期达到高峰，最终取代龙泉窑。

Plate with Longquan-style celadon

Xuande Period, Ming Dynasty, Height 3.8cm mouth diameter 17cm foot diameter 10cm, Unearthed at Imperial Kiln site of Jingdezhen in 2002, Collected by the Imperial Kiln Museum of Jingdezhen

146 仿龙泉青釉盘

明宣德

高 4 厘米　足径 10.4 厘米

景德镇御窑博物馆藏，1984 年景德镇御窑遗址出土

盘侈口，斜壁，平底，圈足。通体施青釉，圈足端不施釉。

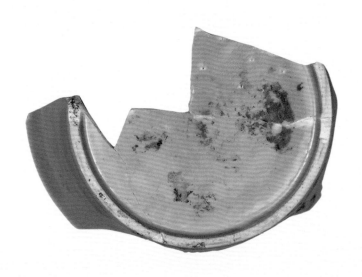

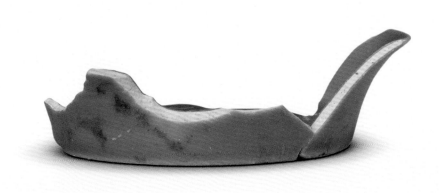

Plate with Longquan-style celadon

Xuande Period, Ming Dynasty, Height 4cm foot diameter 10.4cm, Unearthed at Imperial Kiln site of Jingdezhen in 1984, Collected by the Imperial Kiln Museum of Jingdezhen

青釉刻花卉纹碗

明早期

高 6.7 厘米　口径 15 厘米　足径 5 厘米

故宫博物院藏

碗侈口，深弧腹，圈足。通体施青釉，圈足端不施釉。碗外壁刻花卉纹，为六组团花纹，团花之间上下各刻枝叶。

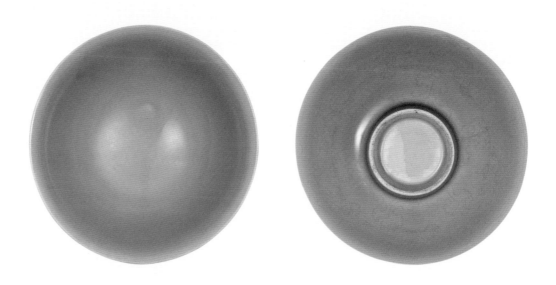

Celadon bowl with carved flowers design
Early Ming Dynasty, Height 6.7cm mouth diameter 15cm foot diameter 5cm, Collected by the Palace Museum

148 青釉刻缠枝花纹碗

明早期
高 6.3 厘米　口径 15.3 厘米　足径 5 厘米
故宫博物院藏

碗侈口，深弧腹，圈足。通体施青釉，流釉严重，口沿处釉薄，圈足外墙积釉严重。足端不施釉，为垫烧部位。内壁光素无纹，外壁刻花。无款。

碗外壁纹饰，是六组缠枝花卉纹。这种花卉不是对真实植物的写生，而是经过设计而形成的一种图案，具有对称性和规律性。

该碗一直被认为是永乐时期御窑的产品，但是 2014 年景德镇御窑遗址正统至天顺时期的地层中出土了大量的仿龙泉青釉和青白釉暗花碗，无论是器物造型还是纹样都与这件器物相同，釉色则有差异。考古新资料对传世文物断代具有重要的参考价值。

Celadon bowl with carved design of entwined flowers
Early Ming Dynasty, Height 6.3cm mouth diameter 15.3cm foot diameter 5cm, Collected by the Palace Museum

仿龙泉青釉刻花鸡心碗

明正统至天顺

高 9.1 厘米　口径 16.2 厘米　足径 5 厘米

景德镇市陶瓷考古研究所藏，2014 年景德镇御窑遗址珠山北麓出土

碗整体作鸡心状，敞口，深弧腹，圈足。通体施青釉，圈足端不施釉。内壁素面，外壁刻花。口沿下刻两道弦纹，腹壁刻六组团花纹，团花之间刻交枝图案。该碗釉色青翠，釉层较厚，与龙泉窑青釉较为相似。

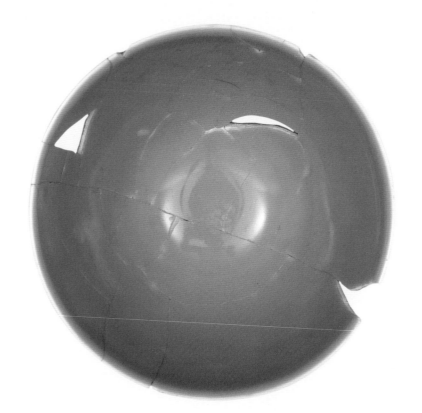

Bowl with Longquan-style celadon and carved design
Zhengtong to Tianshun Period, Ming Dynasty, Height 9.1cm foot diameter 16.2cm foot diameter 5cm, Unearthed at northern side of Zhushan Imperial Kiln site of Jingdezhen in 2014, Collected by the Archaeological Research Institute of Ceramic in Jingdezhen

150 | 仿龙泉青釉刻花碗

明正统至天顺

高 7.4 厘米　口径 16.5 厘米　足径 5.8 厘米

景德镇市陶瓷考古研究所藏，2014 年景德镇御窑遗址珠山北麓出土

碗侈口，深弧腹，圈足。通体施青釉，圈足端不施釉。外壁刻缠枝宝相花纹。

Bowl with Longquan-style celadon and carved design
Zhengtong to Tianshun Period, Ming Dynasty, Height 7.4cm mouth diameter 16.5cm foot diameter 5.8cm, Unearthed at northern side of Zhushan Imperial Kiln site of Jingdezhen in 2014, Collected by the Archaeological Research Institute of Ceramic in Jingdezhen

仿龙泉青釉刻花碗

明正统至天顺
景德镇市陶瓷考古研究所藏，2014 年景德镇御窑遗址珠山北麓出土

包括侈口碗、鸡心碗两类器型。均内外施青釉，圈足端无釉。内壁素面，外壁均刻花装饰。

Bowl with Longquan-style celadon and carved design
Zhengtong to Tianshun Period, Ming Dynasty, Unearthed at northern side of Zhushan Imperial Kiln site of Jingdezhen in 2014, Collected by the Archaeological Research Institute of Ceramic in Jingdezhen

231

152 青白釉刻缠枝花纹碗

明正统至天顺

高 6.5 厘米　口径 15.1 厘米　足径 4.9 厘米

故宫博物院藏

碗侈口，深弧腹，圈足。通体施青白釉，外底施薄薄一层青白釉，圈足端不施釉。内壁光素无纹，外壁刻缠枝花卉纹，纹饰具有浓郁的伊斯兰艺术风格。

2014 年景德镇御窑遗址正统至天顺时期的地层中出土了大量的青白釉暗花碗，无论是器物造型还是纹样都与故宫传世的这类器物相同，考古资料成为传世文物断代的重要证据。

Bluish white glaze bowl with carved design of entwined flowers
Zhengtong to Tianshun Period, Ming Dynasty, Height 6.5cm mouth diameter 15.1cm foot diameter 4.9cm, Collected by the Palace Museum

青白釉刻花碗

明正统至天顺

景德镇市陶瓷考古研究所藏，2014 年景德镇御窑遗址珠山北麓出土

包括侈口碗、鸡心碗两类器型。均内外施青白釉，圈足端不施釉。内壁素面，外壁均刻花卉纹。

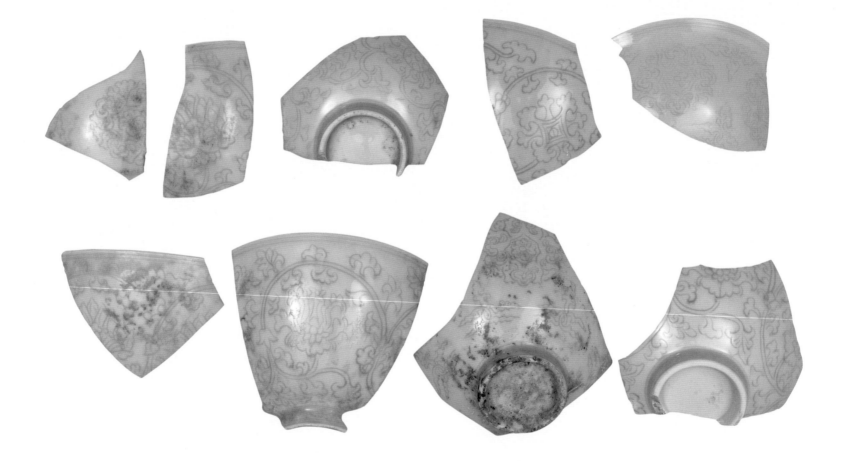

Bluish white glaze bowl with carved design
Zhengtong to Tianshun Period, Ming Dynasty, Unearthed at northern side of Zhushan Imperial Kiln site of Jingdezhen in 2014, Collected by the Archaeological Research Institute of Ceramic in Jingdezhen

154 | 红釉山子

明宣德

高 11 厘米

景德镇御窑博物馆藏，2002 年景德镇御窑遗址出土

此器通体施红釉，模仿天然山峰形状，高低错落。山子是我国传统工艺品摆件中的一种，以立体雕刻、塑造等方式来表现中国山水画的题材。

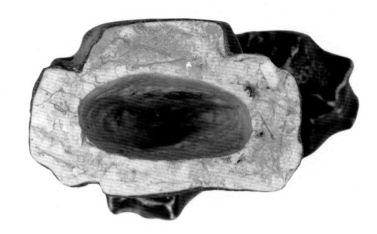

Red glaze rockery
Xuande Period, Ming Dynasty, Height 11cm, Unearthed at Imperial Kiln site of Jingdezhen in 2002, Collected by the Imperial Kiln Museum of Jingdezhen

155 素胎瓷山子

明正统至天顺

残高 17 厘米

景德镇市陶瓷考古研究所藏，2014 年景德镇御窑遗址珠山北麓出土

此器山形，腹中空，素胎，未及上釉即被淘汰销毁。

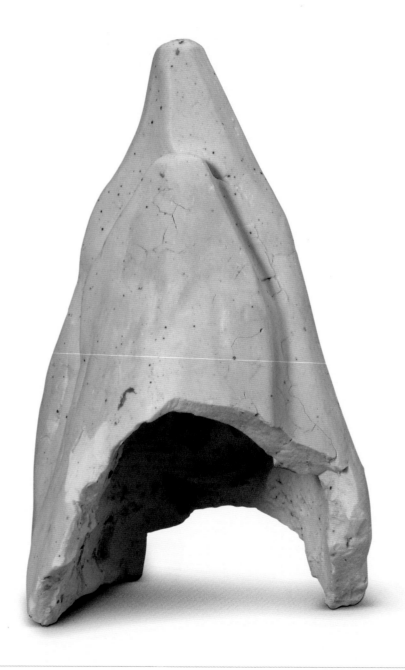

Biscuit-fired porcelain rockery
Zhengtong to Tianshun Period, Ming Dynasty, Remaining height 17cm, Unearthed at northern side of Zhushan Imperial Kiln site of Jingdezhen in 2014,
Collected by the Archaeological Research Institute of Ceramic in Jingdezhen

156 青花博山炉盖

明正统至天顺

高 30 厘米　底径 27 厘米

景德镇市陶瓷考古研究所藏，2014 年景德镇御窑遗址珠山北麓出土

博山炉又叫博山香炉、博山香薰、博山薰炉等名，是汉、晋时期常见的焚香所用的器具。呈山形，山形重叠，象征传说中的海上仙山。器物外壁以青花勾勒山形轮廓。

Blue and white lid of incense burner
Zhengtong to Tianshun Period, Ming Dynasty, Height 30cm bottom diameter 27cm, Unearthed at northern side of Zhushan Imperial Kiln site of Jingdezhen in 2014, Collected by the Archaeological Research Institute of Ceramic in Jingdezhen

237

第四单元：从此成瓷都

　　宣德时期，为宫廷烧造瓷器的窑场有景德镇窑、龙泉窑、钧窑、磁州窑四大窑场；天顺时期，龙泉窑仍承担着烧造御用瓷器的任务；但到了成化时期，烧造御用瓷器的窑场却只有景德镇御窑。何以发生如此巨变？原因在于宣德至天顺时期景德镇御窑成功地烧造出高品质的白釉、铜红釉和仿龙泉青釉瓷器，从而在竞争中胜出，成为唯一的御窑。而御窑与民窑的互动促进了景德镇民窑的大发展，使得景德镇从此成为天下瓷都。

Section Four: Becoming the 'Porcelain Capital'

During the reign of the Xuande Emperor the Imperial ceramic industry encompassed the Jingdezhen kilns, the Longquan kilns, the Jun kilns and the Cizhou kilns. In the Tianshun era, both Jingdezhen and Longquan Imperial kilns were still manufacturing products for the central court. However, during the Chenghua period, the Jingdezhen kilns became the only Imperial ceramic kilns in operation. Why did this change happen? The key reason is that, from the Xuande to Tianshun periods, the Jingdezhen kilns successfully produced a wide variety of products, including white porcelain, red copper porcelain and Longquan imitations, and eventually became the preferred Imperial kiln, beating off any competition from the many other significant ceramic kilns in China. The interactions between both the Imperial and common kilns of Jingdezhen created an advanced, highly prosperous and renowned ceramic industry. As a result of this, Jingdezhen rightfully came to be known as China's 'Porcelain Capital'.

157 | 青花折枝花果纹墩式碗

明宣德
高 10 厘米　口径 20.3 厘米　足径 10.7 厘米
故宫博物院藏

碗直口，深腹，圈足。通体青花装饰。碗心绘两朵折枝菊花纹，外壁饰折枝石榴纹、枇杷纹和桃纹，寓意吉祥，近足处绘莲瓣纹。外底施透明釉，圈足端不施釉。

Blue and white deep bowl with design of branched flowers and fruits
Xuande Period, Ming Dynasty, Height 10cm mouth diameter 20.3cm foot diameter 10.7cm, Collected by the Palace Museum

158 龙泉窑青釉墩式碗

明
高 10.5 厘米　口径 22 厘米　足径 10.6 厘米
故宫博物院藏

碗直口，深腹，圈足。通体施青釉，素面无纹。外底施青釉，有一圈刮釉，为垫烧部位，呈火石红色。

龙泉窑以烧造青釉瓷器而著名，南宋晚期至元代是其烧造的鼎盛时期。明代龙泉窑的生产仍很兴旺，其精品之作曾供奉宫廷。

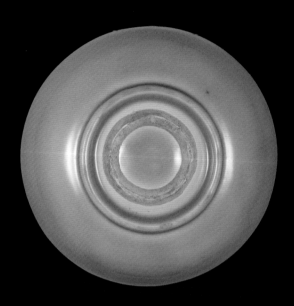

Celadon deep bowl, Longquan kiln
Ming Dynasty, Height 10.5cm mouth diameter 22cm foot diameter 10.6cm, Collected by the Palace Museum

159 青花菊瓣纹鸡心碗

明永乐
高 5.9 厘米　口径 10.2 厘米　足径 3 厘米
故宫博物院藏

碗敞口，深腹，瘦底，至底心呈尖形，俗称"鸡心碗"，圈足。内外均以青花装饰。内壁口沿为回纹一周，底心饰六瓣团花，外绕变形卷草纹、勾连纹，每层纹饰之间以两道弦纹相隔；外壁口沿绘一周半钱纹，上下各绘两道弦纹，腹部绘实心菊瓣纹，足部为弦纹两道。此碗小巧玲珑，釉色泛青，青花呈色浓艳，有晕散，纹饰具有异域风格。

Blue and white bowl with design of chrysanthemum petals
Yongle Period, Ming Dynasty, Height 5.9cm mouth diameter 10.2cm foot diameter 3cm, Collected by the Palace Museum

龙泉窑青釉刻菊瓣纹碗

明

高 9.7 厘米　口径 21 厘米　足径 7.3 厘米

故宫博物院藏

碗敞口，深弧腹，圈足。通体施青釉，釉层饱满，足端满釉，外底刮釉一圈，露胎呈火石红色。碗内壁满刻缠枝牡丹纹，外壁口沿下刻卷草纹一周，腹部刻菊瓣纹，分上下两层，上层35 瓣，下层 24 瓣。

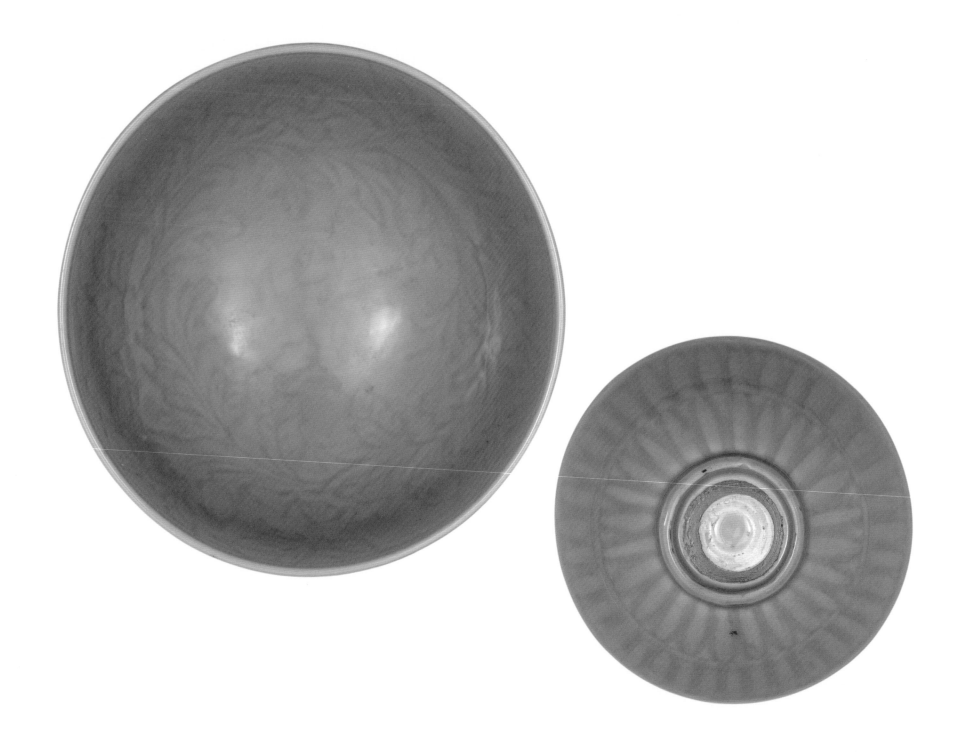

Celadon bowl with carved design of chrysanthemum petals, Longquan kiln
Ming Dynasty, Height 9.7cm mouth diameter 21cm foot diameter 7.3cm, Collected by the Palace Museum

青花锦地花卉纹壮罐

明宣德

高 22.7 厘米　口径 12 厘米　足径 11 厘米

故宫博物院藏

罐圆唇，直颈，窄肩，直腹，圈足。有盖，盖顶置宝珠钮，绘锦地纹。根据器盖大小、青花发色等判断，盖为后配。通体青花装饰。颈部绘海浪纹，肩部及近足处绘缠枝花卉纹，腹部勾勒出多种几何形图案，并饰以锦地纹，圈足外墙绘折线锦纹。圈足内施白釉，足端无釉。

Blue and white barrel-shaped jar with design of flowers against brocade ground
Xuande Period, Ming Dynasty, Height 22.7cm mouth diameter 12cm foot diameter 11cm, Collected by the Palace Museum

龙泉窑青釉印花壮罐

明

高 28.6 厘米　口径 12.7 厘米　足径 10.7 厘米

故宫博物院藏

罐圆唇，直颈，窄肩，直腹，圈足。有盖，盖顶置宝珠钮，盖面印四组折枝莲花纹。通体印花装饰。颈部及足上各饰八组菱形云纹，间以上下对称的云头纹，肩部及近足处饰缠枝莲纹，腹部上下两层各饰八朵折枝莲纹。足内施釉，有一圈刮釉，为垫烧部位。

Celadon barrel-shaped jar with stamped design, Longquan kiln
Ming Dynasty, Height 28.6cm mouth diameter 12.7cm foot diameter 10.7cm, Collected by the Palace Museum

青花阿拉伯花纹绶带耳葫芦式扁瓶

明永乐
高 26.1 厘米　口径 3.2 厘米　足径 6 厘米 × 4.8 厘米
故宫博物院藏

瓶呈葫芦式，球形上腹，扁圆形下腹，肩颈间对称饰绶带耳，圆角长方形圈足。通体青花为饰，口沿饰弦线两道，上腹部绘缠枝花纹一周，下腹部前后两面绘阿拉伯花纹，外环饰二方连续的半钱纹，耳部饰朵花纹。底施透明釉，圈足端不施釉。

此瓶造型仿阿拉伯铜器，线条转折变化自然流畅，纹样也为阿拉伯花纹，透露出当时御窑文化对阿拉伯文化的采纳。

明代永乐、宣德时期龙泉窑亦烧造相同造型瓷器。这是龙泉窑、景德镇御窑依照官府下发的官样烧造瓷器的结果。

Blue and white flat vase with two ribbon-shaped ears and design of medallion flowers
Yongle Period, Ming Dynasty, Height 26.1cm mouth diameter 3.2cm foot diameter 6cm × 4.8cm, Collected by the Palace Museum

164　龙泉窑青釉印花绶带耳葫芦式扁瓶

明

高 28 厘米　口径 3.6 厘米　足径 8 厘米×6.7 厘米

故宫博物院藏

瓶呈葫芦式，小口，短颈，球形上腹，扁圆形下腹，腰间对称置绶带形耳，圆角长方形圈足。通体施青釉，釉色莹润，圈足端不施釉，为垫烧部位，呈火石红色。下腹部印火珠团龙纹，火珠居中，一龙盘踞其周。

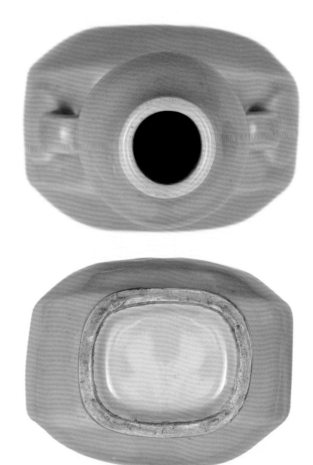

165 | 白釉带座梅瓶

明宣德

高 45.5 厘米　口径 6.5 厘米　足径 12.2 厘米

景德镇御窑博物馆藏，1993 年景德镇御窑遗址出土

梅瓶圆唇，侈口，短颈，圆肩，下腹内收，圈足。足底无釉。盖作珠顶，盖内作一短管，以固定瓶盖。瓶座中通，圆唇，短颈，颈部有镂空装饰，圆肩，腹部为镂空云肩，足外撇。梅瓶与座通体施白釉。元代和明代龙泉窑产品中有同造型器。

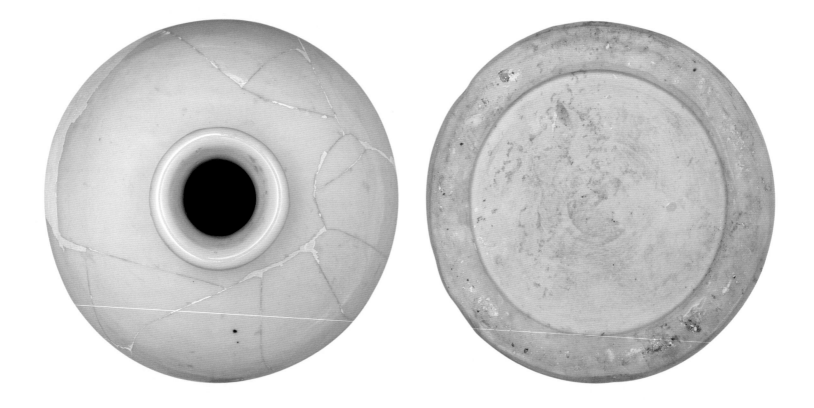

White glaze prunus vase with stand
Xuande Period, Ming Dynasty, Height 45.5cm mouth diameter 6.5cm foot diameter 12.2cm, Unearthed at Imperial Kiln site of Jingdezhen in 1993, Collected by the Imperial Kiln Museum of Jingdezhen

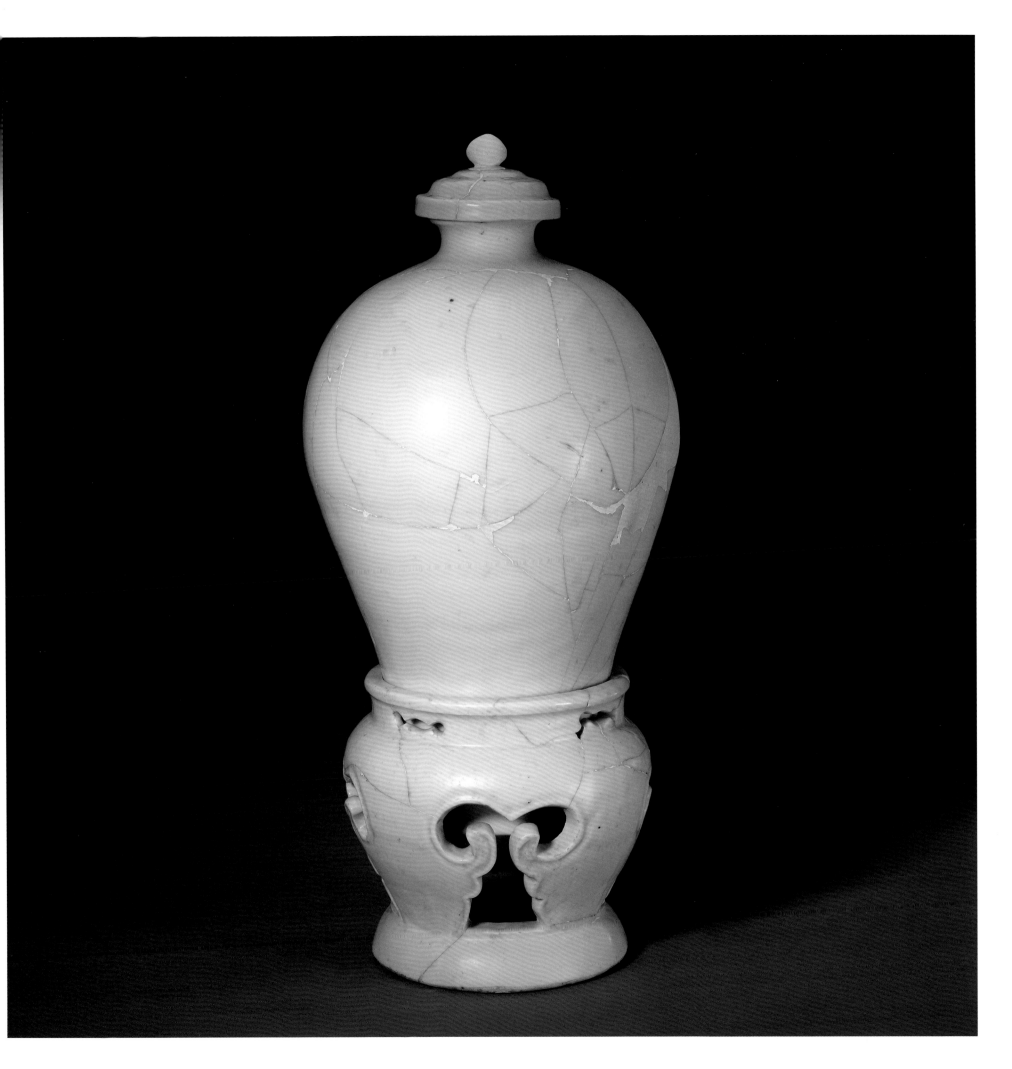

166 仿龙泉青釉带座梅瓶

明宣德

高 43.1 厘米　口径 5.8 厘米　足径 11.3 厘米

景德镇御窑博物馆藏，1993 年景德镇御窑遗址出土

瓶圆唇，侈口，短颈，圆肩，下腹内收，圈足。足底施釉。盖作珠顶，盖内作一短管，以固定瓶盖。瓶座中通，圆唇，短颈，颈部有镂空装饰，圆肩，腹部为镂空云肩，足外撇。器与座通体施青釉。

Prunus vase with stand and Longquan-style celadon
Xuande Period, Ming Dynasty, Height 43.1cm mouth diameter 5.8cm foot diameter 11.3cm, Unearthed at Imperial Kiln site of Jingdezhen in 1993, Collected by the Imperial Kiln Museum of Jingdezhen

仿龙泉青釉梅瓶

明宣德

高 43.1 厘米　口径 5.8 厘米　足径 11.3 厘米

景德镇御窑博物馆藏，1993 年景德镇御窑遗址出土

瓶直口，斜短颈，圆肩，腹下渐收，近圈足处外撇，通体施翠青釉，肥腴温润，碧翠怡人。《大明会典·陶器》载："洪武二十六年定，凡烧造供用器皿等物，须要定夺样制，计算人工物料，如果数多，起取人匠赴京置窑兴工，或数少，行移饶、处等府烧造。"宣德时期景德镇窑烧造有为数不少的仿龙泉青釉瓷器，两窑作品器形有一致者。龙泉大窑枫洞岩窑址出土器中即可见与本器相近器形。

Prunus vase with Longquan-style celadon
Xuande Period, Ming Dynasty, Height 43.1cm mouth diameter 5.8cm foot diameter 11.3cm, Unearthed at Imperial Kiln site of Jingdezhen in 1993,
Collected by the Imperial Kiln Museum of Jingdezhen

168　龙泉窑镂空器座

明

高 18.7 厘米　口径 26.5 厘米　足径 17.8 厘米

故宫博物院藏

器座花口，折沿，短颈，圆腹，近底处外撇，圈足，上下中空。通体施青釉，釉面肥厚，足端满釉，外底不施釉，为垫烧部位。胎质厚重，胎色灰黄。颈部有镂空装饰，腹部镂空四组云肩纹样，腹上部刻两条弦纹，腹部镂空之间刻四组折枝花卉纹。

此器为器座，用于放置瓶类器物。景德镇御窑遗址出土了与此器相近的青釉、白釉瓷器，显示出明代初年龙泉窑与景德镇御窑的密切联系。

Celadon stand with openwork, Longquan kiln

Ming Dynasty, Height 18.7cm mouth diameter 26.5cm foot diameter 17.8cm, Collected by the Palace Museum

169 龙泉窑青釉刻缠枝莲纹梅瓶

明

高 38.8 厘米　口径 6.8 厘米　足径 11.8 厘米

故宫博物院藏

瓶圆唇，小口，短颈，圆肩，弧腹，胫部内收，近底处外展，圈足。通体施青釉，釉色温润，圈足端不施釉，呈火石红色。口沿下、颈部、肩部、胫部和近底处各饰数道弦纹，将纹饰分为颈、肩、腹、胫四部分，每部分均刻缠枝牡丹纹。

此瓶造型饱满、清秀，纹样流畅、生动，为明代龙泉窑佳器。

Celadon prunus vase with carved design of entwined lotus, Longquan kiln
Ming Dynasty, Height 38.8cm mouth diameter 6.8cm foot diameter 11.8cm, Collected by the Palace Museum

170 龙泉窑青釉玉壶春瓶

明
高 33.5 厘米 口径 9 厘米 足径 11.5 厘米
故宫博物院藏

瓶侈口，细长颈，垂腹，圈足。通体施青釉，细腻匀净，圈足端不施釉，为垫烧部位。此器素面无纹，造型优雅，釉色温润。

玉壶春瓶是宋代瓷器中的典型器物，初为盛酒器具，后演变为陈设用器，宋代以后历代各窑场均有烧造。

Celadon pear-shaped vase, Longquan kiln
Ming Dynasty, Height 33.5cm mouth diameter 9cm foot diameter 11.5cm, Collected by the Palace Museum

259

171 青花竹石芭蕉图玉壶春瓶

明永乐
高 32.8 厘米　口径 8.2 厘米　足径 10.8 厘米
故宫博物院藏

瓶侈口，细颈，垂腹，圈足。青花为饰，颈部饰仰蕉叶纹、缠枝纹、下垂如意云头纹。瓶身绘竹石芭蕉及花草栏杆，近足处绘上仰变形莲瓣纹，足墙饰草叶纹。外底施白釉，圈足端不施釉。

Blue and white pear-shaped vase with design of bamboo, rock and banana leaves
Yongle Period, Ming Dynasty, Height 32.8cm mouth diameter 8.2cm foot diameter 10.8cm, Collected by the Palace Museum

甜白釉玉壶春瓶

明永乐
高 30 厘米　口径 8.4 厘米　足径 10.3 厘米
故宫博物院藏

瓶侈口，细长颈，溜肩，垂腹，圈足外撇。此器造型端庄秀丽，釉面恬静莹润，优美的器形配以甜美的釉色，相得益彰。

甜白釉是明永乐时期景德镇御器厂创烧的一个白釉品种，其特点是白如凝脂，素若积雪。之所以称"甜"，是因其洁白的釉色给人一种甜美之感。甜白釉的烧制成功标志着景德镇御器厂在瓷土选择、釉料加工、烧成温度、窑具改良等方面都取得了重要进步。

White glaze pear-shaped vase
Yongle Period, Ming Dynasty, Height 30cm mouth diameter 8.4cm foot diameter 10.3cm, Collected by the Palace Museum

261

173 | 龙泉窑青釉执壶

明

高 30 厘米　口径 8.4 厘米　足径 9.3 厘米

故宫博物院藏

执壶侈口，细长颈，垂腹，圈足。壶两侧置弯流、曲柄，流与颈间以云形板相连接。通体施青釉，釉色莹澈明洁，清新雅致。

此瓶造型与景德镇青花执壶相近，应是依宫廷式样而制。

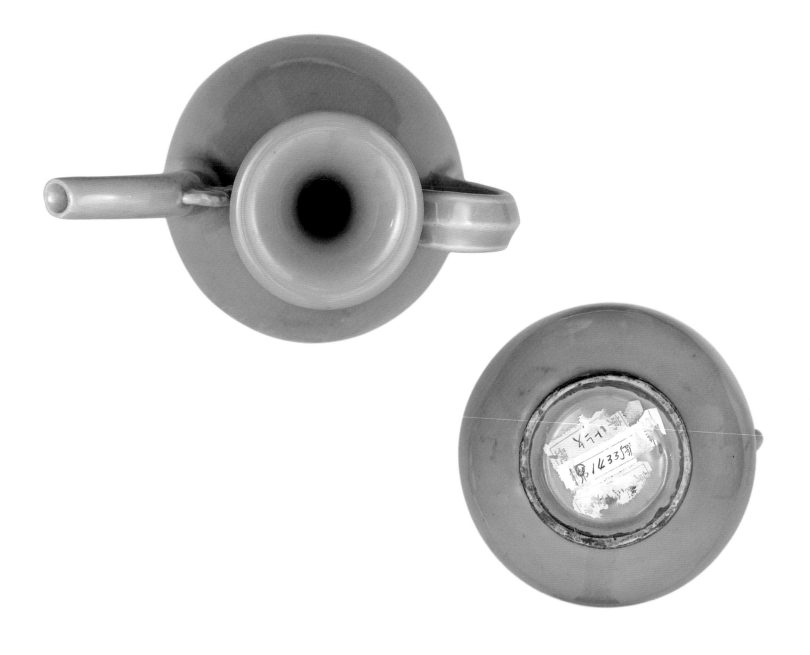

Celadon pot with handle, Longquan kiln
Ming Dynasty, Height 30cm mouth diameter 8.4cm foot diameter 9.3cm, Collected by the Palace Museum

青花开光折枝花果纹执壶

明宣德
高 29.3 厘米　口径 6.3 厘米　足径 10 厘米
故宫博物院藏

执壶侈口，细颈，溜肩，垂腹，圈足。弯流，曲柄，柄上端有小系，流与颈间有云形板连接。拱形盖，环状钮。通体青花为饰，颈部绘蕉叶纹，下绘缠枝莲纹，腹部两面菱形开光内绘花果纹，开光间饰缠枝花卉纹，近足处饰莲瓣纹，流饰忍冬纹，柄饰朵花纹，盖面饰缠枝莲纹，盖顶绘莲瓣纹。外底施透明釉，圈足端不施釉。

此壶造型端庄规整，胎体厚重坚质，纹样绘工精湛，青花浓丽明艳，尤其是青花中的黑色斑点星罗棋布，与翠蓝色的青花相映成趣。

Blue and white pot with handle and design of branched flowers and fruits in reserved panels
Xuande Period, Ming Dynasty, Height 29.3cm mouth diameter 6.3cm foot diameter 10cm, Collected by the Palace Museum

175 | 仿龙泉青釉刻花碟（8件）

明宣德
高 3 厘米　口径 8.7 厘米　足径 4.1 厘米
故宫博物院藏

碟菱花口外撇，折腹，圈足。内外壁均有暗刻花纹，通体施仿龙泉青釉，圈足端不施釉。釉面细腻莹润。碟心在釉下以青花料署楷体"大明宣德年制"六字双行款。

由于釉层较厚，碟上暗刻花纹隐约可见，十分独特。造型相同的器物在浙江龙泉大窑枫洞岩窑址也有发现，器物底部支烧痕迹的不同显示出两地烧制工艺的差别。

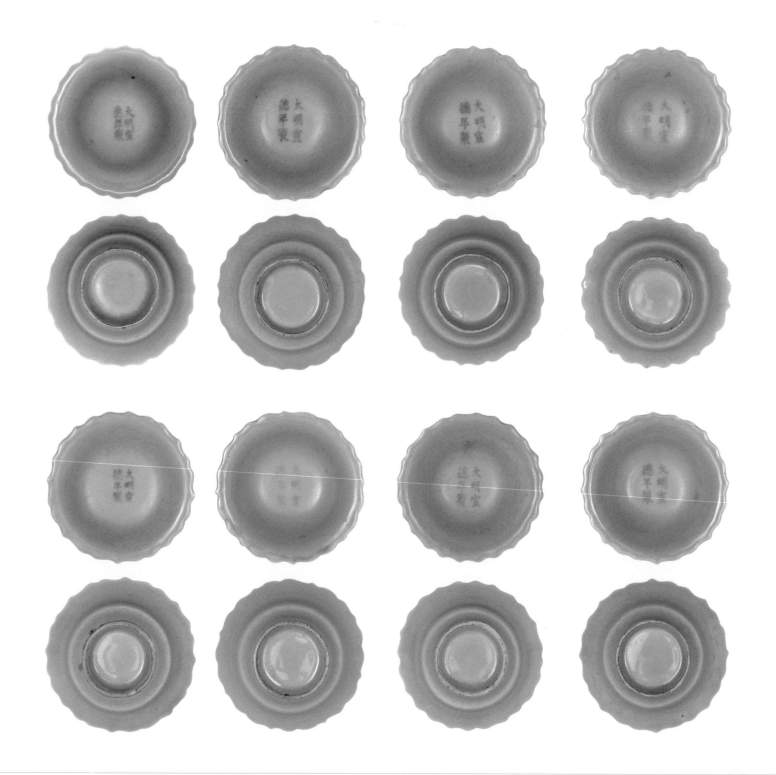

Dish with Longquan-style celadon and carved design (eight pieces)
Xuande Period, Ming Dynasty, Height 3cm mouth diameter 8.7cm foot diameter 4.1cm, Collected by the Palace Museum

龙泉窑青釉刻花盘

明

高 3.7 厘米　口径 19.7 厘米　足径 11.4 厘米

故宫博物院藏

盘侈口，弧壁，圈足。盘内外壁满刻花卉纹。内壁口沿处刻卷草纹，腹壁刻一周缠枝花卉纹，内底心刻折枝朵花纹。外壁刻一周缠枝花卉。通体施青釉，唯外底有一圈刮釉。

Celadon plate with carved design, Longquan kiln
Ming Dynasty, Height 3.7cm mouth diameter 19.7cm foot diameter 11.4cm, Collected by the Palace Museum

177 钧窑玫瑰紫釉盘

明

高 4.1 厘米　口径 15.9 厘米　足径 9.2 厘米

故宫博物院藏

盘口微侈，弧壁，圈足。通体施玫瑰紫釉，圈足端和外底不施釉。此盘外壁干釉层较薄，露出胎色，呈褐色。此盘器形与明代初年景德镇御器厂烧造的盘造型相同，禹州制药厂钧窑遗址亦出土相同造型瓷盘，可知此类盘的烧造年代为明代初年，以及这类产品与明代宫廷的密切联系。

Rose-violet glaze plate, Jun kiln

Ming Dynasty, Height 4.1cm mouth diameter 15.9cm foot diameter 9.2cm, Collected by the Palace Museum

178 钧窑玫瑰紫釉盘

明

高 4.3 厘米　口径 18.8 厘米　足径 9.2 厘米

故宫博物院藏

盘口微侈，弧壁，圈足。通体施玫瑰紫釉，圈足端和外底不施釉。盘口沿处由于釉层较薄，露出胎色，呈褐色。此盘器形与明代初年景德镇御器厂烧造的盘造型相同。

Rose-violet glaze plate, Jun kiln

Ming Dynasty, Height 4.3cm mouth diameter 18.8cm foot diameter 9.2cm, Collected by the Palace Museum

179 | 钧窑玫瑰紫釉仰钟式花盆

明

高 17 厘米　口径 23 厘米　足径 12 厘米

故宫博物院藏

花盆侈口，深腹，圈足，圈足外撇。内施天蓝色釉，外施玫瑰紫色釉，口沿　平 以釉薄处呈酱色。外底涂刷酱色釉，有五个渗水圆孔。圈足及底部均刻标明器物大小的数目字"六"，但足内刻字线条较粗且深，为瓷器烧之前所刻；底部刻字线条较细、较浅，为瓷器烧之后刻。

花盆的外形如同一座倒置的钟，深沉而古朴。钧窑烧造的花盆式样较多，见有葵花式、菱花式、海棠式、仰钟式、长方形等。这件花盆为仰钟式，景德镇御器厂、龙泉窑于明代初年均烧造过同造型花盆，体现了该时期三处窑场的密切联系，以及与宫廷的关系。

Rose-violet glaze bell-shaped flowerpot, Jun kiln
Ming Dynasty, Height 17cm mouth diameter 23cm foot diameter 12cm, Collected by the Palace Museum

180 钧窑玫瑰紫釉鼓钉三足花盆托

明
高8厘米　口径21.2厘米　足距13.4厘米
故宫博物院藏

花盆托敛口，浅腹呈鼓形，平底，底下承以三个如意云头式足。口沿处饰凸棱两道，口沿及下腹部各饰鼓钉纹一周，上部20枚，下部18枚。器内施天蓝色窑变釉，外施玫瑰紫色窑变釉，口沿、边棱、鼓钉处釉层较薄，呈米黄色。器底局部涂抹酱色护胎釉，有支烧钉痕28个环列一周，支点大、排列密集，三足底部露灰色胎。一足内壁刻数目字"七"。

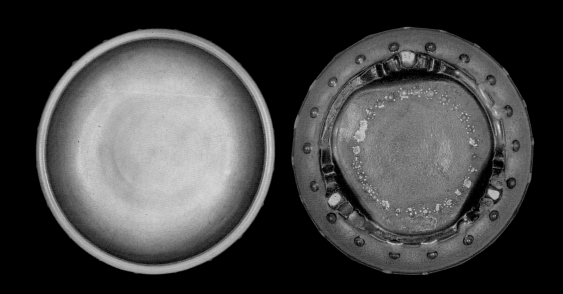

Rose-violet glaze tripod flowerpot stand with studs, Jun kiln
Ming Dynasty, Height 8cm mouth diameter 21.2cm distance between feet 13.4cm, Collected by the Palace Museum

181 | 钧窑天蓝釉鼓钉三足花盆托

明
高 11.5 厘米　口径 25.2 厘米　足距 13 厘米
故宫博物院藏

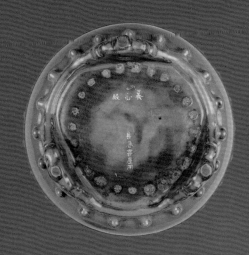

花盆托敛口，浅腹呈鼓形，平底，底下承以三个如意云头式足。口沿处饰凸棱两道，口沿及下腹部各饰鼓钉纹一周，上部 23 枚，下部 19 枚。通体施天蓝色釉，口沿、边棱、鼓钉处釉层较薄，呈米黄色。外底局部抹酱色护胎釉，周缘有支烧钉痕 24 个，支点大、排列密集，三足底露灰色胎。两足内壁及底部均刻数目字"一"，但一足内刻字笔画较粗且深，应为原刻；底部及另一足内刻字笔画较细、较浅，可能为清宫后刻。底部中心还有清宫刻字"养心殿"（横向）、"长春书屋用"（纵向）。

养心殿位于紫禁城内廷乾清宫以西，建于明代嘉靖时期。清代康熙时期以后，历代皇帝均曾在此居住。

"长春书屋"是乾隆皇帝的私人书房。乾隆帝为皇子时，雍正帝曾在圆明园召开法会，赐号弘历"长春居士"，故以后乾隆皇帝的御用书屋，多以"长春"命名。养心殿内就有一书室名长春书屋。此外，以"长春书屋"命名的御用书房在重华宫翠云馆、清漪园、圆明园九州清晏、西苑绮思楼、避暑山庄都有。

Sky-blue glaze tripod flowerpot stand with studs, Jun kiln
Ming Dynasty, Height 11.5cm mouth diameter 25.2cm distance between feet 13cm, Collected by the Palace Museum

275

钧窑月白釉鼓钉三足花盆托

明
高 9.6 厘米　口径 26.5 厘米　足距 13 厘米
故宫博物院藏

花盆托敛口，浅腹呈鼓形，平底，底下承以三个如意云头式足。口沿处饰凸棱两道，山沿及下腹部各饰鼓钉纹一周，上部 23 枚，下部 20 枚。通体施月白色釉，口沿、边棱、鼓钉处釉层较薄，呈米黄色。器底局部涂酱色护胎釉，有支烧钉痕 36 个环列一周，支点大、排列密集，三足底部露灰色胎。一足内壁及底部均刻数目字"一"，但足内壁刻字笔画较粗且深，应为原刻；底部刻字笔画较细、较浅，可能为清宫后刻。底部还有清宫刻字"瀛台"（横向）、"涵元殿用"（纵向）。

Moon-white glaze tripod flowerpot stand with studs, Jun kiln
Ming Dynasty, Height 9.6cm mouth diameter 26.5cm distance between feet 13cm, Collected by the Palace Museum

青釉鼓钉三足花盆托

明宣德

高 10 厘米　口径 31.6 厘米

景德镇御窑博物馆藏，1982 年景德镇御窑遗址出土

口微敛，浅弧腹，三足作如意云头状。内外均施青釉，器底与足跟无釉。外壁口沿之下饰凸起的鼓钉 8 枚，腹部刻缠枝花卉，但因釉厚而不甚清晰。

与此器同时出土的青釉鼓钉三足钵残片，有外壁书青花"大明宣德年制"六字横款者，此器口沿残缺，故不见有款，亦应为有款器皿。

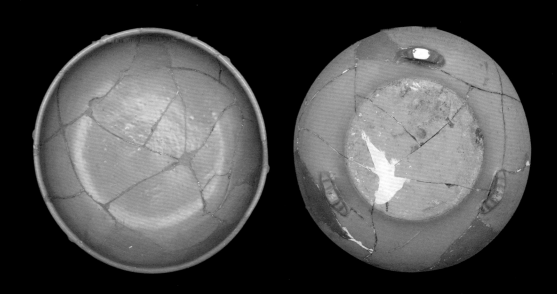

Celadon tripod flowerpot stand with studs
Xuande Period, Ming Dynasty, Height 10cm mouth diameter 31.6cm, Unearthed at Imperial Kiln site of Jingdezhen in 1982, Collected by the Imperial Kiln Museum of Jingdezhen

钧窑灰紫釉渣斗式花盆

明
高 21.5 厘米　口径 23 厘米　足径 13.5 厘米
故宫博物院藏

花盆呈渣斗形，侈口，口以下渐敛，圆腹，圈足，口与腹部宽度相当。通体施灰紫色釉，釉面开有细碎片纹。圈足端不施釉，外底薄刷一层褐色釉。外底刻有数目字"二"，并开有五个渗水圆孔，可知其作花盆之用。

明代早中期，除钧窑外，景德镇御窑、龙泉窑亦烧造渣斗式花盆，体现了三处窑场的联系。

Grayish purple glaze flowerpot in shape of spittoon, Jun kiln
Ming Dynasty, Height 21.5cm mouth diameter 23cm foot diameter 13.5cm, Collected by the Palace Museum

钧窑月白釉渣斗式花盆

明
高 22 厘米　口径 23 厘米　足径 14.5 厘米
故宫博物院藏

花盆呈渣斗形，侈口，束颈，圆腹，圈足较高、外撇。底开有五个渗水圆孔，可知其功用为花盆。胎体厚重。内、外施月白色釉，足端和外底不施釉，器底露灰胎，外底和圈足内壁均刻有数目字"二"。圈足所刻数目字笔画宽且深，应为原刻。外底刻划的数目字笔画细而浅，可能为清宫后刻。

Moon-white glaze flowerpot in shape of spittoon, Jun kiln
Ming Dynasty, Height 22cm mouth diameter 23cm foot diameter 14.5cm, Collected by the Palace Museum

279

青釉渣斗式花盆

明成化

高 26 厘米　口径 23.8 厘米　足径 13.2 厘米

景德镇御窑博物馆藏，1987 年景德镇御窑遗址出土

花盆形如渣斗，侈口，束颈，鼓腹，圈足。内、外和圈足内均施青釉，圈足端不施釉，呈酱色。釉面开大片纹。底外凸。

Celadon flowerpot in shape of spittoon
Ming Dynasty, Height 26cm mouth diameter 23.8cm foot diameter 13.2cm, Unearthed at Imperial Kiln site of Jingdezhen in 1987, Collected by the Imperial Kiln Museum of Jingdezhen

187 | 青釉鼓钉三足花盆托

明成化

高 11.7 厘米　口径 30.3 厘米　底径 18.3 厘米　足距 16 厘米

景德镇御窑博物馆藏，1987 年景德镇御窑遗址出土

花盆托直口，弧壁，底下承以三只如意云头形足。通体施青釉，釉面开片。外壁口沿下两道凸起弦纹之间和近底处各饰一周鼓钉纹。外底署青花楷体"大明成化年制"六字双行外围双方框款。

Celadon tripod flowerpot stand with studs
Chenghua Period, Ming Dynasty, Height 11.7cm mouth diameter 30.3cm bottom diameter 18.3 distance between feet 16cm, Unearthed at Imperial Kiln site of Jingdezhen in 1987, Collected by the Imperial Kiln Museum of Jingdezhen

281

青釉海棠式花盆

明成化

高 19 厘米　口径 26.5 厘米 × 20.5 厘米

足径 16 厘米 ×11 厘米

景德镇御窑博物馆藏，2003~2004 年景德镇御窑遗址出土

花盆呈四出海棠式，口折沿，深弧壁，外壁与足部连接处内凹，海棠式圈足外撇。内、外和圈足内均施青釉，釉层较厚，自然开片。口沿、底足施酱褐色釉。外底开有一小孔。无款。

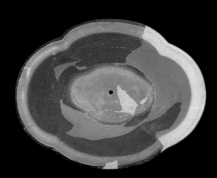 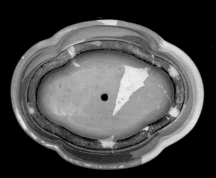

Celadon flowerpot in shape of begonia
Chenghua Period, Ming Dynasty, Height 19cm mouth diameter 26.5cm × 20.5cm foot diameter 16cm × 11cm, Unearthed at Imperial Kiln site of Jingdezhen from 2003 to 2004, Collected by the Imperial Kiln Museum of Jingdezhen

189 青釉海棠式花盆托

明成化

高 9 厘米　口径 27.5 厘米 × 22 厘米

足径 21 厘米 × 15.5 厘米

景德镇御窑博物馆藏，2003~2004 年景德镇御窑遗址出土

花盆托呈四出海棠式，口折沿外展，腹圆曲，有较深的瓜棱，平底，底部承以四只如意云头形小足。内、外均施青釉，釉层较厚，釉面自然开片。口沿、底边和足底施酱褐色釉。外底署青花楷体"大明成化年制"六字双行外围双方框款。

Celadon flowerpot stand in shape of begonia
Chenghua Period, Ming Dynasty, Height 9cm mouth diameter 27.5cm × 22cm foot diameter 21cm × 15.5cm, Unearthed at Imperial Kiln site of Jingdezhen from 2003 to 2004, Collected by the Imperial Kiln Museum of Jingdezhen

283

斗彩几何纹六足花盆托

明正德

高 3.2 厘米　口径 8.4 厘米　足径 9.3 厘米

景德镇市陶瓷考古研究所藏，2014 年景德镇御窑遗址出土

花盆托敛口，鼓肩，弧腹内敛，平底，底接六足。外壁口沿处饰交枝纹，腹下部饰如意纹，腹壁中间绘菱形图案，每隔一个菱形内书"卍"字。纹饰内填低温绿、紫、黄彩。足壁渲染青花一周。足之间填低温黄彩。外底施白釉，周边有一环形涩圈，中心以青花书"正德年制"四字双圈楷书款。

Doucai flowerpot stand with six feet and geometric design

Zhengde Period, Ming Dynasty, Height 3.2cm mouth diameter 8.4cm foot diameter 9.3cm, Unearthed at Imperial Kiln site of Jingdezhen in 2014,
Collected by the Archaeological Research Institute of Ceramic in Jingdezhen

191 斗彩云龙纹花盆托（半成品）

明正德

高 9.8 厘米　口径 20.4 厘米　足距 15.5 厘米

景德镇市陶瓷考古研究所，2014 年景德镇御窑遗址出土

花盆托敛口，鼓腹，腹下部内收，底接三足。外壁口沿下以青花绘一周虚、实相间的圆点纹。腹部青花淡描两组独角三爪螭龙，每组两条，后面螭龙衔前面螭龙后爪。其间饰折带云纹。外底部施透明釉，有一周环形涩圈不施釉，涩圈内书青花"正德年制"四字双圈楷书款。这件花盆托是斗彩半成品。

Doucai flowerpot stand with design of dragon and cloud (semi-finished product)

Zhengde Period, Ming Dynasty, Height 9.8cm mouth diameter 20.4cm distance between feet 15.5cm, Unearthed at Imperial Kiln site of Jingdezhen in 2014, Collected by the Archaeological Research Institute of Ceramic in Jingdezhen

192 涩胎刻云龙纹渣斗（半成品）

明正德
高 11.3 厘米　口径 14.7 厘米　足径 8.3 厘米
景德镇市陶瓷考古研究所藏，2014 年景德镇御窑遗址出土

渣斗侈口，束颈，鼓腹，圈足外撇。内壁施透明釉。外壁涩胎，颈部、腹部均刻云龙纹。外底部施透明釉，青花书"正德年制"四字双圈楷书款。这件渣斗的刻花、釉下青花、内壁和外底的高温釉均已就绪，下一步工艺为施加彩绘，是一件低温彩釉瓷器的半成品。

Biscuit-fired spittoon with carved design of dragon and cloud (semi-finished product)
Zhengde Period, Ming Dynasty, Height 11.3cm mouth diameter 14.7cm foot diameter 8.3cm, Unearthed at Imperial Kiln site of Jingdezhen in 2014,
Collected by the Archaeological Research Institute of Ceramic in Jingdezhen

193 涩胎刻螭龙纹花口折沿花盆（半成品）

明正德

高 16.5 厘米　口径 24.8 厘米　足径 13.6 厘米

景德镇市陶瓷考古研究所藏，2014 年景德镇御窑遗址出土

花盆敞口，折沿，斜直壁，腹下部内折，高圈足。内壁施透明釉。沿面及外壁均涩胎。沿面作如意状，上刻如意纹。外壁上下刻两周如意云头纹，腹壁中间刻独角三爪螭龙，其间刻折带云纹。折沿下刻"正德年制"双框四字横款。外底部施透明釉，中心有一小孔。这件花盆是尚未施彩的低温彩釉瓷器半成品。

Biscuit-fired flowerpot with lobed flat rim and carved design of *Chi*-dragon (semi-finished product)
Zhengde Period, Ming Dynasty, Height 16.5cm mouth diameter 24.8cm foot diameter 13.6cm, Unearthed at Imperial Kiln site of Jingdezhen in 2014,
Collected by the Archaeological Research Institute of Ceramic in Jingdezhen

涩胎贴塑双狮戏球图渣斗式花盆（半成品）

明正德

高 19.3 厘米　口径 22.9 厘米　足径 13.3 厘米

景德镇市陶瓷考古研究所藏，2014 年景德镇御窑遗址出土

花盆侈口，束颈，鼓腹，圈足外撇，形如渣斗。内壁施透明釉，外壁涩胎。颈部堆塑双狮戏球图，腹部堆塑卷草纹，足外壁堆塑一周蕉叶纹。外底部施透明釉，中心有一小孔。口沿下以青花书"正德年制"四字横书楷款，其上罩透明釉。这件花盆是低温彩釉瓷器的半成品。

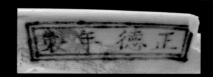

Biscuit-fired flowerpot in shape of spittoon with design of two lions chasing beribboned balls in slip (semi-finished product)
Zhengde Period, Ming Dynasty, Height 19.3cm mouth diameter 22.9m foot diameter 13.3cm, Unearthed at Imperial Kiln site of Jingdezhen in 2014, Collected by the Archaeological Research Institute of Ceramic in Jingdezhen

彭城窑白釉印云龙纹双耳扁瓶

明

高 34.3 厘米　口径 4.3 厘米　足径 9.6 厘米 ×6.7 厘米

故宫博物院藏

瓶直口，细颈，圆扁腹，椭圆形圈足。颈部两侧置螭龙形双耳。颈部印如意云纹和回纹，腹部印云龙纹。通体施白釉，釉色偏米黄，足端无釉露胎。釉面有细碎开片，体现出明代彭城窑烧制瓷器的特点。

彭城窑，是磁州窑的中心窑场之一。创烧于宋，经过金元的发展，在元末明初达到顶峰，并且一直延续到民国时期。

White glaze flat vase with two ears and stamping design of dragon and cloud, Pengcheng kiln
Ming Dynasty, Height 34.3cm mouth diameter 4.3cm foot diameter 9.6cm×6.7cm, Collected by the Palace Museum

彭城窑白釉印凤纹双耳扁瓶

明

高 33 厘米　口径 4.2 厘米　足径 9.3 厘米 ×6.3 厘米

故宫博物院藏

瓶直口，细颈，圆扁腹，椭圆形浅圈足。颈部两侧置螭龙形双耳。颈部印蕉叶纹和回纹，腹部印凤纹和花卉纹。瓶通体施白釉，足端无釉。釉色白中泛黄，釉面有细碎开片，是明代彭城窑烧造瓷器的特征。

白釉锥拱宝相花纹双耳扁瓶

明宣德

高 32 厘米　口径 4.2 厘米　足径 6.7 厘米

故宫博物院藏

瓶呈葫芦式，敛口，束颈，圆扁腹，浅圈足。颈部两侧置如意形双耳。扁腹两面刻划宝相花纹。通体施白釉，白中微泛青，釉质细腻。足端无釉露胎。

White glaze flat vase with two ears and incised design of flowers
Xuande Period, Ming Dynasty, Height 32cm mouth diameter 4.2cm foot diameter 6.7cm, Collected by the Palace Museum

彭城窑白釉刻缠枝莲纹出戟渣斗

明

高 20.5 厘米　口径 20.2 厘米　足径 13.1 厘米

故宫博物院藏

渣斗敞口，扁圆腹，圈足。颈部刻划蕉叶纹，腹部刻划缠枝莲纹。颈、腹四面分别出戟。通体施白釉，釉色偏米黄，足端无釉。

在仿铜器式样烧制的出戟造型瓷器中，以尊、觚和盖罐为多，出戟渣斗尤为少见。据《故宫物品点查报告》，此渣斗清末时收藏于古董房。

White glaze spittoon with flanges and carved design of entwined lotus, Pengcheng kiln

Ming Dynasty, Height 20.5cm mouth diameter 20.2cm foot diameter 13.1cm, Collected by the Palace Museum

青釉出戟花觚

明成化
高 32.8 厘米　口径 18.8 厘米　足径 16.2 厘米
景德镇御窑博物馆藏，2003 年御窑遗址出土

花觚呈喇叭口，细长颈，鼓腹，足部呈八字形外撇，腹部与底部均有四条出戟。通体施青釉，口沿和足端施酱色釉，以表现紫口铁足。

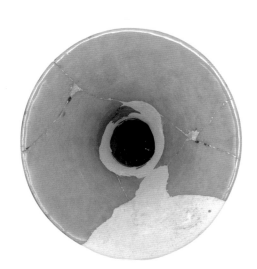

Celadon *Gu* with flanges
Chenghua Period, Ming Dynasty, Height 32.8cm mouth diameter 18.8cm foot diameter 16.2cm, Unearthed at Imperial Kiln site of Jingdezhen in 2003,
Collected by the Imperial Kiln Museum of Jingdezhen

200 | 青釉出戟花觚

明成化

高 15.2 厘米　口径 6.6 厘米　足径 6.5 厘米

景德镇御窑博物馆藏，2003 年御窑遗址出土

花觚呈喇叭口，细长颈，鼓腹，足部呈八字形外撇，腹部与底部均有四条出戟。通体施青釉，口沿和足端施酱色釉。外底以青花书楷体"大明成化年制"六字双行外围双方框款。

Celadon *Gu* with flanges
Chenghua Period, Ming Dynasty, Height 15.2cm mouth diameter 6.6cm foot diameter 6.5cm, Unearthed at Imperial Kiln site of Jingdezhen in 2003, Collected by the Imperial Kiln Museum of Jingdezhen

201 | 甜白釉锥拱缠枝莲纹梅瓶

明永乐

高 24.5 厘米　口径 4.3 厘米　足径 10.1 厘米

故宫博物院藏

瓶小口，短颈，丰肩，圆腹，胫部微外撇，平底，隐圈足。通体施甜白釉，腹部锥拱缠枝莲纹。这件梅瓶造型端庄稳重，锥拱缠枝莲纹饰依稀可见，是永乐甜白釉中的一件佳器。

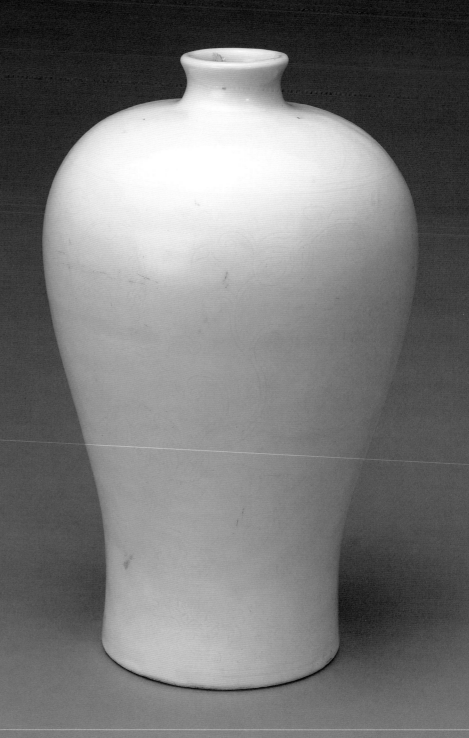

White glaze prunus vase with incised design of entwined lotus
Yongle Period, Ming Dynasty, Height 24.5cm mouth diameter 4.3cm foot diameter 10.1cm, Collected by the Palace Museum

彭城窑白釉梅瓶
明

高 33.4 厘米　口径 8.5 厘米　足径 13 厘米
故宫博物院藏

瓶圆唇外卷，短颈，平肩，腹部丰满，胫部渐收，平底，隐圈足。胎体厚重，通体施白釉，圈足端随意薄刷白釉，多露出胎体。器身贴黄签，书"建福宫"三字，说明此器曾陈放在此。

White glaze prunus vase, Pengcheng kiln
Ming Dynasty, Height 33.4cm mouth diameter 8.5cm foot diameter 13cm, Collected by the Palace Museum

203 | 白釉梅瓶

明正统至天顺

高 48 厘米　口径 5 厘米　足径 34 厘米

景德镇市陶瓷考古研究所藏，2014 年景德镇御窑遗址珠山北麓出土

瓶通体施白釉，釉面肥润。外底不施釉。圆唇外卷，小口，矮颈，丰肩，肩下渐收，隐圈足。整体造型厚重，器形较为硕大。

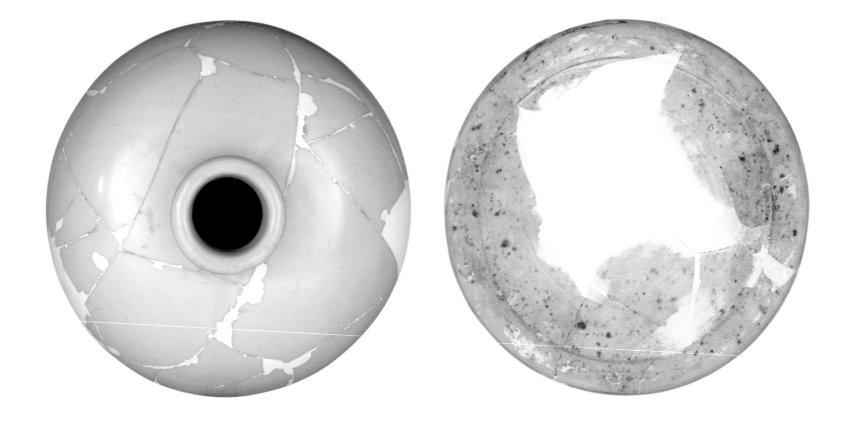

White glaze prunus vase
Zhengtong to Tianshun, Ming Dynasty, Height 48cm mouth diameter 5cm foot diameter 34cm, Unearthed at Imperial Kiln site of Jingdezhen in 2014,
Collected by the Archaeological Research Institute of Ceramic in Jingdezhen

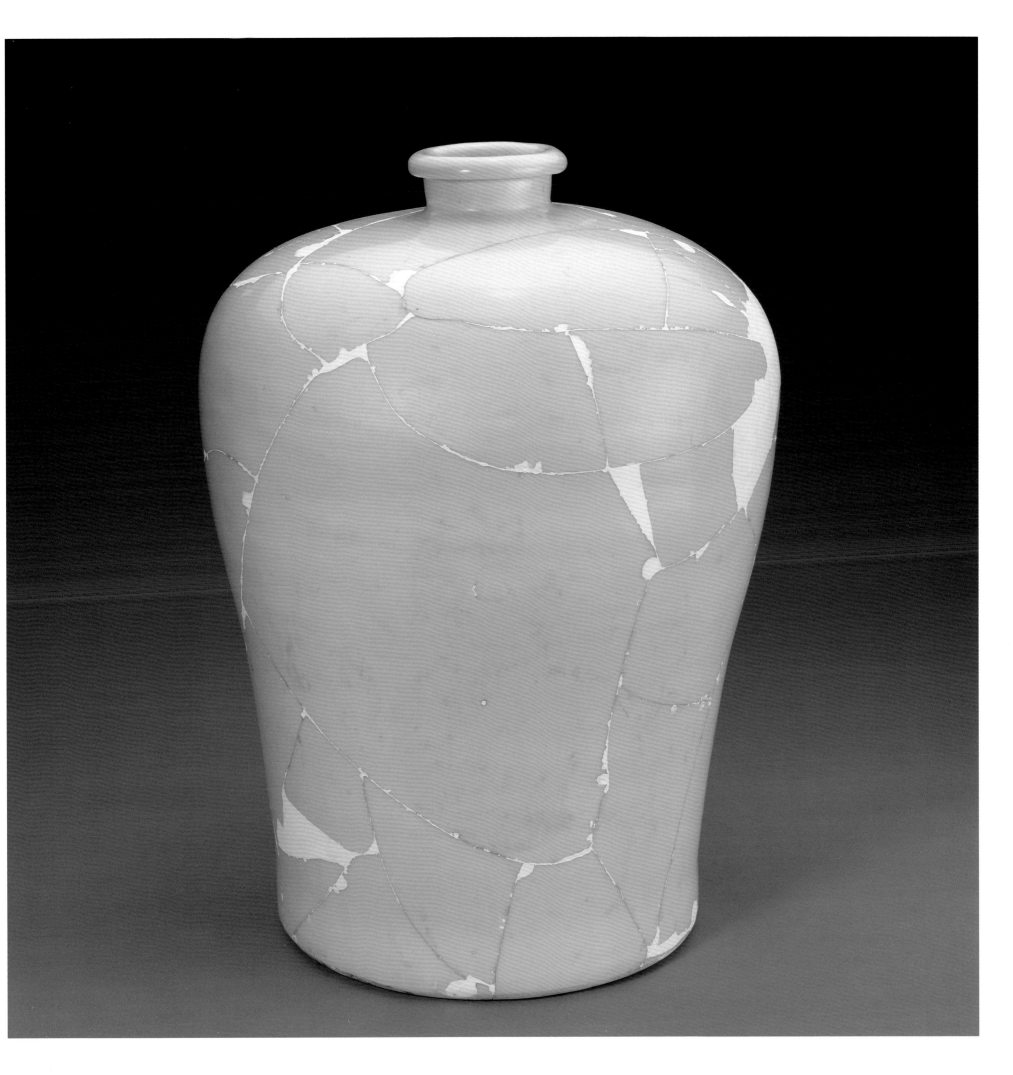

204 | 钧窑灰蓝釉葫芦瓶

元至明

高 25.5 厘米　口径 5.2 厘米　足径 10.9 厘米

故宫博物院藏

瓶呈葫芦形，小口，束腰，圈足，器形饱满。通体施灰蓝釉，釉面厚而失透，施釉不到底。圈足端不施釉。

Grayish blue glaze gourd shaped vase, Jun kiln
Yuan Dynasty to Ming Dynasty, Height 25.5cm mouth diameter 5.2cm foot diameter 10.9cm, Collected by the Palace Museum

青花缠枝宝相花纹葫芦瓶

明正统
高 44.5 厘米　上腹径 21 厘米　下腹径 29.3 厘米
景德镇御窑博物馆藏，1988 年景德镇御窑遗址出土

该器整体造型似葫芦，体形丰满，直口，溜肩，球腹，矮圈足，足端及底足无釉。周身以青花装饰，上腹、下腹及足端均以莲瓣纹及一圈双线纹间隔，中间主题纹饰为缠枝莲纹。

Blue and white gourd shaped vase with design of entwined flowers
Zhengtong Period, Ming Dynasty, Height 44.5cm upper belly diameter 21cm lower belly diameter 29.3cm, Unearthed at Imperial Kiln site of Jingdezhen in 1988, Collected by the Imperial Kiln Museum of Jingdezhen

青花缠枝莲纹葫芦瓶

明成化
高 41 厘米　口径 6 厘米　底径 16.5 厘米
故宫博物院藏

瓶呈葫芦形，直口，平底略内凹。外底无釉。通体青花装饰，呈灰蓝色。颈饰回纹、莲瓣纹，上下腹部绘缠枝莲纹，束腰处饰仰莲瓣纹及变形莲瓣纹，近底处饰如意云头纹。此器造型秀美圆浑，为典型的明早中期葫芦瓶式。

Blue and white gourd shaped vase with design of entwined lotus
Chenghua Period, Ming Dynasty, Height 41cm mouth diameter 6cm bottom diameter 16.5cm, Collected by the Palace Museum

207 彭城窑白釉刻花缠枝莲纹葫芦瓶

明

高 29.5 厘米　口径 3 厘米　足径 7.8 厘米

故宫博物院藏

瓶呈葫芦形，直口，束腰，圈足，上腹呈橄榄形，下腹扁圆。通体施白釉，圈足端不施釉。外壁以白釉刻花作装饰。口沿下自右向左刻"宣和内府"四字篆书款，为后世寄托款。颈部和腰部刻一周回纹。上下腹部满刻繁密的缠枝莲纹。

White glaze gourd shaped vase with carved design of entwined lotus, Pengcheng kiln
Ming Dynasty, Height 29.5cm mouth diameter 3cm foot diameter 7.8cm, Collected by the Palace Museum

彭城窑白釉刻花葫芦瓶

明

高 28.5 厘米　口径 2.9 厘米　足径 9 厘米

故宫博物院藏

瓶呈葫芦形，细颈，束腰，圈足，上腹呈橄榄形，下腹扁圆。通体施白釉，圈足端不施釉。通体以白釉刻花装饰，满刻繁密的缠枝莲纹。该器物原藏故宫养心殿。

White glaze gourd shaped vase with carved design, Pengcheng kiln
Ming Dynasty, Height 28.5cm mouth diameter 2.9cm foot diameter 9cm, Collected by the Palace Museum

305

专论

Essays

景德镇出土明正统、景泰、天顺瓷器及相关问题研究

江建新

一、前言

这是明代历史上一个重要的转折期，明宣德十年（1435 年）正月初三日，年仅 38 岁的宣宗殁于乾清宫，其子朱祁镇年仅 9 岁继位，是为正统朝（1436~1449 年）。幼帝英宗登上大宝，幸赖太皇太后张氏抚帝听政，又有"三杨"（即杨士奇、杨荣、杨溥）辅政，正统有国 14 年，前 7 年，一遵仁、宣之政，号称"治平之世"。而后 7 年则因张太皇太后病逝，"三杨"也先后离去，英宗虽日益长大，却倚赖太监王振如父师[1]，朝中大权落入王振之手，形成明代历史上第一次宦官专权局面，"土木之变"中英宗成了蒙古人的俘虏。国难间皇位由英宗之弟朱祁钰继承，是为景泰朝（1450~1456 年）。而通过"夺门之变"，英宗又从其弟手中夺回皇位，改年号为天顺（1457~1464 年）。明代这二帝三朝的 29 年时间里，可谓多事之秋。

我国古陶瓷学界普遍认为明代这三朝瓷器陷于衰退期[2]，而三朝官窑瓷器，由于不书年款，其面貌模糊不清，陶瓷史上称其为"空白期"或"黑暗期"。如果考察有关记载三朝窑事的相关文献，可获得以下信息。

其一，《明史》载，英宗于宣德十年正月登基便下达了减免征役、造作的诏令[3]。《明英宗实录》载："（正统元年）九月乙卯，江西浮梁民陆子顺进磁器五万余件，上令送光禄寺充用，赐钞偿其直。"[4] 这揭示了正统初年官窑曾一度停烧，而民窑可能承担了官窑向朝廷贡瓷的任务。

其二，正统三年（1438 年）禁民窑"烧造官样青花白地瓷于各处货卖，及馈送官员之家，违者正犯处死，全家谪戍口外"（《明英宗实录》）。正统六年（1441 年）北京重建三大殿（谨身、华盖、奉天）工程完成，"命造九龙九凤膳案诸器，既又造青龙白地花缸"（《明史·志第五十八·食货六》），又，"行在光禄寺奏……其金龙金凤白瓷罐等件，令江西饶州府造"（《明英宗实录》）。由此可见，正统初年，民窑生产相当活跃，而官窑于正统六年之后似也全面恢复了生产。

其三，《明英宗实录》载，正统十二年（1447 年）"禁江西饶州府私造黄、紫、红、绿、青、蓝、白地青花等瓷器"，这反映了当时民窑盛产彩瓷的情况。

其四，明郭子章《豫章大事记》载："景泰五年，减饶州岁造瓷器三之一。"可见，景泰一朝虽短暂，但也有官窑生产，只是量比前代锐减。

其五，天顺元年（1457 年）"仍委中官烧造"（《浮梁县志》），天顺三年（1459 年），"光禄寺奏请于江西饶州府烧造瓷器共十三万三千有余，工部以饶州民艰难，奏减八万，从之"（《江西省大志·陶书》），又，天顺八年（1464 年）正月"江西饶州府、浙江处州府，见差内官在彼烧造磁器，诏书到日，除已烧完者照数起解，未完者悉皆停止，差委

官员即便回京"(《明宪宗实录》)。由此可见、天顺官窑似一直未辍烧。

如果我们结合上述文献，综合考察近年景德镇地区出土"空白期"遗物与传世品可知，所谓"空白期"、并非完全空白，其时的官窑烧造有一定规模，产品也有较高的水平。

二、关于明御器厂遗址出土的正统官窑瓷器

图1 珠山明御器厂西墙发现正统官窑遗存

1988年11月珠山明御器厂西墙一带发现一处正统官窑遗存(图1)，出土瓷器有：青花云龙纹缸，腹径达88厘米，器型硕大，似为明朝最大的一件瓷器(图2)。青花海马纹四铺首器座(图3)，内外两面彩，器足底亦饰有青花卷草纹，十分罕见。青花缠枝团花双耳瓶(图4)，其颈部之小双耳，似为"空白期"富有特色且流行的样式，如景德镇陶瓷馆藏景泰四年(1453年)墓出土的民窑青花折枝牡丹纹双耳瓶，具有与该器相似的特征(图5)[5]。还有青花缠枝宝相花纹葫芦瓶，青花海水纹碗、高足碗与盘(图6~图8)，青花八宝纹碗，青花海浪海兽纹缸(图9)，青花莲池纹盘(图10)，青

图2 青花云龙纹缸

图3 青花海马纹四铺首器座及底部

图4 青花缠枝团花双耳瓶

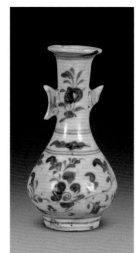

图5 青花折枝牡丹纹双耳瓶

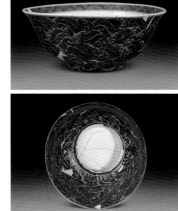

图6 青花海水纹碗及碗底

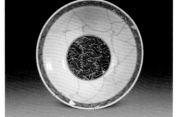

图7 青花海水纹高足碗及碗心

图8 青花海水纹盘及盘底

图9 青花海浪海兽纹缸

图10 青花莲池纹盘

图11 青花海水白龙纹盘及盘底

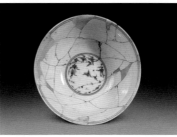

图12 青花云纹刻白龙纹碗、碗心及碗底

图13 青花云纹刻白龙纹盘及盘底

图14 青花九龙纹碗及碗心

图15 青花斗彩莲池鸳鸯纹碗及碗心

花海水白龙纹盘（图11）、青花云纹刻白龙纹碗、盘（图12、图13）、青花九龙纹碗（图14）、青花斗彩莲池鸳鸯纹碗等[6]（图15）。

以上出土瓷器的主要特征有：①其青花色调与宣德青花相似，根据中国科学院上海硅酸盐研究所的测试，宣德青花所用的青花色料都含有较低的 Fe_2O_3 和较高的 MnO，应是国产料，故色调呈现深沉浓丽的特色[7]；②器型方面：同类的器型（如高足碗、碗、盘）和宣德的相似，而龙纹缸、海兽纹缸、器座、双耳瓶则既不见早于它的宣德时期，也不见晚于它的成化官窑，属该期特有的器型，其中青花龙纹缸可与上述《明史》关于太监王振令景德镇为三大殿烧造青龙白地花缸的记载相印证，说明其烧造年代在正统六年左右；③纹饰方面：龙纹、缠枝花卉纹、边饰纹样与宣德相近，其汹涌海潮、海兽、云气、福海仙山和球花纹等为正统独特纹样。而八宝纹中之"鱼"纹，画成"单鱼"（图16），其八宝排列顺序是：轮、螺、伞、盖、罐、花、鱼、肠，与宣德和成化八宝排序（轮、螺、伞、盖、花、鱼、罐、肠）

图 16　正统八宝纹中的"单鱼"纹

图 17　成化仿正统斗彩鸳鸯莲池图盘及盘底

图 18　宣德斗彩莲池鸳鸯纹盘

图 19　正统青花海水龙纹大盘

图 20　青花人物纹残片（珠山中路出土）

图 21　青花人物纹碗残片（湖田窑出土）

图 22　青花花卉纹瓷枕

稍有不同，且鱼为双鱼纹[8]。斗彩鸳鸯莲池纹中如小鸟般的鸳鸯和化大叶小的莲荷纹样均富正统特色，成化官窑有仿正统斗彩鸳鸯莲池图的作品[9]（图17），而这类制品都源于宣德斗彩莲池鸳鸯纹盘[10]（图18）。

此次出土的正统官窑遗物，以青花云龙纹缸为代表，该器无款，但胎釉、纹样与宣德官窑遗物非常相似，尤其是大缸上所绘竖发龙纹、莲瓣纹，既有宣德意味，又有正统特点，似可定为正统早期官窑器，可作为正统官窑瓷器重要的参照器。大量的海水纹装饰也是此次出土正统官窑瓷器的一大特色，可视之为正统官窑瓷器典型纹样（图19）。

1995 年在珠山明御器厂西侧东司岭的基建工地中，在一有宣德纪年瓷片地层的上层，出土几块青花八仙人物大罐瓷片，这类无款青花瓷片的胎、釉和青花料与宣德器相近，但纹饰较为特殊：其人物周围有弥漫的云气，与 1983 年珠山中路出土的"空白期"青花瓷片上的缭绕云气和宽服大袖人物纹风格相近[11]（图20），与湖田窑出土的民窑"空白期"青花人物云气纹也极为相似（图21），该大罐当属正统官窑器无疑。上述特殊纹样，日本陶瓷界习称为"云堂手"，可视为正统之纹饰特征。

2014 年，为了配合龙珠阁北麓保护房改扩建工程，景德镇市陶瓷考古研究所考古人员对保护房改扩建区域进行了抢救性清理，面积约 500 平方米，出土遗物有宣德、正统至天顺、成化、弘治、正德、同治、光绪等各时期的官窑瓷片，其中以正统至天顺时期的瓷片为主。该窑业遗存堆积丰富，层位清晰，以正统至天顺时期窑业堆积最为丰厚和重要。

经室内整理，正统至天顺时期瓷器品种有青花、青花矾红彩、斗彩、红绿彩、青釉、白釉瓷等；器型以碗、高足碗、盘为主，以及罐、花盆、梅瓶、长颈瓶、花觚、绣墩、瓷枕（图22）、山子等，其中花盆、绣墩、各式长颈瓶、匜（图23）、山子（图24）等为罕见之物，不见有传世品。有的出土瓷器纹饰非常特殊，如：青花、红绿彩绣墩镂空花纹；青花绣墩面上有狮子戏球图、松竹梅纹、方胜等三种不同纹饰（图25~图27）；青花花盆上饰多种海兽；青花盘盘心所绘海浪松竹梅纹（图28、图29）、莲花山石等；还有团花纹（球形花卉）、海水纹、海浪山石纹等，在瓶、碗、高足碗、

图 23 青花云龙纹匜

图 24 青花山子

图 25 青花双狮戏球图绣墩

图 26 青花方胜纹绣墩

图 27 青花松竹梅纹绣墩

图 28 青花海水寿山松竹梅纹盘

图 29 青花海水寿山松竹梅纹盘

盘上均有装饰。

此次发掘清理由于是配合施工，发掘条件有限，故仅在龙珠阁北麓布一探沟进行清理，因该区域地层堆积较厚，窑业遗物堆积疏松，清理至深约 5 米处便无法向下发掘。现以发掘的探沟南壁地层情况介绍如下：

第 1 层：表土层，厚约 10~30 厘米，内含水泥、砖块、碎瓦片和少量草木灰等，并出土有民国名人（蒋介石）像章，土色为黄灰色，土质较疏松，该层为近现代层。

第 2 层：厚约 15~25 厘米，土色为灰黄色，土质疏松，内含大量青砖、红砖、厚板瓦，以及晚清至民国时期的瓷片，瓷片以民国时期为主，该层为清晚期到民国层。

第 3 层为一大层，共分 4 个亚层：

第 3a 层：厚约 0~28 厘米，距地表深 40~75 厘米，黄白色土，土质疏松，内含大量白色小石子颗粒及较大的岩石类颗粒，还有大量的青瓦片，土质疏松，出土有晚清瓷片。该层应为清晚期地层。

第 3b 层：厚约 10~75 厘米，距地表深 40~155 厘米，黄褐色土，土质疏松，内含少量的碎瓦片。该层应为清中晚期地层。

第 3c 层：厚约 0~40 厘米，距地表深 50~140 厘米，为灰黑色土，与第二层较为相似，内含大量的草木灰、青瓦片、白色小颗粒。该层应为清中期地层。

第 3d 层：厚约 0~50 厘米，距地表深 55~140 厘米，为灰白色土，土质较为致密，内含大量白色岩石颗粒及个别砖块、瓦片。该层应为清早期地层。

第 4 层：厚约 10~140 厘米，距地表深 110~280 厘米，为棕褐色土，土质较厚，较为致密，内含少量瓦片、匣钵、碎瓷片等。该层应为明末至清初地层。

第 5 层：厚约 40~95 厘米，距地表深 135~350 厘米，为红烧土，土质疏松，内含大量的烧土颗粒及窑砖（带窑汗）、匣钵、板瓦、垫饼等。该层应为明代弘治、正德地层。

第 6 层：厚约 0~50 厘米，距地表深 180~270 厘米，黄白色土，土质较为致密，内含大量白色大块颗粒及少量红烧土，较为纯净，基本不见瓷片和匣钵等遗物，有淤积痕迹。该层应为明代成化地层。

第 7 层：厚约 60~90 厘米，距地表深约 210~420 厘米，为红褐色土，土质较为疏松，内含大块匣钵、空心砖、砖块、垫饼等。出土多带有成化款的瓷片，以及部分无款瓷片，该层为明代成化地层。

第 8 层：距地表约 285~420 厘米，红烧土块夹杂红烧土颗粒，土质疏松，包含大量瓷片、窑具等，出土的瓷器均无款，除青花瓷外，还有仿龙泉釉、红绿彩等，该层为明代"空白期"地层[12]。

从第 7 层出土的瓷片来看，以带成化款瓷器为主，少量与成化款器物略有不同的无款瓷器，这部分无款瓷器有可能是略早于成化时期的"空白期"瓷器。第 8 层出土遗物较为单纯，瓷器均无款，但种类丰富，出土器物有的与宣德

图30 珠山北麓"空白期"地层堆积情况

图31 青花海兽纹碗

图32 青花应龙纹盘

图33 青花天马纹

图34 山海经中的天马纹

图35 青花文鳐鱼纹

相似，但与宣德和成化相比却又有差异，且均无款，根据地层和类型学分析，可知第8层出土瓷器应为明正统至天顺时期遗物（图30）。

由于该地层出土"空白期"遗物特征明显，根据类型学比较，其遗物似可分为二期：第一期与宣德相近；第二期则与成化相近。第一期遗物主要特征：以青花云龙纹缸为代表，有成化海兽纹花盆、青花觚、枕、绣墩、海水纹碗、高足碗、盘等，其中花觚等器物与宣德同类器物十分相似，此类产品胎釉、青花料也接近宣德官窑。

根据整理发现，第一期遗物中，以海兽纹装饰最常见，其装饰纹饰较为特殊，这种海兽纹在同一器物上装饰最多的有九种（图31），如应龙、天马、海马、文鳐鱼、海象等，这九种青花海兽纹饰与宣德官窑瓷器的同类纹饰十分相似。从装饰纹样在器物上的流行程度和形式来看，这类青花纹饰似有其特殊寓意，那么，我们先期考察以下几种特殊纹样的内涵。

应龙纹，双角、五爪、双翅，该类纹饰在此次出土器物中装饰最常见（图32）。据《山海经·卷十四·大荒东经》谓："大荒东北隅中，有山名曰凶犁土丘。应龙处南极，杀蚩尤与夸父，不得复上，故下数旱，旱而为应龙之状，乃得大雨。"[13] 由此可知应龙在旱天气，可以求得大雨。

天马纹，形似犬而黑头，有双翅，宣德与"空白期"瓷器上都有装饰（图33）。据《山海经·卷三·北山经》谓："又东北二百里，曰马成之山，其上多文石，其阴多金玉。有兽焉，其状如白犬而黑头，见人则飞，其名曰天马，其鸣自纠。"[14] 这种天马到了明代则成为瑞兽象征了。明代王圻《三才图会·鸟兽卷·三十四》天马图上说明文字谓："天马，马成山兽，状如白犬，黑头，见人则飞，不由翅翼，名曰天马，其鸣自呼，见则丰穰。"[15]（图34）天马一出现，则天下太平、五谷丰登。

图36 山海经中的文鳐鱼纹

图37 宣德青花海水瑞兽纹盘

图38 青花云纹锥拱龙纹碗

图39 青花云纹锥拱龙纹高足碗

图40 青花云纹锥拱龙纹盘

文鳐鱼、形状似鲤鱼，鱼身而鸟翼（图35）。《山海经·卷二·西山经》谓："又西百八十里，曰泰器之山。观水出焉，西流注于流沙。是多文鳐鱼，状如鲤鱼，鱼身而鸟翼，苍文而白首赤喙，常行西海，游于东海，以夜飞。其音如鸾鸡，其味酸甘，食之已狂，见则天下大穰。"[16]（图36）文鳐鱼一出现，则天下就会五谷丰登。

这类海兽纹似明显受宣德影响，宣德青花碗、高足碗、盘多见海水瑞兽纹装饰（图37），如宣德青花蟋蟀罐上的天马纹便与出土器物上的天马纹相似[17]，可见，此次出土的装饰有青花海水瑞兽纹的瓷器，很可能是受宣德的影响，即宣德之后正统早期的制品。

这种海兽纹在正统官窑瓷器中大量流行，很可能与明代正统时期的社会政治以及灾异有关。正统时期"人祸"和自然灾害连绵，"人祸"有蒙古瓦剌人不断扰边及英宗最终被虏。而自然灾害也一直不断，据《明史·志第四·五行一》载："正统元年闰六月，顺天、真定、保定、济南、开封、彰德六府俱大水。二年，凤阳、淮安、扬州诸府，徐、和、滁诸州，河南开封，四五月河、淮泛涨，漂居民禾稼。九月，河决阳武、原武、荥泽。湖广沿江六县大水决江堤。三年，阳武河决，武陟沁决，广平、顺德漳决，通州白河溢。四年五月，京师大水，坏官舍民居三千三百九十区。顺天、真定、保定三府州县及开封、卫辉、彰德俱大水。七月，滹沱、沁、漳三水俱决，坏饶阳、献县、卫辉、彰德堤岸。八月，白沟、浑河二水溢，决保定安州堤。苏、常、镇三府及江宁五县俱水，溺死男妇甚众。九月，滹沱复决深州，淹百余里。五年五月至七月，江西江溢，河南河溢。八月，潮决萧山海塘。六年五月，泗州水溢丈余，漂庐舍。七月，白河决武清，漷县堤二十二处。八月，宁夏久雨，水泛，坏屯堡墩台甚众。八年六月，浑河决固安。八月，台州、松门、海门海潮泛溢，坏城郭、官亭、民舍、军器。九年七月，扬子江沙州潮水溢涨，高丈五六尺，溺男女千余人。闰七月，北畿七府及应天、济南、岳州嘉兴、湖州、台州俱大水。河南山水灌卫河，没卫辉、开封、怀庆、彰德民舍，坏卫所城。十年三月，洪洞汾水堤决，移置普润驿以远其害。夏，福建大水，坏延平府卫城，没三县田禾民舍，人畜漂流无算。河南州县多大水。七月，延安卫大水，坏护城河堤。九月，广东卫所多大水。十月，河决山东金龙口阳谷堤。十一年六月，浑河溢固安。两畿、浙江、河南俱连月大雨水。是岁，太原、兖州、武昌亦俱大水。十二年春，赣州、临江大水。五月，吉安江涨淹田。十三年六月，大名河决，淹三百余里，坏庐舍二万区，死者千余人。河南、济南、青、兖、东昌亦俱河决。七月，宁夏大水。河决汉、唐二坝。河南八树口决，漫曹、濮二州，抵东昌，坏沙湾等堤。十四年四月，吉安、南昌临江俱水，坏坛庙廨舍。"[18]正统朝十几年间，华北平原和山东连遭旱灾和蝗灾，以及黄河和大运河决口，浙江旱灾严重，瘟疫流行；同时民间动乱不止，东南部发生邓茂七农民大起义等[19]，这使得年幼便登上大宝的英宗在这多事之秋，很想借助于海兽镇妖降魔，祈求天下太平丰登。

第二期遗物主要特征：有青花云纹锥拱龙纹碗、高足碗、盘（图38~图40）；青花海水龙纹碗、高足碗、盘；青花婴戏纹碗、高足碗、盘（图41~图43）；有团花（球形花）纹的器型以碗（图44）、高足碗、盘为主，以及梨形执壶（图45）、双耳瓶（图46）等；还有青花狮子戏球图盘等。此类制品的胎釉、青花料、纹饰与第7层出土的成化官窑瓷器非

图41 青花婴戏纹碗

图42 青花婴戏纹高足碗

图43 青花婴戏纹盘

图44 青花团花纹碗

图45 青花团花纹梨形执壶

图46 青花团花纹双耳瓶

图47 青花海水云纹残片

图48 青花云龙纹残片

图49 青花团花纹盘

图50 青花印红鱼莲蓬形碗

图51 青花宝杵纹盘

常相似（图47~图49），这类有成化风格的瓷器，可能是"空白期"后期，即天顺官窑的遗物。

三、关于出土景泰、天顺官窑瓷器

目前在珠山御器厂遗址尚未发现景泰、天顺官窑遗存和此类传世官款瓷器，但纪年墓则有几例出土，而近年珠山御器厂出土的如下遗物也值得重视。

1990年珠山明御器厂成化地层之下出土无款青花印红鱼莲蓬大碗，推断为不早于正统初，不晚于成化末的制品[20]（图50）。该器敞口敛腹，圈足矮小，壁下部与底较厚，碗心绘青花云龙，云龙纹周围以一圈海水为边饰，外壁下部饰以仙山海水，上部饰三红鳜鱼，装饰奇特，即红鱼纹处的碗壁内凹外凸，当用鱼形模具印压而成，此装饰方式目前仅此一例，其制品极为罕见。该器整体风格与正统和成化既有相似处又有相异处，它极可能是天顺官窑遗物。

1993年6月，在明御器厂故址西侧（老市政府大楼西侧前食堂）基建工地上发现一批宣德、成化纪年款瓷片和无款青花瓷片，这批遗物无叠压关系，可能是明早中期的扰土和填土，其中无款青花瓷片上的缠枝宝相花极似正统风格，但色泽较正统灰暗，胎、釉亦不如正统精细，盘的圈足比正统圈足大，且低矮微内敛。其风格与正统和成化有异，当属景泰或天顺官窑遗物。景德镇陶瓷馆藏景泰四年墓出土青花宝杵纹盘与这类出土遗物相似[21]（图51）。

1995年在珠山龙珠阁成化早期地层中夹杂着一些无款青花高足碗和碗、盘残片，其造型和纹样与宣德器相近，但胎釉较粗，青花色调略显灰暗，与同时出土的成化青花清幽淡雅色调区别较大，这批遗物可能是正统之后成化之前的景泰或天顺官窑制品。

以上遗物说明，景泰、天顺有官窑烧造，与前述文献有关记载吻合。从现有出土遗物判断，其时官窑烧造量似不大，品种亦不如前代丰富，主要是日用器的生产，亦烧造少量罐、梅瓶。其青花产品的主要特征：青花色调多偏灰淡，似与江西省博物馆藏景泰元年（1450年）青花"奉天敕命"碑的青花料相似[22]（图52），既不如它之前的正统青花厚重浓丽，也没有成化青花纤细淡雅；造型上（主要是碗、高足碗、盘）多承正统形制，但盘圈足矮而微内敛，挖足多不

图52 青花"奉天敕命"碑
（江西省博物馆藏）

过肩；纹饰上多承正统风格，但花卉纹较为流行。

四、关于传世的"空白期"官窑瓷器

从传世的"空白期"瓷器来看，主要遗物还是在北京和台北故宫博物院。比如、过去一般把无款斗彩鸳鸯莲池纹碗、盘定为成化制品，现在完全可以据出土资料把它确定为"空白期"官窑遗物。上海博物馆藏正统官窑青釉刻花纹碗、在珠山北麓发掘出土的"空白期"遗物中可以找到佐证（图53、图54）。说明"空白期"官窑瓷器当年一定是曾进贡给了朝廷，并有流传的。

图53 青釉刻花纹碗   图54 青釉刻花纹碗

2018年3月笔者访问日本东京国立博物馆、发现该馆藏青花缠枝八宝纹罐（图55）和青花缠枝莲纹葫芦瓶，无论是胎釉、青花料色还是造型，都与近年明御器厂遗址出土正统官窑瓷器十分相似。该馆所藏青花缠枝八宝纹罐、在纹饰上也与正统瓷器相似。有趣的是，其花纹在细部描绘上惊人一致，比如八宝纹中的鱼纹、出土的正统器物上为单鱼纹，而东京国立博物馆所藏罐也是单鱼纹，这是极富正统官窑特色的纹样。东京国立博物馆藏青花缠枝宝相花纹葫芦瓶（图56）、造型和纹饰以及青花料色和胎釉，与明御器厂出土正统官窑青花缠枝宝相花纹葫芦瓶相同（图57）。

图55 青花缠枝八宝纹罐及罐底部
（日本东京国立博物馆藏）

把上述遗物与纪年墓葬出土和传世瓷器（日本学者定为15世纪民窑）联系起来观察，似可进一步了解"空白期"官窑面貌。如武汉博物馆收藏的明八王墓葬群出土的青花莲池鸳鸯纹盖罐[23]（图58），该器形制与宣德器大体相似，唯器身之下部收敛外撇而与宣德器微有差异，其装饰花纹之莲荷画成花大叶小和形如小鸟般的鸳鸯，以及底部之仙山海水纹均富正统官窑特征，当为正统官窑产品。东京户栗美术馆收藏青花琴棋书画纹罐，该器足部收敛，所绘青花蕉叶纹和云气人物纹，具有正统官窑特征[24]（图59），以上作品当属正统官窑遗物。过去被定为15世纪民窑的一些绘琴棋书画、楼台亭阁、仙女、八仙和松竹梅纹大罐，以及绘携琴访友、麒麟和孔雀牡丹纹梅瓶等，其风格亦明显有正统官窑特征。笔者以为，这类器形规整、构图谨严的制品，可能出自"空白期"的官窑。

图56 青花缠枝宝相花纹葫芦瓶及瓶底部
（日本东京国立博物馆藏）

图57 青花缠枝宝相花纹葫芦瓶

图58 青花莲池鸳鸯纹盖罐
（武汉博物馆藏）

图59 青花琴棋书画纹罐
（东京户栗美术馆藏）

图60 正统二年墨书青花缠枝牡丹纹
双铺首罐及罐底部

图61 正统瓷器（景德镇丽阳瓷器山明代窑址出土）

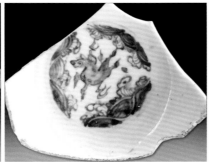

图62 正统瓷器（景德镇建国瓷厂老罗汉肚明代窑址出土）

五、关于景德镇出土三朝民窑瓷器

前述文献有浮梁县民向朝廷贡瓷与官方禁民窑烧造官样青花和彩瓷的记载，联系三朝墓葬出土和纪年瓷器来看，其时民窑不乏优秀之作。如耿宝昌《明清瓷器鉴定》一书刊正统二年（1437年）墨书题记的青花缠枝牡丹纹双铺首樽（罐）[25]（图60），该器器形规整、纹饰精美，其器底部收敛微外撇为正统常见形式，双铺首与正统官窑青花器座铺首相似，是一件具有官窑风格的优秀民窑制品。又如同书刊出的天顺五年（1461年）纪年款青花缠枝牡丹凸螭龙瓶、天顺五彩八仙香筒以及浙江嘉兴天顺二年（1458年）墓出土素三彩瓷船[26]和江西博物馆藏正统九年（1444年）魏源墓出土青釉雕狮烛台等[27]，造型别致、彩饰典雅，是罕见的民窑珍品。由此可见三朝民窑有精粗之分，精者可与官窑器媲美。其时民窑极为兴盛，地位较高，可与官窑相执牛耳，否则的话，民窑就没有资格向朝廷贡瓷，官方也无须出面干预民窑生产了。

联系上述遗物和景德镇湖田、珠里明代民窑遗址出土的三朝遗物，2005年景德镇丽阳瓷器山明代窑址发掘出土的正统瓷器[28]（图61），2018年建国瓷厂老罗汉肚明代窑址出土民窑正统瓷器（图62），以及江西新建正统二年朱盘炌墓[29]、河北安次正统三年何氏墓[30]、江西景德镇景泰四年严昇和七年袁氏墓[31]、广东东莞天顺三年罗亨信墓[32]和四川平武大顺八年王玺夫妇合葬墓出土瓷器来看，三朝民窑产品大体上有以下主要特征：①青花料，正统多与宣德接近，呈色较浓艳，景泰、天顺则多显淡灰蓝色。②该期各式罐流行，罐中部多收敛外撇是其一大特征。出现双铺首罐、贴雕螭龙瓶和连座香筒之类罕见器型。盘圈足有变大趋势，且多矮而微内敛。③纹饰以缠枝花卉最常见，其枝叶不交不蔓，均比前代同类花纹显得疏朗，叶片有留白。螺旋式莲瓣、圈点式小朵梅花、椭圆球形松针、船形叶卷草和仙人掌状海水浪花纹，均属该期民窑纹饰特点。杂宝纹、梅花月影、犀牛望月、孔雀山石和云气仙道人物纹是该期民窑惯用之纹饰。

根据以上考察，联系相关文献，从出土与传世的"空白期"民窑产品来看，当时的民窑有可能临时承担过进贡朝廷的任务。

六、相关问题探讨

第一、从出土与传世遗物，以及相关文献来看，正统、景泰、天顺三朝显然不是"空白期"或"黑暗期"。明永宣官窑是中国陶瓷史上最为辉煌的时期，而它之后的三朝瓷器则有明显衰退趋势，综合考察目前传世与出土遗物可见，其产品的数量和质量均逊色于永宣时期，虽然有个别产品可与永宣官窑产品媲美，但总体而言其产品不能与永宣官窑同日而语，也不如它之后的成化官窑精彩。三朝官窑有衰退之势是显而易见的，比如宣德官窑常见的高温红釉、釉上彩等精美瓷器，在"空白期"瓷器中则几乎不见。

第二、宣德官窑瓷器盛行书写年款，而在它之后的正统、景泰、天顺三朝官窑却不书写年款了，这一颇使人费解的现象，近来引起古陶瓷研究者的广泛关注，流传种种猜测。笔者以为其不书款似乎与以下事实有关：①正统朝开始推行财政紧缩、反对靡费的措施。宣庙崩，张太后"命将宫中一切玩好之物，不急之务悉皆罢去"[33]。停止耗资巨大的"下番"活动。②"人祸"和自然灾害不断。如前所述，英宗被虏，华北平原和山东连遭旱灾和蝗灾，以及黄河和大运河决口，浙江旱灾严重，瘟疫流行，同时民间动乱不止；而景泰、天顺二帝则又是在争斗和惶恐自保中度日，没有过多的闲暇来关心本属"国兴"而"瓷兴"的烧作活动。③从款式制度上看，洪武时不写年款，永乐才出现刻、印"永乐年制"篆书款，且仅见高足碗一类的制品。那么，在当时书写年款尚未形成定制的时代，正统不效仿奢侈的宣德而追仿简朴的洪武官窑也就非常自然了。综上考察，三朝官窑不写年款就使人容易理解了。

第三、关于2014年珠山北麓发掘的"空白期"地层与遗物的年代。从出土遗物的堆积情况看，该遗物堆积不同于2002~2003年珠山北麓发掘的永乐官窑瓷片掩埋坑，而是呈片状堆积。由于第8层的瓷器中同时包含宣德和成化风格的瓷器，而两者风格的瓷器（类型学上可分为二期）出土于同一地层，根据考古学的地层划分，其地层年代当为出土遗物第二期（接近成化期）的地层年代。那么第二期的年代应为哪一具体的历史年代呢？根据《明史》卷八二载，英宗驾崩，天顺八年正月命"江西饶州府、浙江处州府、见差内官在彼烧造瓷器，诏书到日，除已烧完者照数起解，未完者悉皆停止，差委官员即便回京"。所以，此第8层出土的遗物，很可能是天顺八年正月，御窑停止烧造，朝廷命"差委官员即便回京"之前，御器厂的督陶官或太监们，将库房内来不及运至京城的正统至天顺官窑多余品或废品，一次性处理在御器厂内。因此，我以为此第8层的瓷器当包含正统、景泰、天顺时期遗物，而地层年代当是"空白期"后期，即天顺八年左右的堆积。

七、小结

综合考察近年明御器厂遗址出土正统官窑遗物与相关传世品，联系相关文献可知，所谓"空白期"，并非完全空白，其时的官窑烧造有一定规模，产品也有较高水平。珠山明御器厂西墙一带发现的正统官窑遗存，以青花云龙纹缸为代表，器形硕大，举世罕见，与文献相印证，可知烧造于正统六年左右，可作为正统官窑瓷器重要参照器。大量的海水纹装饰也是此次出土正统官窑瓷器的一大特色，可视之为正统官窑瓷器典型纹样。同一地层出土的斗彩鸳鸯莲池图盘与成化官窑所仿正统斗彩鸳鸯莲池盘相似，可知这类制品均源于宣德斗彩鸳鸯莲池图盘，为认识明代斗彩工艺技术的演变提供了珍贵的实物依据。1983 年珠山中路出土的"空白期"青花缭绕云气和宽服大袖人物纹有正统官窑特征。2014 年龙珠阁北麓发掘的遗物以"空白期"的瓷片为主。由于该地层出土"空白期"遗物较为丰富、特征明显，根据类型学比较，其遗物似可分为二期：第一期与宣德相近，第二期则与成化相近。第一期遗物中流行海兽纹，似有特殊寓意，可能与明代正统时期的社会政治及灾异有关。

景泰、天顺有官窑烧造，与文献有关记载吻合。从现有出土遗物判断，其时官窑烧造量似不大，品种亦不如前代丰富，主要是日用器的生产，亦有少量罐、梅瓶的烧造。其青花产品的主要特征：青花色调多偏灰淡，既不如它之前的正统青花厚重浓丽，也没有成化青花纤细淡雅；造型上（主要是碗、高足碗、盘）多承正统形制，但盘圈足矮而微内敛，挖足多不过肩，纹饰上多本正统风格，但花卉纹则较为流行。

被定为 15 世纪民窑的一些绘琴棋书画、楼台亭阁、仙女、八仙和松竹梅纹大罐，以及绘携琴访友、麒麟和孔雀牡丹纹梅瓶等，其风格亦明显有正统官窑特征。这类器形规整、构图谨严的制品，可能出自正统官窑。从出土与传世的"空白期"民窑产品来看，当时的民窑有可能临时承担过进贡朝廷的任务。

从出土与传世遗物，以及相关文献来看，正统、景泰、天顺三朝显然不是"空白期"或"黑暗期"，但三朝官窑有衰退之势是显而易见的。关于"空白期"官窑不书年款问题，由于当时书写年款尚未形成定制，正统官窑不效仿奢侈的宣德而追仿简朴的洪武官窑也就非常自然了，而三朝官窑不写年款就使人容易理解了。关于 2014 年珠山北麓发掘"空白期"地层与器物年代，根据地层堆积和相关文献判断，第 8 层出土瓷器当包含正统、景泰、天顺时期遗物，而地层年代当是"空白期"后期，即天顺八年左右的堆积。

注 释

1　孟森：《明史讲义》，页 128，上海古籍出版社，2002 年。

2　汪庆正：《青花釉里红》，页 9，上海博物馆、两木出版社，1997 年。

3　《明史·宣宗本纪》卷九，宣德"十年正月癸酉朔，不视朝，命群臣谒皇太子于文华殿，甲戌大渐罢采买营造诸使"，中华书局，1982 年。

4　《明实录·明英宗实录》卷二十二。

5　江西省博物馆、香港中文大学文物馆：《江西元明青花瓷》，图 37，香港中文大学出版社，2002 年。

6　《景德镇发现大量明正统官窑瓷器》，《光明日报》1988 年 12 月 15 日一版；大阪市立东洋陶瓷美术馆：《皇帝的瓷器——新发现的景德镇官窑》图版 81~91，1995 年。

7　李家治、刘新园等：《景德镇元代及明初官窑青花瓷器的工艺研究》，台湾鸿禧美术馆：《景德镇出土明初官窑瓷器》，鸿禧艺术文教基金会，1996 年。

8　景德镇市陶瓷考古研究所、香港徐氏艺术馆：《成窑遗珍——景德镇珠山出土成化官窑瓷器》，图版 123，1996 年。

9　景德镇市陶瓷考古研究所、香港徐氏艺术馆：《成窑遗珍——景德镇珠山出土成化官窑瓷器》，图版 4，1996 年。

10　台湾鸿禧美术馆：《景德镇出土明宣德官窑瓷器》，图 75，鸿禧艺术文教基金会，1999 年。

11　香港大学冯平山博物馆：《景德镇出土陶瓷》，图版 230，1992 年。

12　景德镇市陶瓷考古研究所：《2014 年珠山北麓考古新发现》，故宫博物院：《明清御窑瓷器：故宫博物院与景德镇陶瓷考古新成果》，故宫出版社，2016 年。

13　元阳真人：《山海经·卷十四·大荒东经》，页 138，云南科技出版社，1994 年。

14　元阳真人：《山海经·卷三·北三经》，页 67，云南科技出版社，1994 年。

15　（明）王圻、王思义编纂：《三才图会·鸟兽卷·三十四》，页 2235，上海古籍出版社，1988 年。

16　元阳真人：《山海经·卷二·西山经》，页 49，云南科技出版社，1994 年。

17　刘新园：《明宣德官窑蟋蟀罐》，页 53，台湾艺术家出版社，1995 年。

18　《明史·志第四·五行一》卷二八，页 448，中华书局，1982 年。

19 [美]牟复礼:《剑桥中国明代史》第五章,页 341~346,中国社会科学出版社,1992 年。

20 香港大学冯平山博物馆:《景德镇出土陶瓷》,图版 234,1992 年。

21 铁源:《江西藏瓷全集·明代》,页 232,朝华出版社,2007 年。

22 江西省博物馆、香港中文大学文物馆:《江西元明青花瓷》,图版 39,香港中文大学出版社,2002 年。

23 刘庆平:《武汉馆藏文物精粹》,图 58,武汉出版社,2006 年。

24 [日]东京国立博物馆:《中国的陶瓷》,图 272,1994 年。

25 耿宝昌:《明清瓷器鉴定》,页 485,图版 28,紫禁城出版社、两木出版社,1993 年。

26 行一、平一:《明天顺墓出土的素三彩瓷船》,《南方文物》1993 年第 3 期。

27 中国美术全集编辑委员会:《中国美术全集·陶瓷》(下),图版 89,上海人民美术出版社,1991 年。

28 故宫博物院、江西省文物考古研究所、景德镇市陶瓷考古研究所:《江西景德镇丽阳瓷器山明代窑址发掘简报》,《文物》2007 年第 3 期。

29 古湘、陈柏泉:《介绍几件元、明青花瓷器》,《文物》1973 年第 12 期。

30 冯秉其:《安次县西固城村发现明墓》,《文物》1959 年第 1 期。

31 欧阳世彬、黄云鹏:《介绍两座明景泰墓出土的青花釉里红瓷器》,《文物》1981 年第 2 期。

32 广东省博物馆:《广东东莞明罗亨信家族墓清理简报》,《文物》1991 年第 11 期。

33 (明)李贤:《天顺日录》,《国朝典故》(中册),页 1142,北京大学出版社,1993 年。

On the Unearthed Porcelain Materials from Jingdezhen dated from Zhengtong, Jingtai and Tianshun Reigns in Ming Dynasty

Jiang Jianxin

Abstract

For a long time our understanding of Imperial ceramic production during the reigns of the Zhengtong, Jingtai and Tianshun Emperors has been relatively imprecise. This is mainly a result of the scarcity of archaeological evidence or existing museum collections which support our research into this period. Ceramics from this period do not have reign marks and, because of this, the era has come to be known as the 'Interregnum' period. Drawing on archaeological evidence derived from the Imperial Kilns of Jingdezhen, as well as historical accounts, this article argues that the manufacture of Imperial ceramics during this period did not cease, although the scale of the industry did reduce to some extent between the reigns of the Zhengtong and Tianshun Emperors. New technical innovations can also be seen at this time within the Jingdezhen ceramic industry where they combined and applied skills developed by other important ceramic kilns throughout China. Furthermore, the lack of reign marks during the so-called 'Interregnum' period can be explained by the fact that the reign mark tradition, which began in the Yongle period, had not yet become established, and the Imperical kilns during Zhengtong reign were follwing the simple style of Hongwu period instead of the excessive and overly luxurious style of Xuande period.

Keywords

Ceramic archaeology, Jingdezhen, 'Interregnum' Period, Blue and white porcelain

浅谈对明代正统、景泰、天顺朝
景德镇瓷器的认识

吕成龙

  明代正统（1436～1449年）、景泰（1450～1456年）、天顺（1457～1464年）三朝历时29年（正统朝14年、景泰朝7年、天顺朝8年），由于长期以来在传世和出土瓷器上均未发现署此三朝正规年号款识者，致使这三朝瓷器的烧造情况扑朔迷离、模糊不清，这三朝也成为我国明代陶瓷发展史上的一个特殊时期，被陶瓷界称为"空白点""空白期"或"黑暗期"。

  但从明代文献记载来看，景德镇在这三朝无论御窑还是民窑均未停止烧造，正统六年（1441年）、景泰五年（1454年）、天顺元年（1457年）、天顺三年（1459年）、天顺八年（1464年）等，景德镇御窑和民窑均烧造过瓷器。从实物看，窑址、墓葬、遗址、沉船等均发掘出土或打捞出水过这三朝瓷器的实物。随着文献资料和出土、出水实物资料的不断增多，有关这三朝瓷器的研究不断深入，其面貌也逐渐清晰。本文拟在前人研究的基础上，综合考虑文献记载、当时历史背景和考古成果等，结合笔者35年从事古陶瓷研究的心得，谈谈对这三朝瓷器特点的认识。不妥之处，敬请方家指正。

一、有关正统、景泰、天顺三朝瓷器烧造的文献记载

  文献记载是研究古陶瓷的第一手资料，历来受人关注。有关这三朝瓷器烧造的文献记载主要见于《明史》《明实录》《江西省大志·陶书》《豫章大事记》等。如：

  《明史》卷八十二"志第五十八·食货六"载："正统元年浮梁民进瓷器五万余，偿以钞。禁私造黄、紫、红、绿、青、蓝、白地青花诸瓷器，违者罪死。"[1]正统元年即1436年。

  《明英宗实录》卷之二十二载："（正统元年）九月乙卯，江西浮梁县民陆子顺进瓷器五万余件，上令送光禄寺充用，赐钞偿其直。"[2]

  《明英宗实录》卷之四十九载："（正统三年）十二月丙寅，命都察院出榜，禁江西瓷器窑场烧造官样青花白地瓷器于各处货卖及馈送官员之家，违者，正犯处死，全家谪成口外。"[3]正统三年即1438年。

  正统六年，北京重建三大殿（奉天、谨身、华盖）工程完工，《明史》卷八十二"志第五十八·食货六"载："宫殿告成，命造九龙九凤膳案诸器，既又造青龙白地花缸。王振以为有璺，遣锦衣指挥杖提督官、敕中官往督更造。"[4]

  《明英宗实录》卷之七十九载："（正统六年）五月己亥，行在光禄寺奏：新造上用膳亭器皿，共三十万七千九百余件，除令南京工部修造外，其金龙、金凤白瓷罐等件，令江西饶州府造。造朱红膳盒等件，令行在营膳所造。从之。"[5]

《明英宗实录》卷之八十四载："（正统六年）十月丙戌，行在工部奏：宫殿新成，奉旨造九龙、九凤膳卓（桌）等器，臣等奏准，令工部及江西饶州府料造，今屡遣官催理，皆未完，请治其官吏怠慢罪。上曰：姑恕之，仍促使完，不完不宥。"[6]

《明英宗实录》卷之八十六载："（正统六年）闰十一月己丑，巡按福建监察御史郑颙等奏：琉球国通事沈志良使者阿普斯古驾船载瓷器等物往爪哇国买胡椒、苏木等物，至东影山遭风桅折，进港修理，妄称进贡。今已拘收人、船，将前项物货并护船器械发福州府大储库收顿听候。上曰：远人宜加抚绥，况遇险失所，尤可矜怜其。悉以原收器物给之，听自备物料修船，完日催促启程回还本国。"[7]

《明英宗实录》卷之一百五十八载："（正统十二年）九月戊戌，禁约两京并陕西河南湖广甘肃大同辽东沿途驿递镇店军民客商人等，不许私将白地青花瓷器皿卖与外夷使臣。"[8]正统十二年即1447年。

《明英宗实录》卷之一百六十一载："（正统十二年）十二月甲戌，禁江西饶州府私造黄、紫、红、绿、青、蓝、白地青花等瓷器，命都察院榜谕其处，有敢仍冒前禁者，首犯凌迟处死，籍其家资，丁男充军边卫，知而不以告者，连坐。"[9]

明代郭子章《豫章大事记》载："（景泰五年五月）减饶州岁造瓷器三之一。"[10]景泰五年即1454年。

（明·嘉靖）王宗沐纂修、（明·万历）陆万垓增纂：《江西省大志·陶书》"建置"条"续"载："天顺丁丑，仍委中官烧造。"[11]"天顺丁丑"即天顺元年，1457年。

《明英宗实录》卷之三百九载："（天顺三年十一月）乙未，光禄寺奏请于江西饶州府烧造瓷器共十三万三千有余，工部以饶州民艰难，奏减八万。从之。"[12]

《明宪宗实录》（卷之一）载："（天顺八年正月）乙亥，上即皇帝位。是日早，遣太保会昌侯孙继宗告天地、广宁侯刘安告太庙、怀宁侯孙镗告社稷、上亲告孝恭章皇后几筵大行皇帝几筵，谒见母后毕出，御奉天殿即位。命文武百官免贺、免宣表、止行五拜三叩头礼，遂颁诏大行天下。诏曰：洪惟我祖宗诞膺大命，肇开帝业，为生民主，岁百年矣……于正月二十二日祇告天地、宗庙、社稷，即皇帝位……其以明年为成化元年，大赦天下，与民更始，所有合行事宜条列于后。……一、江西饶州府、浙江处州府，见差内官在彼烧造磁器，诏书到日，除已烧完者照数起解，未完者悉皆停止，差委官员即便回京，违者罪之。"[13]

这些记载，主要涉及朝廷下令禁止私造瓷器、窑户向宫廷进贡瓷器、皇帝派宦官前往景德镇督造瓷器、皇帝下令烧造瓷器、皇帝下令不许私将瓷器卖给外国使臣、官员请求减少烧造瓷器数量、朱见深即皇帝位伊始下令停止烧造御用瓷器等。

既然此三朝景德镇御窑和民窑均曾烧造瓷器，那就应有实物传世。但此时天灾人祸不断，使得朝廷无暇悉心顾及御用瓷器烧造。

二、正统、景泰、天顺时期的天灾人祸

从文献记载来看，正统、景泰、天顺三朝，属于明代历史上的多事之秋，可谓天灾、人祸不断发生。

1.天灾
天灾方面，水灾、旱灾、蝗灾频发。

水灾。《明史》卷二十八"志第四·五行一·水之水潦"载："正统元年闰六月，顺天、真定、保定、济南、开封、彰德六府俱大水。二年，凤阳、淮安、扬州诸府，徐、和、滁诸州，河南开封，四、五月河、淮泛涨，漂居民禾稼。九月，河决阳武、原武、荥泽。湖广沿江六县大水决江堤。三年，阳武河决，武陟沁决，广平、顺德漳决，通州

白河溢。四年五月，京师大水，坏官舍民居三千三百九十区。顺天、真定、保定三府州县及开封、卫辉、彰德三府俱大水。七月，滹沱、沁、漳三水俱决，坏饶阳、献县、卫辉、彰德堤岸。八月，白沟、浑河二水溢，决保定安州堤。苏、常、镇三府及江宁五县俱水，溺死男妇甚众。九月，滹沱复决深州，淹百余里。五年五月至七月，江西江溢，河南河溢。八月，潮决萧山海塘。六年五月，泗州水溢丈余，漂庐舍。七月，白河决武清、漷县堤二十二处。八月，宁夏久雨，水泛，坏屯堡墩台甚众。八年六月，浑河决固安。八月，台州、松门、海门海潮泛溢，坏城郭、官亭、民舍、军器。九年七月，扬子江沙洲潮水溢涨，高丈五六尺，溺男女千余人。闰七月，北畿七府及应天、济南、岳州嘉兴、湖州、台州俱大水。河南山水灌卫河，没卫辉、开封、怀庆、彰德民舍，坏卫所城。十年三月，洪洞汾水堤决，移置普润驿以远其害。夏，福建大水，坏延平府卫城，没三县田禾民舍，人畜漂流无算。河南州县多大水。七月，延安卫大水，坏护城河堤。九月，广东卫所多大水。十月，河决山东金龙口阳谷堤。十一年六月，浑河溢固安。两畿、浙江、河南俱连月人雨水。是岁，太原、兖州、武昌亦俱大水。十二年春，赣州、临江大水。五月，吉安江涨淹田。十三年六月，大名河决，淹三百余里，坏庐舍二万区，死者千余人。河南、济、青、兖、东昌亦俱河决。七月，宁夏大水。河决汉、唐二坝。河南八树口决，漫曹、濮二州，抵东昌，坏沙湾等堤。十四年四月，吉安、南昌临江俱水，坏坛庙廨舍。"[14]

景泰、天顺两朝，水灾仍频发，此不赘录。

旱灾。《明史》卷三十"志第六·五行三·金土之恒旸"载："正统二年，河南春旱。顺德、兖州春夏旱。平凉等六府秋旱。三年，南畿、浙江、湖广、江西九府旱。四年，直隶、陕西、河南及太原、平阳春夏旱。五年，江西夏秋旱。南畿、湖广、四川府五州卫各一，自六月不雨至于八月。六年，陕西旱。南畿、浙江、湖广、江西府州县十五，春夏并旱。七年，南畿、浙江、湖广、江西府州卫二十余，大旱。十年夏，胡广旱。十一年，湖广及重庆等府夏秋旱。十二年，南畿及山西、湖广等府七，夏旱。十三年，直隶、陕西、湖广府州七，夏秋旱。十四年六月，顺天、保定、河间、真定旱。"[15]

景泰、天顺两朝，旱灾仍频发，此不赘录。

蝗灾。《明史》卷二十八"志第四·五行一·水之蝗螟"载："正统二年四月，北畿、山东、河南蝗。五年夏，顺天、河间、真定、顺德、广平、应天、凤阳、淮安、开封、彰德、兖州蝗。六年夏四月，保定、真定、河间、顺德、广平、大名、淮安、凤阳蝗。秋，彰德、卫辉、开封、南阳、怀庆、太原、济南、东昌、青、莱、兖、登诸府及辽东广宁前、中屯二卫蝗。七年五月，顺天、广平、大名、河间、凤阳、开封、怀庆、河南蝗。八年夏，两畿蝗。十二年夏，保定、淮安、济南、开封、河南、彰德蝗。秋，永平、凤阳蝗。十三年七月，飞蝗蔽天。十四年夏，顺天、永平、济南、青州蝗。"[16]

景泰、天顺两朝，蝗灾仍频发，此不赘录。

另外，正统、景泰、天顺三朝，饥荒、瘟疫、地震等灾害也不断发生。

2. 人祸

随着朝廷对农民剥削的日益加重，东南部相继发生叶宗留领导的农民起义和邓茂七领导的农民起义，西南部则有麓川宣慰使思任发发动的对抗朝廷的叛乱，北方则有迅速崛起的蒙古瓦剌部不断侵扰。正统十四年（1449年）八月，22岁的正统皇帝朱祁镇（1427～1464年）（图1）在太监王振（1400～1449年）的唆使下率明军亲征蒙古，在土木堡与蒙古瓦剌部交战，大败，王振战死，朱祁镇成为俘虏，被蒙古人抓走。朱祁镇被俘后，其弟郕王朱祁钰（1428～1457年）于正统十四年九月初六日继皇帝位，遥尊朱祁镇为太上皇，改年号为景泰，定翌年为景泰元年。景泰元年（1450年）八月朱祁镇被放回后，其弟景泰帝朱祁钰将其幽禁于东华门外南宫（普度寺）（图2），长达7年之久。景泰八年（1457年）元月十七日，景泰帝病重，将军石亨、官僚徐有贞等勾结宦官曹吉祥等发动政变，拥朱祁镇复帝

图1　王振（1400～1449年）像拓片（大英博物馆藏，智化寺赠）

324

图2 普度寺

位，改年号为天顺。因夺东华门入宫，故史称"夺门之变"。又因当时英宗朱祁镇被幽禁于南宫（普度寺），所以英宗复辟也称"南宫复辟"。

英宗复辟后，石亨、曹吉祥因拥迎复辟有功，而受到英宗宠信，权势日重。二人遂相互勾结，图谋叛乱。阴谋暴露后，叛乱被平定。石亨被抓，死于狱中；曹吉祥被抓，遭凌迟处死。历史上称这一事件为"曹石之变"。

由上述可知，"土木之变"英宗朱祁镇被俘后，明代统治集团内部接连发生英宗复辟和"曹石之变"，这说明一个问题，即明代自进入中期开始，国力遭到很大削弱，其统治已不稳定。政局不稳可能是导致这三朝御窑瓷器上不便署年款的根本原因，但这亦为后人研究这三朝瓷器带来困难。

三、景德镇明代瓷窑遗址考古发掘出土的正统、景泰、天顺三朝御窑瓷器

1988年11月，景德镇市陶瓷考古研究所在珠山以西明代御器厂遗址西墙外的东司岭发现一巷道，巷道中堆满了瓷片，在成化堆积层与宣德堆积层之间发现了"空白期"御窑瓷器堆积层，发掘出土大量青花和斗彩瓷器残片标本。其中尤为醒目的是正统青花云龙纹缸残片标本，数量多达数吨(图3)，黏合复原出的最大者高75厘米，腹径约88厘米，形体之大，绝无仅有(图4)。

这批青花云龙纹缸的出土，印证了文献记载，即正统六年九月，奉天、华盖、谨身三殿重建完工。"命造九龙、九凤膳案诸器，既又造青龙白地花缸。王振以为有璺，遣锦衣指挥杖提督官、敕中官往督更造。"[17] 建文四年（1402年），朱棣（1360～1424年）在南京称帝，改元永乐，改北平为北京。永乐四年（1406年）下诏营建北京宫殿，并开始为营建工程备料和进行规划。永乐十五年（1417年）正式动工，永乐十八年（1420年）落成，前后历时14年。永乐十八年十一月，下诏迁都北京。永乐十九年（1421年）正式迁都北京，十九年春正月，永乐皇帝御奉天殿受朝贺，大宴群臣。但北京宫殿落成刚满一年，永乐十九年四月，外朝奉天、谨身、华盖三殿即遭雷击起火焚毁。直到正统五年（1440年）二月才开始重建三殿，此时距三大殿火灾已过去19年。

与龙缸一同出土的还有青花缠枝花卉纹瓜棱双耳瓶、缠枝莲托八吉祥纹碗、海水纹盘、瑞兽纹盘、海水纹高足碗(图5)、云龙纹盘、海水龙纹盘、海马纹四铺首器座等。这些器物为研究正统御窑瓷器提供了可靠的实物资料。

从出土的这批正统御窑瓷器看，尽管有一部分和宣德朝御窑瓷器风格一致，但多数仍具有自己的风格。如青花缠枝花纹双耳瓜棱瓶(图6)之造型为正统时所仅有，青花缠枝莲托八吉祥纹虽为明代瓷器上的常见纹样，但轮、螺、伞、

图3 明代正统青花云龙纹缸残片（作者摄）

图4 明代正统青花云龙纹缸

图5 明代正统青花海水纹高足碗

图6 明代正统青花缠枝花纹双耳瓜棱瓶

图7 2012年10月18日至12月8日深圳市文物考古鉴定所举办的"填空补白——明代正统、景泰、天顺三朝官窑瓷器特展"展出的"空白期"青花云龙纹盘、盏托、高足碗

图8 湖北明代藩王墓出土的"空白期"青花云龙纹瓷器

盖、罐、花、鱼、肠中之鱼，正统朝御窑瓷器上画成单鱼，而明代其他各朝御窑瓷器上一般画成双鱼。

2007年9月随着景德镇旧城区改造，昔日曾为元、明两代窑业中心区域的戴家弄澡堂工地一带出土一批"空白期"青花瓷器，主要是盘、碗、高足碗等（图7），均成套烧造，且有瑕疵，属于落选品，装饰云龙、云凤等图案，其风格为此前所不见，清宫旧藏瓷器中也无与此相类者。经过比对，发现湖北地区明代藩王家族墓出土瓷器中，有风格类似者（图8），因此推测这批瓷器与明代藩王府关系密切，应为湖北藩王府订烧瓷器中的落选品。

2012年10月18日至12月8日，深圳市文物考古鉴定所趁香港中文大学文物馆举办"填补空白——景德镇明代十五世纪中期瓷器"展的机会，汇集澡堂工地出土的这批瓷器，在该所举办了"填空补白——明代正统、景泰、天顺三朝官窑瓷器特展"。

据景德镇市陶瓷考古研究所江建新所长介绍，2014年为配合景德镇市珠山龙珠阁北麓保护房改扩建工程，景德镇市陶瓷考古研究所对保护房改扩建区域进行了抢救性考古清理，清理面积约500平方米。从对所布探沟清理情况看，此处窑业遗存堆积丰厚，出土遗物有明代宣德、正统至天顺、成化、弘治、正德及清代同治、光绪等各时期的御窑瓷片标本，按照考古地层划分，在据地表285厘米至420厘米处的第8层，被确认为明代"空白期"地层，而且以这一地层的窑业堆积最为丰富和重要。据此，陶瓷界对所谓"空白期"瓷器的研究进入新的阶段。

2018年5月18日至6月17日，故宫博物院与景德镇市人民政府联合在故宫博物院延禧宫东配殿展厅举办了"明代正统、景泰、天顺御窑瓷器展"（图9），首次向公众公开展出2014年出土的这批瓷器。

据景德镇市陶瓷考古研究所江建新所长介绍，由于该地层出土"空白期"瓷器特征明显，根据"类型学"比较，这些瓷器似可分为两类，第一类与宣德朝御窑瓷器风格相近，第二类则与成化朝御窑瓷器风格相近。

第一类瓷片标本所绘纹饰以瑞兽、海水瑞兽纹（图10）最为常见，所饰瑞兽数量不

图 9　2018 年 5 月 18 日至 6 月 17 日在故宫博物院举办的"明代正统、景泰、天顺御窑瓷器展"展室一角（作者摄）　　图 10　明代正统至天顺青花海兽瑞兽纹碗残片　　图 11　明代正统青花应龙纹花盆

一，最多可达九种，基本上都是按《山海经》一书记载描绘而成，见有应龙（也称翼龙）、天马、文鳐鱼、海象等，这九种青花海兽纹饰与宣德朝御窑瓷器上的同类纹饰相似。

　　在所绘海兽纹中以应龙纹（**图 11**）最为多见，应龙形象为双角、五爪、双翅。晋代郭璞撰《山海经·卷十四·大荒东经》载："大荒东北隅中，有山名曰凶犁土丘。应龙处南极（应龙，龙有翼者也），杀蚩尤与夸父（蚩尤作兵者），不得复上（应龙遂住地下），故下数旱（上无复作雨者故也），旱而为应龙之状，乃得大雨（今之土龙本此气，应自然实感，非人所能为也）。"[18] 由此可知，应龙在干旱天气可以求得大雨。

　　天马纹（**图 12**），系所绘瑞兽中的一种。形似犬，黑头，有双翅，宣德朝与"空白期"瓷器上都有装饰。晋代郭璞撰《山海经·卷三·北山经》载："北山经之首曰单狐之山，多机木……又东北二百里曰马成之山，其上多文石，其阴多金玉。有兽焉，其状如白犬而黑头，见人则飞，其名曰天马，其鸣自詨。"[19] 这种天马在明代被视作瑞兽。成书于明代万历三十五年（1607 年）王圻及其子王思义编纂的《三才图会》"鸟兽卷之三十四"天马图说明文字曰："天马，马成山兽。状如白犬，黑头，见人则飞，不由翅翼，名曰天马。其鸣自呼，见则丰穰。"[20] 穰乃丰盛之意，认为天马出现，就会天下太平、五谷丰登。

　　文鳐鱼（**图 13**），形状似鲤鱼，鱼身而鸟翼。晋代郭璞撰《山海经·卷二·西山经》曰："西山经，华山之首，曰钱来之山。其上多松，其下多洗石……又西百八十里，曰泰器之山。观水出焉，西流注于流沙。是多文鳐鱼、状如鲤鱼，鱼身而鸟翼，苍文而白首，赤喙，常行西海，游于东海，以夜飞。其音如鸾鸡，其味酸甘，食之已狂，见则天下大穰。"[21] 文中"见则天下大穰"是说文鳐鱼一旦出现，天下就五谷丰盛。宋代罗愿撰《尔雅翼》（卷三十"释鱼"之"鳐"）曰："文鳐鱼，出南海，大者长尺余，有翅与尾齐，一名'飞鱼'，群飞水上，海人候之，当有大风。《吴都赋》云：'文鳐夜飞而触纶是也。'《西山经》曰：'鳐鱼状如鲤，鱼身鸟翼，苍文白首赤喙，常从西海游于东海，以夜飞，音如鸾。见，大穰。'"[22]

　　对比观察可以发现，2014 年景德镇市珠山龙珠阁北麓所谓明代"空白期"地层出土瓷器上的海兽纹明显带有宣德朝御窑瓷器上的同类纹饰风格，宣德朝御窑青花碗、盘、

图 12　明代正统至天顺御窑青花瑞兽纹碗上所绘天马纹

图 13　明代正统至天顺御窑青花瑞兽纹碗上所绘文鳐鱼（右上角）

高足碗、高足杯、蟋蟀罐等器物上常见海水瑞兽纹，其中的天马纹便与 2014 年出土瓷器上的天马纹风格相似。因此，2014 年出土的青花海兽纹瓷器，似受到宣德朝御窑瓷器上的同类纹饰影响，应属于正统朝御窑产品。

第二类遗物主要有青花云纹锥拱龙纹碗、盘、高足碗，青花海水龙纹碗、盘、高足碗，青花婴戏纹碗、盘、高足碗，青花团花纹碗、盘、高足碗，以及梨形壶、长颈瓶等，还有青花双狮戏球图盘等。这类瓷器的胎、釉、青料、纹饰等与第 7 层出土的成化朝御窑青花瓷器风格相似，因此，这类瓷器应属于天顺朝御窑产品。

这一时期的民窑器亦不乏精美之作，且所绘纹饰颇具时代特征。如正统青花罐或梅瓶上的孔雀牡丹图。天顺青花罐或梅瓶上以大片云雾幻景做陪衬的人物故事图等，所绘人物潇洒飘逸，犹如在仙境中漫游。

从考古发掘出土实物和传世实物看，明代正统、景泰、天顺三朝瓷器有以下几个特点。

第一，产量大、质量精。由于以往人们将这三朝称作中国明代瓷器发展史上的"空白期""空白点""黑暗期"等，因此，一提这三朝瓷器，给人的感觉似乎是没烧造多少瓷器，而且即使有，其质量也不会太好。但传世品和景德镇市珠山明代御器厂遗址及他处墓葬、遗址出土实物标本均表明，这三朝无论御窑还是民窑的产量均很可观，而且质量也不差。

第二，宣德朝和成化朝御窑瓷器上均普遍署正规年款，这一制度的实施，为研究正统、景泰、天顺三朝瓷器提供了难得的条件。由于宣德朝结束后就是正统朝，天顺朝结束后就是成化朝，因此，正统朝瓷器必然带有宣德朝瓷器遗风，而成化朝瓷器必然带有天顺朝瓷器遗风。既然如此，那么对于这三朝瓷器年代确定的原则应为：与宣德朝瓷器风格相似但又不署正规年款的瓷器，可考虑是正统朝产品；反之，与成化朝瓷器风格相似而又不署正规年款的瓷器，可考虑为天顺朝产品。推而论之，既有正统朝瓷器风格又兼具天顺朝瓷器风格，而且不署正规年款的瓷器，就应考虑是景泰朝产品。试想，如果宣德和成化朝御窑瓷器也像正统、景泰、天顺三朝瓷器一样均不署正规年款，那一定会对辨识正统、景泰、天顺三朝瓷器带来更大困难。

第三，尝试制作大件器物但成品率不高。这三朝的大件瓷器主要产于正统朝，从对景德镇市珠山明代御器厂遗址进行考古发掘所获得的实物标本看，主要有龙缸、花盆、绣墩、盘等。特别是龙缸、花盆（图 14）、绣墩（图 15），其形体之大，在整个明代可谓绝无仅有。由于大件、厚重器物的成型和烧成难度都很大，致使废品率颇高，传世品中很少见。景德镇珠山出土有数吨正统朝御窑青花海水云龙纹大缸残片，最终只复原了两件。

第四，纹饰颇具时代特点。这三朝御窑瓷器上的纹饰既有与宣德、成化朝御窑瓷器上的纹饰相似者，也有具有本朝特点者。具有本朝特点者归纳如下。

其一，藏传佛教"八吉祥"中"鱼"的画法特殊。这三朝青花瓷器上轮、螺、伞、盖、花、罐、鱼、肠等八种吉祥物中的"鱼"有画成单鱼者（图 16），而其他朝代一般画成双鱼。

其二，成批出现单独以海水纹作主题纹饰的御窑瓷器（图 17）。其他朝代一般海水与龙、瑞兽等相伴，或将海水与其他纹饰搭配，或单独将海水用作边饰。见有宣德青花海水纹渣斗（图 18），腹部以海水纹装饰，颈部绘蕉叶纹。

其三，松竹梅"岁寒三友"多从海水怪石中长出（图 19），其他朝代一般从地上长出，或以折枝形式表现。

其四，大量出现团花纹装饰（图 20）。明代洪武、永乐、宣德御窑瓷器上很少见有团花纹装饰，成化御窑瓷器上才较多出现，而且署有正规的成化年号款。

其五，大量出现海水龙、云龙（图 21）、海水瑞兽纹装饰。这或许与这三朝天灾人祸不断有关，人们希望借助龙和各种瑞兽来祛邪、消灾、避难、祈福。

其六，正统朝非御窑青花罐上大量出现孔雀牡丹图案，罐的造型、纹饰画法以及底足处理工艺明显带有元代青花罐风格（图 22～图 25），究竟是何原因？这与正统朝蒙古瓦剌部不断侵扰、正统十四年发生"土木之变"致使英宗朱祁镇被俘有无关联，值得我们深思。

第五，关于这三朝御窑瓷器上不署正规年款的原因，有人认为"与年号更换频繁、宫廷厉行节俭等客观因素有

图 14　明代正统至天顺青花海水瑞兽图花盆

图 15　明代正统至天顺青花镂空松竹梅图绣墩

图 16　明代正统青花缠枝莲托八吉祥纹碗

图 17　明代正统青花海水纹盘

图 18　明代宣德青花海水纹渣斗（台北
故宫博物院藏）

图 19　明代正统至天顺青花松竹梅纹盘

图 20　明代正统至天顺青花团花纹盘

图 21　明代正统青花云龙纹盘

图 22　元代青花孔雀牡丹图罐（大英博物馆藏）

图 23　明代正统青花孔雀牡丹图罐（香港天民
楼藏）

图 24　元代青花鬼谷下山图罐之外底

图 25　明代正统青花孔雀牡丹图罐之外底

图 26　明代正统青花云龙纹缸
（顾德威先生捐献，上海博物馆藏）

图 27　明代天顺斗彩鸳鸯莲池图碗及器底

图 28　明代天顺斗彩鸳鸯莲池图墩式碗

图 29　明代正统斗彩鸳鸯莲池图碗及器底（半成品）

关……此时期，御器厂纪年款识的书写尚未形成定制，故而正统景泰天顺三朝呈现出没有御器厂纪年标准器的状况"[23]。笔者对此观点不敢苟同。因为明代御窑瓷器上署正规年款早在永乐朝就成为定制，但尚未全都署款。宣德、成化朝御窑瓷器上基本都署款。江建新先生则认为"正统皇帝九岁登基，登基时还非常年轻，他的母亲张太后担心他学父亲会玩物丧志，就把宫里好玩的东西都打掉，希望正统皇帝可以向洪武皇帝学习、效仿先朝简朴、摈弃父亲那一代的奢侈之风，后来就不写款了"。这似乎可以聊备一说，但理由恐怕也不足够充分。因为正统皇帝朱祁镇如果真想在烧造御用瓷器方面节俭，那就不应该大量烧造制作难度很大的青花云龙纹缸，虽然流传至今的传世品凤毛麟角，如上海博物馆收藏一件（图26），但景德镇珠山明代御窑遗址出土残片标本数量却很惊人，这需要耗费巨大的人力、物力和财力。

第六，通过类型学比较研究，有助于人们对一些不署正规年款瓷器的年代进行重新审视。以往囿于考古资料限制，人们对于这三朝御窑瓷器不认识，所以也只能将风格类似宣德御窑瓷器者定为宣德御窑产品，风格类似成化御窑瓷器者，定为成化御窑产品。今天，经过考古发掘出土的大量实物摆在我们面前，我们应该实事求是、与时俱进，还这三朝御窑瓷器以本来面目。例如，故宫博物院收藏一件斗彩鸳鸯莲池图碗（图27），不署年款，其年代一直被定为成化。2016 年 5 月 16 日在中贸圣佳国际拍卖有限公司举行的春季拍会上，出现一件斗彩鸳鸯莲池图墩式碗（图28），不署年款，其年代亦被定为成化。1988 年景德镇市珠山西侧明代御器厂遗址出土了这种碗的半成品残片（图29），系与正统朝云龙纹缸一起出土。1996 年笔者曾撰文指出故宫博物院收藏的这件碗是正统御窑产品[24]，但有专家仍坚持认为这

 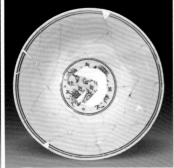 

图30 明代成化斗彩鸳鸯莲池图碗及器底

图31 明代天顺青花海水瑞兽图碗残片

图32 明代成化青花海水瑞兽图碗（台北故宫博物院藏）

图33 明代正统祭蓝釉铺首耳罐及器底（安阳博物馆藏）

图34 明代正统祭蓝釉白龙纹梅瓶及器底

种碗是成化朝御窑产品。后来，笔者见到景德镇珠山明代御器厂遗址出土的这种碗有署成化年款者（图30），即在碗的外底署有青花楷体"大明成化年制"六字双行款、外围青花双圈，证明不署正规年款的这种碗确应是所谓"空白期"产品。但近来笔者一直在考虑这种不署年款的斗彩鸳鸯莲池图碗究竟是正统朝还是天顺朝御窑产品。上述谈到笔者曾同意将这种碗的年代定为正统，是基于考古发掘成果，但从其胎、釉、彩等特征看，似乎更接近成化御窑产品，考虑到人们曾一直将其年代定为成化朝，笔者认为将其朝代定为天顺似乎更合理。再有传世品中有些不署年款的青花海水龙纹或青花海水瑞兽纹盘、碗、以往均被定为成化御窑产品，2014年景德镇市珠山北麓明代御器厂遗址出土大量这类盘、碗的残片标本（图31），而我们检视一下可以发现，成化御窑烧造的这类器物署有正规年款（图32），因此将这类不署正规年款瓷器的年代定为天顺似乎更合理。

第七，考古发掘出土的正统、景泰、天顺三朝御窑瓷器品种有青花、青花加矾红彩、矾红彩、青釉、白釉、白釉绿彩、斗彩瓷等，从传世品看，还应有祭蓝釉瓷（图33）、祭蓝釉白花瓷（图34）等。

综上所述、明代正统、景泰、天顺三朝，景德镇无论御窑还是民窑不但没停止烧造，而且产量都很可观，质量也都不逊于明代其他各朝瓷器。通过排比梳理可以发现，这三朝瓷器在造型、纹饰、制作工艺等方面均有特点。因此，这三朝瓷器堪称明代乃至整个中国陶瓷发展史上不可或缺的重要一环。目前，对这三朝景德镇瓷器的研究虽已取得丰硕成果，但仍有不少问题困扰学界，特别是景泰朝瓷器的确认，面临很大困难。笔者深信，随着考古资料的不断增多和科学技术手段在古陶瓷研究领域的运用，人们对这三朝瓷器的研究将不断深入，这三朝景德镇瓷器的面目亦必将愈来愈清晰。

注　释

1　（清）张廷玉等撰：《明史》，卷八十二"志第五十八·食货六·烧造"，中华书局，2001年。

2　《明实录·明英宗实录》，卷之二十二"正统元年九月乙卯"，台北"中央研究院"历史语言研究所，1967年。

3　《明实录·明英宗实录》，卷之四十九"正统三年十二月丙寅"，台北"中央研究院"历史语言研究所，1967年。

4　（清）张廷玉等撰：《明史》，卷八十三"志第五十八·食货六·烧造"，中华书局，2000年。

5　《明实录·明英宗实录》，卷之七十九"正统六年五月己亥"，台北"中央研究院"历史语言研究所，1967年。

6　《明实录·明英宗实录》，卷之八十四"正统六年十月丙戌"，台北"中央研究院"历史语言研究所，1967年。

7　《明实录·明英宗实录》，卷之八十六"正统六年闰十一月己丑"，台北"中央研究院"历史语言研究所，1967年。

8　《明实录·明英宗实录》，卷之一百五十八"正统十二年九月戊戌"，台北"中央研究院"历史语言研究所，1967年。

9　《明实录·明英宗实录》，卷之一百六十一"正统十二年十二月甲戌"，台北"中央研究院"历史语言研究所，1967年。

10　郭子章：《豫章大事记》，（清）谢旻等监修：《江西通志》（卷二十七），辑入《景印文渊阁四库全书》第五一三册，（台湾）商务印书馆发行，1986年。

11　（明·嘉靖）王宗沐纂修、（明·万历）陆万垓增纂：《江西省大志·陶书》，中国国家图书馆藏善本书。

12　《明实录·明宪宗实录》，卷之三百九"天顺三年十一月乙未"，台北"中央研究院"历史语言研究所，1967年。

13　《明实录·明宪宗实录》，卷之一"天顺八年正月乙亥"，台北"中央研究院"历史语言研究所，1967年。

14　（清）张廷玉等撰：《明史》，卷二十八"志第四·五行一·水之水潦"，中华书局，2000年。

15　（清）张廷玉等撰：《明史》，卷三十"志第六·五行三·金土之恒旸"，中华书局，2000年。

16　（清）张廷玉等撰：《明史》，卷二十八"志第四·五行一·水之螟螣"，中华书局，2000年。

17　（清）张廷玉等撰：《明史》，卷八十二"志第五十八·食货六·烧造"，中华书局，2000年。

18　（晋）郭璞撰：《山海经》，辑入《景印文渊阁四库全书》第1042册，（台湾）商务印书馆发行，1985年。

19　（晋）郭璞撰：《山海经》，辑入《景印文渊阁四库全书》第1042册，（台湾）商务印书馆发行，1985年。

20　（明）王圻、王思义编纂：《三才图会》，文物出版社，2018年。

21　（晋）郭璞撰：《山海经》，辑入《景印文渊阁四库全书》第1042册，（台湾）商务印书馆发行，1985年。

22　（晋）罗愿：《尔雅翼》，吉林出版社，2005年。

23　杨君谊：《明"空白期"御器厂不署纪年款原因探析》，《装饰》2015年第12期。

24　吕成龙：《明正统斗彩鸳鸯卧莲纹碗考辨》，《收藏家》1996年第2期。

Recent Understanding of the Jingdezhen Ceramics in the Periods from Zhengtong to Jingtai and Tianshun Reigns of Ming Dynasty

Lv Chenglong

Abstract

The Zhengtong, Jingtai and Tianshun reigns lasted 29 years in the Ming dynasty. In terms of ceramic studies, this era is called the 'Interregnum' period, representing a complete absence of 'reign marks' on known Imperial ceramic products. However, on the basis of historical account, no evidence could demonstrate that there was a gap of ceramic manufacturing of both Imperial and common ceramic industries. This paper aims to present the recent understanding of the 'Interregnum' period ceramics, based on the previous studies, the historical and archaeological outcomes, and my personal research in the past three and half decades. In terms of production qualities and quantities in the Zhengtong, Jingtai and Tianshun reigns, both imperial and common ceramics reached a high level and formed their own characteristics. Not only did the Imperial kilns at that era produce the large bowls with dragon patterns, large flower pots, large garden seats and big dishes, these ceramic wares particularly were also featured by their huge-sizes and unique shapes. There were also some other features. For example, the wave patterns became the main motifs on many porcelains, and pattern of the Three Friends of Winter (pines, prunus and bamboo) and the wave and rocks was also typical. In summary, the chronology of this era appears that the Imperial ceramics in Zhengtong reign bears strong similarities with the Imperial ceramics of Xuande, and the Tianshun ceramics are similar to Chenghua ceramics. The Jingtai ceramics can be therefore securely identified to the era between the Zhengtong and Tianshun reigns.

Keywords

'Interregnum' period, Zhengtong, Jingtai, Tianshun, Jingdezhen ceramics

从考古资料看正统、景泰、天顺时期的
御窑制度

王光尧

图 1　正统青花云龙纹缸标本
（景德镇御窑遗址出土）

正统、景泰、天顺时期处在宣德和成化时期之间，是明朝早中期的分界点。具体到景德镇御窑及其产品，无论是宣德时期还是成化时期的窑事与御窑瓷器，从明代开始就已经受到极大的关注，20 世纪 70 年代以后景德镇御窑遗址的出土资料也从考古地层学和类型学上证明了文献的可信。然而、关于正统、景泰、天顺时期御窑烧造，虽官私文献都有记载，但有研究者却片面地从瓷器实物的风格学研究出发，根据该时期没有规矩年款（或官款），认为正统、景泰、天顺时期是明代御窑烧造之"空白期"或"黑暗期"。此说虽在陶瓷研究领域产生了较大的影响，但忽视文献的研究方法明显不对，其错误显而易见，结论也为史家所不屑[1]。本文在观察明代宣德到成化时期景德镇御窑生产情况的基础上，立足实物资料和文献记载，综合龙泉御窑的情况，并从明代宫廷物料征办制度出发，就该时期的御窑制度谈一些粗浅的看法。

一、景德镇御窑遗址的考古发现与正统至天顺时期的窑事

从 1988 年开始，在景德镇御窑遗址西南角出土了正统青花云龙纹缸（图1）、青花海马纹四铺首器座、青花海水纹碗、青花海水纹高足碗、青花海水纹盘等，至 1990 年又相继出土有青花海水纹盘等。受各种条件限制，当时只是抢救性收集了出土标本而没能进行系统的考古发掘，刘新园先生通过类型学排比和标本出土地点显示的地层关系，认定 1988 年在御窑遗址西南角出土的这批青花瓷器在青花特征和纹样风格上介于宣德和成化之间，进而认定大批量出土的青花云龙纹缸就是正统五年（1440 年）烧造的青花白地龙缸，也就是王振认为有璺的不合格品[2]，此说得到学界一致认同。

正统五年北京皇宫"宫殿告成，命造九龙九凤膳案诸器，既又造青龙白地花缸，王振以为有璺、遣锦衣指挥杖提督官，敕中官往督更造"[3]，据这条文献，此次烧造当是"九龙九凤膳案诸器"的任务完成后"又造青龙白地花缸"。从景德镇御窑的烧造历史和技术看，到宣德时期，不仅烧造习用的瓶、罐和各式碗、盘、高足器乃至烛台等技术已非常成熟，而且对各种釉色的把握也已经得心应手，所以日常所见的"九龙九凤膳案诸器"应该是可以完成的，有璺不达标者只有青龙白地花缸。出土资料和文献所见正统时期御窑烧造之事得以互证。

循此，明代官私文献中与烧造御用瓷器相关的记载都值得我们思考：

《明英宗实录》卷二二载：正统元年（1436 年），"江西浮梁县民陆子顺进瓷器五万余件，上令送光禄寺充用，赐钞偿其直"。

《明英宗实录》[4]记载正统三年（1438 年）十二月丙寅"命都察院出榜，禁江西瓷器窑场烧造官样青花白地瓷器于各

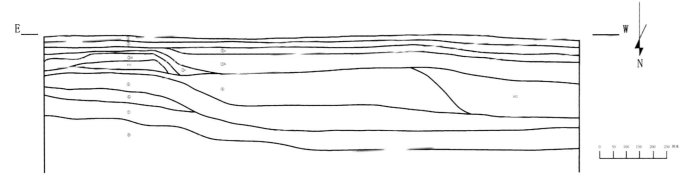

图 2　2014 年景德镇御器厂龙珠阁北麓探沟南壁剖面图

处货卖及馈送官员之家，违者正犯处死，全家谪戍口外"；正统十二年（1447 年）十二月复"禁江西饶州府私造黄、紫、红、绿、青、蓝、白地青花等瓷器。命都察院榜谕其处，有敢仍冒前禁者，首犯凌迟处死，籍其家资，丁男充军边卫，知而不以告者连坐"。

　　正德《大明会典》卷一五七"工部十一·窑冶"："岁造：内府供用库，每年该用磁坛一千五百个，光禄寺每年该用缸坛瓶共五万一千八百五十个只，俱分派河南布政司并直隶真定府烧造。……正统元年奏准减省烧造，供用库每岁止派磁坛七百五十个。景泰五年奏准光禄寺瓶坛以三分为率，二分以本寺日进月进内府并赏内外官，瓶坛俱令尽数送寺备用，量派一分以省民力。"[5] 万历《大明会典》卷一九四"凡江西烧造全黄并青绿双龙凤等瓷器、送尚膳监供应。其龙凤花、素、圆、扁瓶、罐、爵、盏等器，送内承运库交收光禄寺领用……凡停减烧造。正统元年奏准、供用库瓷坛每岁止派七百五十个。景泰五年奏准、光禄寺日进月进内库、并赏内外官瓶坛、俱令尽数送寺补用。量减岁造三分之一。天顺三年奏准、光禄寺素白瓷龙凤碗楪、减造十分之四"[今按：正统元年（1436 年）、景泰五年（1454 年）所记可能是河南、河北各州供应瓷器的情况，虽与御窑瓷器无涉但也可说明该时期的窑制仍在旧有系统下]。

　　《明宪宗实录》天顺八年（1464 年）正月条记载"江西饶州府、浙江处州府，见差内官在彼烧造磁器，诏书到日，除已烧造完者照数起解，未完者悉皆停工。差委官员，即便回京，违者罪之"。

　　综合这些记载，正统、景泰、天顺时期，不仅宫廷用瓷或御用瓷器的征办一直未曾停止，而且还在制度式地进行，对御用瓷器的管理与垄断仍然较严格。

　　2014 年因珠山北麓御窑遗址保护棚的改扩建工程需要，景德镇市陶瓷考古研究所随工进行清理工作，尤其是在旧的保护棚南墙外、即 2002~2004 年发掘的探方南壁，珠山山体进行施工时发现了自成化到正统、景泰、天顺时期再到宣德时期依次叠压的窑业堆积层，首次在考古地层学上找到了从宣德时期到成化时期连续烧造的证据。

　　根据景德镇市陶瓷考古研究所发表的发掘简报公布的地层（图2）以及我们在遗址现场的观察，靠东部的探方第 7 层是成化时期的堆积，第 8 层较厚且包含物丰富，不同的纯瓷片堆积之间还有薄红烧土间隔，说明形成堆积的时间不一。在该探方的西部邻方，发现除包含物、土质土色可以和上述第 7 层、第 8 层统一地层外，再下是宣德及更早时期的地层堆积。但是在该方相当于上述第 7 层即成化层中和成化款器物同出的还有大量的五彩和斗彩镂孔绣墩残片（图3），该层成为我们断定何为天顺时期堆积层的关键。该层中署有成化款的瓷器自然是成化时期的御窑产品，不署款的镂孔绣墩残片有可能和同出的成化瓷器同时生产，当然也有可能早于成化时期。不过，考虑到《明宪宗实录》天顺八年正月成化皇帝即位诏书中的条载"江西饶州府、浙江处州府，见差内官在彼烧造磁器，诏书到日，除已烧造完者照数起解，未完者悉皆停工。差委官员，即便回京，违者罪之"，督陶的太监奉诏回京时一方面必须把成品起运北京，一方面则立即停工。由于正品之外的落选品和残次品在生产过程和挑选时业已销毁（这一点下一节再详论），所以太

图 3　2014 年珠山北麓成化地层

监离厂回京时，无论是景德镇窑厂还是处州窑厂都不可能保存有完整的御用瓷器留待后来者销毁，故而可以肯定，上述地层中与成化款瓷器同出的五彩和斗彩镂孔绣墩残片肯定不是天顺时期的御窑遗存，而是成化时期的御窑产品。其下的第 8 层因所包含瓷器不仅在器物类别、造型、纹样以及青花呈色等方面都与宣德时期和成化时期的典型器有异，甚至在青花原料的配比上也处于宣德时期和成化时期的发展链上[6]，说明定第 8 层为正统到天顺时期窑业堆积的结论可从。

二、正统、景泰、天顺时期的御窑制度

景德镇御窑遗址出土有大量的正统至天顺时期的御窑瓷器，还发现有该时期御窑生产的窑业堆积层，这无疑为探讨该时期的御窑制度提供了第一手的资料，再综合文献，约略可以归纳出以下几条当时的御窑制度。

首先是管理生产的官员又完成了一次从地方官管理到太监督陶的轮换。

从洪武二十六年（1393 年）开始，"供应器皿"类的瓷器是命令饶州和处州的地方官管理，这既有文献记载[7]，也有瓷器上的铭记可证[8]。永乐时期工部官员祁鸿被派到景德镇窑场视事[9]，是中央派专员至景德镇管理烧造事务之始。永乐二十二年（1424 年）八月十五日仁宗皇帝《即位诏》称"烧造磁器、采办黎木板、及造诸品……等项悉皆停罢，其差委官员，即便回京"[10]，负责烧造瓷器的官员是由中央"差委"。

洪熙元年（1425 年）九月己酉"命行在工部江西饶州府烧造奉先殿太宗皇帝几筵、仁宗皇帝几筵白磁祭器"[11]，综合《明史》记载，此次往江西烧造瓷器的除工部官员外还有内官张善[12]，张善成为第一位赴景德镇督陶的太监。前引《明宪宗实录》天顺八年正月成化皇帝即位诏可证，下诏前有太监在景德镇和龙泉窑场负责烧造御用瓷器。《浮梁县志》载正统至天顺时期督陶官员的来源变化不定：宣德中以营缮所丞专督工匠，正统初罢，天顺元年委中官烧造[13]，明示只有天顺时期是太监负责御窑烧造事。但是据《明史》正统五年烧造"九龙九凤膳案诸器。既，又造青龙白地花缸。王振以为有璺，遣锦衣指挥杖提督官，敕中官往督更造"，可知此次烧造之初极有可能是地方官"提督"而已，在这次事件后，王振才改派太监至景德镇重新烧造，但这次改派太监赴饶州，发生在什么时间，查《明英宗实录》正统九年（1444 年）五月丁卯"江西饶州府造青龙白地花缸，瑕璺不堪。太监王振言于上，遣之锦衣卫往仗其提督官，仍敕内官，赍样赴饶州更造之"，说明正统五年造膳案诸器，到九年五月已有青花白地花缸烧成，因质量问题改由太监前往饶州烧造，即正统九年开始恢复太监赴景德镇督陶。

需要强调的是，由于大龙缸的烧造难度，太监衔命到景德镇"更造"青花云龙纹缸，不管是否完成了王振交办的任务，都必然会出现大量的残次品和落选品，所以景德镇御窑遗址出土的青花云龙纹缸残片，至少是两个批次的产品，分别是地方官负责的不成功之作和正统九年太监至景德镇"更造"时的物证。

其次，是实行严格的官样和生产数目制度，以及在宫廷和窑场之间存在共同的模数。

明代御窑生产有官样和烧造数目制度从洪武二十六年始[14]，宣德八年（1433 年）景德镇烧造龙凤纹瓷器四十四万三千五百件，系由尚膳监发出样式[15]。景德镇御窑遗址考古资料显示，在宣德时期的御窑瓷器中，既有同样的纹样见于不同的器型，也有同样的造型使用不同的釉色或不同的纹样。同时，对比景德镇窑、龙泉窑、钧窑和磁州窑在宣德时期烧造的御用瓷器中，同样的造型、同样的纹样比较习见，这说明当时不仅在某一窑场生产御用瓷器时要根据官样生产，而且在不同的窑场也使用同样的官样。到正统至天顺时期，景德镇御窑遗址出土资料显示，不同釉色品种之间往往有造型、纹样、大小完全相同的器物。而斗彩满池娇纹、云龙纹、龙凤纹、青花海水白龙纹、青花海兽纹、松竹梅纹、各式阿拉伯花纹、方胜纹等习见的纹饰，被用于各式碗、各式盘、玉壶春瓶、扁壶、鸡心壶、梨形执壶甚至是绣墩上，这说明进行生产时是照官样进行装饰的。同时，上述各种器物，虽然器类、造型、大小均不同，但是往往有使用同一种纹样者，更有甚者是同一纹样图案又往往使用青花、斗彩、红绿彩、白釉暗刻、仿龙泉青釉暗刻甚至是暗

刻加青花或釉上矾红彩等装饰工艺完成，这是官样约束生产的进一步物证。至于王冠宇博士在中国国家博物馆的藏品中发现了与景德镇御窑遗址出土的青花瑞兽纹化盆造型相同的龙泉窑青釉刻花花盆[16]，以及故宫博物院收藏的龙泉窑青釉双狮戏球纹绣墩（图4）的纹样和底足造型分别类同景德镇御窑遗址出土的青花双狮戏球纹盘、青花瑞兽纹花盆，均表明在正统、景泰、天顺时期景德镇和龙泉两处窑场在烧造御用瓷器时使用了相同的官样，这和元代以来到永乐、宣德时期的情况相同。至于该时期景德镇御窑瓷器上不署年款，或许是正统时期执政者对宣德时期御窑制度的改变和向洪武、永乐早期旧法的回归。

然而，在宫廷和窑场之间何以实现官样知识的传递，明代文献无载，参阅故宫博物院收藏的清代彩绘纸本官样，可以知道每一个图案下发后随文说明诏命要烧造的器物类别以及数量[17]。通过彩绘纸质官样，宫廷虽然下达了烧造器物类别的名称和数目、体量，但在名称之外并没有器物造型的描述，景德镇御器厂在接到官样后能完成任务，说明下令端和生产端存在一个根据器物名即可能明晰的生产模数。明代是否如此虽无文献可征，但或可类推。

第三，是对御窑产品的垄断制度。

洪武二十六年"供应器皿"概念的出现，标志着宫廷用瓷器从宋元以来的旧制中析出。景德镇御窑遗址考古资料表明，永乐时期对落选品、残次品均集中处理，与宣德时期集中打碎处理的情况相同。文献记载，因烧造御用瓷器于宣德二年（1427年）诛督陶太监张善并"枭首以徇"，根本原因是张善私下把御用瓷器送人，冒犯了皇帝对御用瓷器的垄断权[18]。正统三年、十二年两次下诏禁景德镇窑户仿烧官样瓷器，这一方面说明当时违禁者较多，另一方面也说明皇家对官样和御用瓷器的垄断不曾放松。同时从考古资料看，前述景德镇窑场发现的正统时期的青花云龙纹缸，以及正统至天顺时期大量的御用瓷器，很多都有明显的人为打碎的痕迹，说明集中打碎处理落选品或残次品的方法在该时期仍然存在。

第四，是景德镇和龙泉两处御窑并存。

据洪武二十六年的规定，饶州景德镇窑和处州龙泉窑同时开始烧造供应器皿，有景德镇御窑遗址和龙泉大窑枫洞岩窑址出土大量的洪武、永乐、宣德时期的瓷器佐证。而前引《明宪宗实录》天顺八年正月条"江西饶州府、浙江处州府，见差内官在彼地烧造瓷器，诏书到日，除已烧造完者照数起解，未完者悉皆停工。差委官员，即便回京，违者罪之"，更是明确说明天顺时期景德镇和龙泉都在烧造御用瓷器，而且都有太监督陶。在明初，曾经受命专门为皇帝烧造御用瓷器的窑场至少有景德镇、龙泉、磁州、钧州四处，而且这四处窑场是对元代旧有的官营手工业财产的直接继承。从故宫博物院等单位收藏的瓷器看，直到宣德时期，景德镇、龙泉、磁州、钧州四处一直使用同样的官样烧造御用瓷器，如磁州窑的印龙凤纹如意耳扁瓶、景德镇窑场的青花和白瓷各式花纹如意耳扁瓶以及新发现的钧窑如意耳扁瓶（图5）造型相同；景德镇窑场的青釉、白釉带座梅瓶，与龙泉窑青釉带座梅瓶造型类同；景德镇窑场的钟式花盆和盆奁与钧窑场的钟式花盆和盆奁造型相同；磁州窑的白釉暗花出戟尊与钧窑各色釉出戟尊造型相同。至于在龙泉窑和景德镇窑洪武、永乐、宣德时期的盘、碗等器物上表现的造型和纹样相同，都无一不是在表明，从景德镇到龙泉，再到磁州、钧州，窑场所在地虽异，但所生产的御用瓷器则有同一官样，是四处御窑共存的证据之一。

第五，是宫廷或中央政府对景德镇民窑户的掌控与管理。

从考古发现和已知资料看，洪武到宣德时期景德镇民窑场的生产技术与官窑场有相当大的差距，所以在景德镇建立御窑后，垄断产品的手段是对管厂官员的严格管理和对御窑瓷器的严格管理，表现为不许御窑瓷器流向民间、集中打碎处理。但是，御窑生产直接带动了景德镇民窑场技术的提高。从正统三年、十二年的两次禁令看，此时景德镇民窑场已经有能力烧造和官窑产品相同的各式各色地的官样青花瓷器，并引起了官方的注意，或部分引入民窑户烧造御用瓷器。

景德镇民窑违禁仿烧的官样青花瓷器的流向是"于各处货卖及馈送官员之家"，透露出官员权势人家在使用违禁产品，正统时皇帝两次禁令都是只惩罚仿烧窑户而不从流向和使用人群下手，原因正在于此。再查历来明代早中期墓葬资料，只有明初的功臣墓和各地藩王家族墓才能出土高水准的青花瓷器，这或许可以为研究藩王墓出土瓷器的来源提供重要的信息。

《明英宗实录》正统元年载"江西浮梁县民陆子顺进瓷器五万余件，上令送光禄寺充用，赐钞偿其直"，这五万件并非官府窑场烧造的瓷器能送达皇宫足以说明其产品的质量称佳，而身为浮梁县一介平民的陆子顺，极有可能就是掌控一定的技术，而且拥有大量家产（一次能聚齐五万件高水平的景德镇瓷器）的窑户（瓷器生产投资人）。陆氏是否有违禁仿烧官样瓷器并"于各处货卖及馈送官员之家"已不可考，但是违禁人群也基本可能就是类如陆氏的窑户。这一现象当然不只是出现在景德镇一处，从大窑枫洞岩窑址的考古成果看，该窑址在明初相当长时期内承担了烧造御用瓷器的任务，如果在该窑址和御用瓷器同出的"顾氏宗祠"铭瓷器残片可以确定[19]，说明顾氏家族的用器和御用瓷器同窑烧造，结合文献记载顾氏丰资财、结交官员的情况，可以推知顾氏家族也可能与陆子顺一样是参与御窑瓷器烧造的窑户（瓷器生产投资人）[20]。这种方式既合于明代宫廷物料征办的招商买办的旧法，也有可能是嘉靖时期开始官搭民烧方法的萌芽，或最早的试验。

三、正统、景泰、天顺时期窑政与成就对后来的影响

正统继位时，明朝建立已近 70 年，经洪武、永乐时期的努力，洪熙、宣德时期已号称盛世。正统五年三月诏建北京宫殿，至六年（1441 年）"十一月甲午朔，乾清、坤宁二宫，奉天、华盖、谨身三殿成，大赦。定都北京，文武诸司不称行在"[21]，开启明朝的一个新时代。直到正统十四年（1449 年）土木堡事变，这应该是明代历史上最值得称道的时段之一。

表现在窑事上，除了前述诸项外，景德镇御窑还学习其他御窑技术、试用新原料。

试用新原料集中表现在钴料的使用上，通过对景德镇御窑遗址出土的元朝和明朝洪武、永乐、宣德、正统至天顺、成化各期青花瓷器原料的化验，元朝及明朝洪武、永乐时代的青花基本采用进口的高铁低锰型钴料，宣德时期开始用高锰低铁型国产钴料与进口料配合，到正统、景泰、天顺时期已基本采用国产钴料[22]，说明到该时期烧造青花瓷器时已基本不受外来钴料制约。嘉靖《江西省大志》对进口料与国产料配合比例的记述，正是这种不间断努力的结果。国产料的采用，在经济层面无疑会节约大量的开支。

在宏观上我们可以把景德镇窑烧造高温铜红釉、仿龙泉青釉都视为学习钧窑和龙泉窑技术的表现，景德镇窑掌握铜红釉技术要早于掌握龙泉青釉技术。从景德镇御窑遗址考古发现标本看，当地学习龙泉青釉的过程经历了永乐、宣德时期，正统至天顺时期两个阶段。在永乐时期是用景德镇的传统青白瓷技术仿龙泉青釉，产品呈现翠青的特色；到宣德时期，直接模仿龙泉以便追求厚釉的效果，不仅出土的各种盘的造型和龙泉窑的产品相同，胎土也调配成青灰色，装烧方法也学习满釉、外底刮釉、涩圈采用支圈支烧，表明极有可能是来自龙泉的窑工参与了在景德镇仿烧龙泉青釉。当 2004 年我们在窑场考古发掘新见这类产品时，惊诧于它们与龙泉窑场产品的逼真度。然而，两窑产品的差别显见，为弥补不足，景德镇窑工开始了改进，如宣德时期把菱花口小碟施满釉后，足跟刮釉则采用景德镇传统的垫饼垫烧，在小碟内底写款，但产品仍是龙泉系的厚胎。到正统至天顺时期，从景德镇御窑遗址出土的仿龙泉青釉产品看，已完全实现本土化，薄白胎、足跟露胎、垫饼垫烧，在厚薄、精美程度上和景德镇御窑的其他同类器相同。而这种精美则是整个龙泉窑场的明代产品所无法企及的[23]。

正是由于景德镇御窑在正统至天顺时期的成就，该窑场已经有了代替磁州窑烧造白瓷、代替钧窑烧造铜红釉、代替龙泉窑烧造龙泉青釉的可能性，所以天顺八年以后龙泉窑场便不再承担御用瓷器的烧造任务。我曾论述这次改作和皇家的不再投入是造成龙泉窑场衰败的最主要原因。反观景德镇，从成化时期开始成为唯一的御窑所在，在皇家的持续投入和御窑技术带动下，景德镇民窑场的技术也得到提高，这一方面表现为在官府层面承认民窑场的技术和御窑相

同，并采用官搭民烧的方式烧造御用瓷器；另一方面是景德镇窑场的产品到明代中晚期开始垄断天下市场；再一方面，是海内外各窑场纷纷学习景德镇窑场的青花瓷器生产技术，进而形成了全世界的青花文化圈。在御窑的影响和带动下，景德镇不仅成为中国的瓷都，而且成为世界的景德镇。

皇家的投入与否决定着明代几个御窑场的兴衰，这也从另一个方面佐证明代为烧造瓷器和织造丝绸的巨额支出对国家财政的影响。在明代因烧造和织造所费较大，常受言官批判，清人编《明史》也视烧造和织造为有明一代最大"蠹政"。大臣、言官和后人都知道烧造和织造的支出与影响，明之最高统治者更会知道，所以在正统皇帝即位后，执政的文官集团（以"三杨"为代表）有所改作也是必然。景德镇御窑在该时期的成就，以及减少御用瓷器生产场所的努力，都应是改作的内容。景德镇御窑在该时期表现的研发（采用国产钴料）、学习龙泉，最终使景德镇承担全部御用瓷器的烧造任务，这既成为明代大御窑历史的重要转折点，是明代历史上关于烧造方面的最大变革，也可被视为当时财政改革在烧造方面的表现，和明代政治大变革相表里。

结　语

正统十四年土木堡事变是明代历史的界点，明代政治从正统至景泰时期多有变化，正是此历史大背景之下，正统至天顺时期的御窑也成为明代御窑史上承前启后的重要时期。

该时期的御窑，一方面继承永乐、宣德时期的旧法，保留不止一处烧造御用瓷器的窑场、实行官样制度、垄断御用瓷器等。另一方面，在决策层面已开始对旧有窑制进行改革，以便减少直接烧造支出，如试用新材料、把其他窑场的技术向景德镇御窑引进、为淘汰龙泉御窑做好技术方面的准备，甚至开始了从民窑户采办御用瓷器、开官搭民烧方式之先河，等等。正是通过正统至天顺时期的改革与努力，到成化时期景德镇御窑终于成为唯一的御窑，这不仅影响了中国瓷器生产的格局——景德镇成为中国的瓷都，而且其主流产品青花瓷器在占有全世界市场的同时也引导了世界范围内瓷器生产的走向。

对正统至天顺时期景德镇御窑产品的认定和窑制的研究，可证以往关于明代龙泉窑生产历史的分期和产品断代同样存在疏漏，所以在传世文物中认知该时期龙泉窑烧造的御用瓷器的面貌，以及确定该时期生产御用瓷器的龙泉窑址等，也成为研究龙泉窑的前沿课题之一。

注　释

1　关于所谓"空白期"的说法，只在关注景德镇御窑瓷器的研究群体中流行。

2　刘新园：《景德镇瓷窑遗址的调查与中国陶瓷史上的几个相关问题》，《景德镇出土陶瓷》，香港大学冯平山博物馆，1992 年。

3　（清）张廷玉等：《明史》，卷八二"食货六·烧造"，页 1998，中华书局，1974 年。

4　《明实录·明英宗实录》卷四九"正统三年（1438 年）十二月丙寅"；卷一六一"正统十二年十二月"。

5　《文渊阁四库全书》第 618 册。

6　景德镇陶瓷考古研究所：《2014 年珠山北麓的考古新发现》，故宫博物院：《明清御窑瓷器：故宫博物院与景德镇陶瓷考古新成果》，故宫出版社，2016 年。

7　正德《大明会典》卷一五七"工部十一·窑冶·陶器"："洪武二十六年定，凡烧造供用器皿等物，须定夺样制，计算人工物料。如果数多，起取人匠赴京，置窑兴工。设或数少，行移饶、处等府烧造。"《文渊阁四库全书》第 618 册；万历《大明会典》卷一九四"工部十四·窑冶·陶器"条。

8　景德镇御窑遗址出土各色釉"监工浮梁县丞赵万初"铭记瓦，赵万初是洪武二年到四年的浮梁县丞。对赵的具体论证可参阅刘新园先生的相关研究。

9　（乾隆）《浮梁县志》卷二"建置志"载："永乐间，部使祁鸿莅事至厂。"但祁鸿至景德镇视事具体时间不可考。

10　《皇明诏令》卷七"仁宗昭皇帝"永乐二十二年八月十五日《即位诏》，《续修四库全书》第 457 册。

11　《明实录·明宣宗实录》洪熙元年九月己酉条。

12　《明史》卷八二"食货六·烧造"条载："宣宗始遣中官张善之饶州，烧造奉先殿几筵龙凤文白瓷器，磁州烧造赵府祭器。逾年，善以罪诛，罢其役。"

13　（道光）《浮梁县志》卷八"食货"。

14　万历《大明会典》卷一九四《工部（十四）》"窑冶·陶器"条载"洪武二十六年定，凡烧造供用器皿等物，须定夺样制，计算人工物料。如果数多，起取人匠赴京，置窑兴工。或数少，行移饶、处等府烧造"。

15　万历《大明会典》卷一九四"凡江西烧造全黄并青碌双龙凤等瓷器、送尚膳监供应。其龙凤花素圆匾瓶罐爵盏等器、送内承运库交收、光禄寺领用。宣德八年、尚膳监题准、烧造龙凤瓷器、差本部官一员、关出该监式样、往饶州烧造各样瓷器、四十四万三千五百件"。

16　王冠宇博士在 2018 年秋香港中文大学文物馆举办的"填空补白 Ⅱ"展览学术研讨会上的发言。

17　故宫博物院：《官样御瓷》，紫禁城出版社，2007 年。

18　《明宣宗实录》宣德二年"十二月癸亥，内官张善伏诛。善往饶州监造磁器，贪酷虐下人不堪，所造御用器，多以分馈其同列、事闻、上命斩于都市，枭首以徇"。

19　在浙江省文物考古研究所等编著的《龙泉大窑枫洞岩窑址》（文物出版社，2009 年）中，将带此铭文的标本释读为"顾□祠堂"，后于《龙泉大窑枫洞岩窑址》（文物出版社，2015 年）中，释读为"颍川祠堂"。

20　关于促成把陆子顺与顾仕成对比并作进一步的思考，要感谢秦大树教授在 2018 年秋香港中文大学文物馆举办的"填空补白 Ⅱ"展览学术研讨会上的提问。

21　《明史》卷一〇《英宗前纪》。

22　故宫博物院、景德镇市陶瓷考古研究所：《景德镇元、明时期青花瓷器所用钴料的成分特征研究》，本书页 356。

23　故宫博物院：《明清御窑瓷器：故宫博物院与景德镇陶瓷考古新成果》，图版 154~161，故宫出版社，2016 年。

The Imperial Kiln Administrative System in the Era from Zhengtong to Jingtai and Tianshun Reigns: A Discussion on the Archaeological Perspective

Wang Guangyao

Abstract

Based on the archaeological evidence from the Imperial Kilns of Jingdezhen and the associated historical accounts, and in light of discoveries from the early Ming Imperial Kilns in Longquan, this article argues that, in many ways, the Imperial Kiln system during the reigns of the Zhengtong, Jingtai and Tianshun Emperors maintained similar regulations to those observed in the preceding Xuande period. This continuity of regulations included: the location of production, as in both periods, the Imperial Kilns were located in Jingdezhen and Longquan; the forms and quantities of ceramics required by the central court; the organisation and management of production, as the local governors of the areas in which the kilns were located assisted in organising Imperial ceramic production, while eunuchs from the Imperial palace were sent to supervise the quality control; and the disposal of ceramics which failed to meet quality standards, as disqualified products were destroyed and buried. On the other hand, technical innovations also occurred during the Zhengtong, Jingtai and Tianshun periods as the Jingdezhen kilns made great strides in developing new techniques and applying skills learnt from other famous kilns. A highly likely explanation for these technical improvements is the aim of the Ming government to reduce the expenses associated with Imperial ceramic production by centralising production in Jingdezhen.

Keywords

Blue and white porcelain, Imperial administrative system, Ceramic techniques

"天顺年置"铭青花云龙纹碗的初步研究

故宫博物院　武汉博物馆

一、引言

　　武汉博物馆珍藏有一只明代"天顺年置"铭的青花云龙纹碗。碗高 7.2 厘米、口径 16.3 厘米、底径 6.2 厘米，胎体厚薄适中，敞口、弧壁、圈足。器内壁近口沿处饰青花双圈纹，碗心青花双圈内饰云龙纹，龙首闭口微翘，呈扁长方形，双眼在一个平面上，似比目鱼，龙须和顶部的毛发上扬，细颈，龙体较瘦，上附网状龙鳞，背上有鳍，龙趾为五爪，龙身周围衬以火焰云纹；外壁近口沿部绘有一圈菱格锦地纹，腹部主题纹饰为海水云龙纹，两两相对回首而舞，中间为"壬"字形云纹，龙首与龙身重合，可见前冲的龙须与顶部的毛发，龙脚细长，肘上亦有一撮毛发；下部饰海水江崖纹。整个器物虽有些不规整，但构图饱满、纹饰运笔流畅。釉面泛青、青花发色浓艳，有晕散的现象，色深之处布满黑色的铁锈斑，深入胎骨，手抚有凹凸不平之感。器心及内壁肉眼可见长短不一的细小划痕，应为使用过的痕迹。外底青花楷书"天顺年置"四字竖铭，笔锋苍劲、色泽浓重。

　　该碗出土于武汉市明代"镇国将军"墓[1]。2007 年 9 至 12 月，为配合武汉东湖高新区基本建设，武汉市文物考古研究所对该地区流芳二妃山进行了勘察和抢救性发掘。共发掘明代墓葬 21 座，出土各类文物 260 余件，其中陶瓷类文物以明代御窑、民窑瓷器为多。其中编号为 2007WDSM1 的墓葬，据出土墓志记载，墓主人是明楚昭王朱桢的孙子，崇阳靖简王朱孟炜的庶出第六子"镇国将军"朱季埁。该墓葬保存情况良好，未曾遭受盗扰。这是一座单室墓葬，墓室背北朝南。墓室前方是一条长约 3 米的斜坡墓道，墓道尽头是一道拱形的石质墓门，拱门上全是青砖垒成的门封。墓室内有一座石质贡台。贡台上有 20 余件保存基本完好的瓷器。贡台后是一个棺床，朱季埁的棺材置于其上。这 24 件出土瓷器保存基本完好，在湖北考古史上非常少见。其中"天顺年置"铭青花云龙纹碗尤为珍贵。明正统、景泰、天顺时期，景德镇御器厂瓷器不署年款，较难判定，传世品非常少见。武汉博物馆藏"天顺年置"铭青花云龙纹碗，因为有明确纪年，成为研究正统至天顺时期瓷器的重要资料。

　　鉴于"天顺年置"铭青花云龙纹碗具有极高的陶瓷断代研究价值，此次测试采用便携式 X 射线荧光能谱仪对其釉和青花纹饰部位进行了无损测试（图1）。此次测试之前，为了配合"明代正统、景泰、天顺御窑瓷器展"，故宫博物院与景德镇陶瓷考古研究所的科研人员已采用便携式 X 射线荧光能谱仪对景德镇落马桥元代青花以及明永乐、宣德、正统至天顺和成化时期的 140 件青花瓷器标本进行了无损测试，系统地揭示了景德镇元代和明永乐至成化时期青花瓷器釉和所用钴料的时代特征和发展规律。因此，本工作拟结合前期对景德镇出土青花瓷器所测结果以及明代"空白期"青花瓷器的时代特征和规律，首次揭示"天顺年置"铭青花云龙纹碗的釉料和钴料元素组成特征，以期更加科学地认识正统至天顺时期官窑青花瓷器的时代特征和发展规律。

图1　采用便携能谱仪对"天顺年置"铭青花瓷器进行无损检测

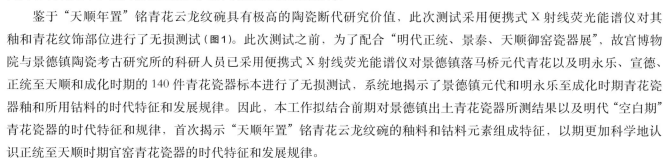

二、实验仪器与方法

采用美国赛默飞世尔公司出产的 Thermo scientific Niton XL3 型便携式 X 射线荧光能谱仪对"天顺年置"铭青花云龙纹碗的釉和青花纹饰部位进行无损测试。便携式 X 射线荧光能谱仪作为一种无损分析仪器，已广泛应用在陶瓷、玻璃和金属等各种考古材料的分析与研究上 [2~4]。在陶瓷科技考古方面，崔剑锋等人采用便携能谱仪对肯尼亚蒙巴萨耶稣堡出土的克拉克瓷、陕西蓝田北宋吕氏家族墓地出土青釉瓷以及吉林塔虎城遗址出土瓷器的产地进行了研究 [5]。王轶凌等人采用便携式 X 射线荧光能谱仪对越窑不同时期青瓷标本和南宋时期的类官窑青瓷标本的釉层元素组成进行了无损分析，科学揭示了历代越窑青瓷的制釉技术及时代发展规律，并探讨了南宋时期类官窑青瓷与传统越窑青瓷的差异 [6]。王三营等人对开封新街口出土唐宋时期的青白瓷和白釉瓷进行了无损分析，结果表明青白瓷为景德镇的产品，而白釉瓷应该为开封市周边相距较近窑址的产品 [7]。显然，作为一种无损检测古陶瓷胎釉元素组成的分析仪器，便携式 X 射线荧光能谱仪获得的数据不仅可以确定陶瓷标本产地的地域定位，同时也可以揭示其原料、工艺特征和时代变化规律，故越来越受到陶瓷考古和科技分析人员的重视。

三、结果与讨论

1. 釉的组成特征和发展规律

所测"天顺年置"铭青花云龙纹碗釉的元素组成含量列于表 1。同时为了对比，将所测元代青花、明永乐、宣德、正统至天顺以及成化时期青花瓷釉的平均含量值也一并列于表 1。

表 1 "天顺年置"铭青花云龙纹碗及元代、明永乐至成化青花瓷釉的元素组成平均含量值 （wt%）

部位	Al_2O_3	SiO_2	K_2O	CaO	TiO_2	MnO	Fe_2O_3
"天顺年置"铭青花云龙纹碗	9.43	69.82	5.02	3.34	0.03	0.00	0.51
元代青花	8.51	61.98	2.56	5.47	0.03	0.04	0.72
明永乐青花	8.14	60.95	3.44	4.65	0.02	0.03	0.69
明宣德青花	8.08	60.33	3.42	4.74	0.02	0.05	0.69
明正统至天顺青花	8.70	64.17	3.94	3.23	0.03	0.08	0.67
明成化青花	9.31	63.01	4.55	2.93	0.03	0.02	0.63

前期对景德镇元、明不同时期青花瓷器标本的测试结果表明：①元代青花瓷釉中氧化钾和氧化钙含量平均值为 2.56% 和 5.47%；②明永乐时期青花瓷釉氧化钾和氧化钙含量平均值约为 3.44% 和 4.65%；③宣德时期青花瓷釉氧化钾和氧化钙含量平均值约为 3.42% 和 4.74%；④正统至天顺时期青花瓷釉氧化钾和氧化钙含量平均值约为 3.94% 和 3.23%；⑤成化时期青花瓷釉氧化钾和氧化钙含量平均值约为 4.55% 和 2.93%。通过上述数据可知，从元代及明永乐至成化时期，青花瓷的釉料配方在不断发生变化，即从高钙釉逐渐向高钾釉转变 (图2)。根据表 1 可知，正统至天顺时期青花瓷器釉的成分组成总体上处于宣德和成化之间的过渡阶段。此次所测"天顺年置"铭青花云龙纹碗釉中氧化钾含量为 5.02%，氧化钙含量为 3.34%。相比之下，"天顺年置"铭青花云龙纹碗釉的成分含量与成化时期的高钾釉更为接近。

明成化时期是中国陶瓷发展史上最重要的时期之一，与明代早期和晚期景德镇御窑瓷器相比，处于明代中期的成化朝御窑瓷器独具一格，对后来瓷器烧造产生了深远影响 [8]。此次分析的青花瓷器烧制于天顺年间 （1457~1464 年），

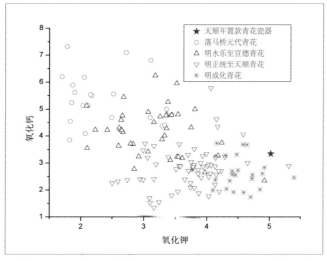

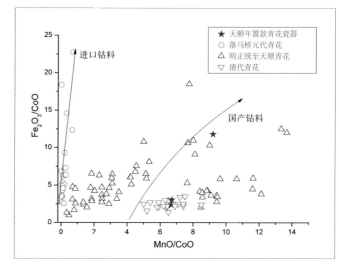

图 2　所测青花标本釉中氧化钾和氧化钙含量散点图　　　　　　　　　　　图 3　所测青花标本青花纹饰部位的锰钴比与铁钴比散点图

其制釉工艺水平已达到或者接近成化青花瓷器的高度。由此可知，正统至天顺时期烧制的青花瓷器不仅延续了永乐、宣德时期的制釉技术，还有所创新和发展，这为成化时期青花瓷器的制釉技术奠定了研究基础。

2. 青花钴料的组成特征

所测"天顺年置"铭青花云龙纹碗青花纹饰部位的元素组成含量列于表 2。同时为了对比，将前期所测元代青花、明永乐、宣德、正统至天顺以及成化时期青花瓷器青花纹饰部位的平均含量值也一并列于表 2。

表 2　"天顺年置"铭青花云龙纹碗及元代、明永乐至成化青花瓷青花纹饰部位的元素组成平均含量值　　　（wt%）

部位	Al_2O_3	SiO_2	K_2O	CaO	TiO_2	MnO	Fe_2O_3	CoO	MnO/CoO	Fe_2O_3/CoO
青花纹饰 -1	10.15	70.70	4.92	3.14	0.02	0.46	0.59	0.05	9.20	11.80
青花纹饰 -2	9.86	69.70	4.90	2.73	0.03	1.41	0.64	0.21	6.71	3.05
青花纹饰 -3	10.22	69.98	4.74	2.55	0.00	2.14	0.76	0.32	6.69	2.38
元代青花	8.19	56.00	2.40	5.35	0.04	0.06	2.60	0.45	0.13	5.78
明永乐青花	8.17	59.90	3.49	4.34	0.02	0.34	1.50	0.31	1.10	4.84
明宣德青花	8.58	58.39	3.18	4.27	0.02	1.25	1.43	0.32	3.91	4.47
明正统至天顺青花	9.16	63.15	3.72	2.79	0.02	0.94	0.89	0.24	3.92	3.71
明成化青花	10.00	60.25	4.29	2.40	0.02	1.05	0.97	0.19	5.53	5.11

从表 2 可知，所测"天顺年置"铭青花云龙纹碗青花纹饰部位的元素组成，特别是氧化锰、氧化铁和氧化钴的含量波动变化较大，这与所测部位青花纹饰的浓淡或者斑点有关。该青花瓷器所用青花料中氧化锰含量较高（大于0.46%)，属于高锰型钴料。为了更好地表示"天顺年置"铭青花云龙纹碗所用钴料特征以及与景德镇元、明、清三代青花瓷器所用钴料之间的关系，本工作将景德镇落马桥元代、明正统至景泰以及景德镇清代青花瓷器所用钴料的测试数据制作成锰钴比与铁钴比散点图（图3）。

从图 3 可知，景德镇元代、明代和清代青花瓷器所用钴料大体可分为三类。其中景德镇元代和明代早期青花瓷器所用钴料中氧化锰、氧化铁和氧化钴平均含量分别为0.08%、2.36%和0.43%，属于低锰高铁型钴料，为进口钴料。明代永乐、宣德、正统至天顺和成化时期的部分青花以及清代青花瓷器所用的国产钴料中氧化锰、氧化铁和氧化钴平均含量分别为1.55%、0.82%和0.18%，属于高锰低铁型钴料，为国产钴料。明代宣德、正统至天顺以及成化时期部分青花所用钴料中氧化锰、氧化铁和氧化钴平均含量分别为0.78%、1.08%和0.27%，整体上介于进口钴料和国产钴料之间，可能为进口钴料与国产钴料混合调配的钴料（简称"混合料"）。此次分析的"天顺年置"铭青花云龙纹碗所用钴料具有锰高铁低的特征，这与景德镇落马桥元代青花以及部分正统至景泰青花瓷器所用进口钴料存在显著的差异。同时，"天顺年置"铭青花云龙纹碗所用钴料也与进口钴料与国产钴料混合调配的钴料（简称混合料）存在较大的差异。相对而言，其所用钴料与景德镇清代青花瓷器以及部分正统至景泰青花瓷器所用钴料比较接近。因此，测试结果表明"天顺年置"铭青花云龙纹碗所用钴料可能为国产钴料。文献记载和科学分析表明明代至清代烧制的青花瓷器采用的国产钴料有"平等青""石子青""浙料"以及"珠明料"等不同产地来源的钴料[9,10]。显然，采用科学分析的方法对上述产地来源的钴料进行区分是今后值得深入探讨的研究内容。

四、初步结果

第一，前期对景德镇御窑遗址出土正统至天顺时期青花瓷器标本的测试结果表明正统至天顺时期青花瓷器釉的成分组成介于宣德和成化之间的过渡阶段。

第二，测试结果表明"天顺年置"铭青花云龙纹碗釉中氧化钾含量为5.02%，氧化钙含量为3.34%。结合明代青花瓷器釉中氧化钾和氧化钙的时代变化趋势可知天顺时期烧制的青花瓷器釉的组成更接近成化时期的特征。同时，"天顺年置"铭青花云龙纹碗所用钴料中氧化锰含量较高（所测三个部位中氧化锰含量均大于0.46%），根据锰钴比和铁钴比可知该瓷器所用钴料可能为国产钴料。

第三，由于景德镇御窑遗址出土正统至天顺时期的瓷器明显至少可分为接近宣德型和接近成化型两大组，根据所测"天顺年置"铭碗的组成特征可以推断正统至天顺时期烧制的青花瓷器大体可分为两个阶段，即前期烧制的青花瓷器延续了宣德时期的制釉技术，后期则为成化时期青花瓷器成熟制釉技术的形成奠定了基础。

[本研究得到了故宫博物院2017年度科研课题（KT2017-10）和国家自然科学基金（51702054和51402054）经费资助]

执　　笔：李　合、夏建建、张卫红、单莹莹、吕立军
课题成员：丁银忠、史宁昌、王光尧、邬书荣、江建新

注 释

1 蔡路武:《湖北明代"空白期"瓷器研究》,《文物天地》2016 年第 11 期。

2 Ellery Frahm, Joshia M. Feinberg. Environment and Collapse: Eastern Anatolian Obsidians at Urkesh(Tell Mozan, Sysia) and the Third-millennium Mesopotamian Urban Crisis, *Journal of Archaeological Science 40*, 2013: 1866-1878.

3 Firoozeh Forouzan, Jeffrey B. Glover, et al, Portable XRF Analysis of Zoomorphic Figurines, "Tokens" and Sling Bullets from Chogha Gavaneh, Iran, *Journal of Archaeological Science 39*, 2012: 3534-3541.

4 Jia, P., Deolman,T., et al, Moving Sources: A Preliminary Study of Volcanic Glass Artifact Distributions in Northeast China Using PXRF, *Journal of Archaeological Science 37*, 2010: 1670-1677.

5 崔剑锋、徐华烽、秦大树、丁雨:《肯尼亚蒙巴萨耶稣堡出土克拉克瓷的便携式 XRF 产地研究》,《水下考古·第二卷》,页 203~213,文物出版社,2016 年;崔剑锋:《陕西蓝田北宋吕氏家族墓地出土青釉瓷的产地研究》,北京大学中国考古学研究中心:《两个世界的徘徊——中古时期丧葬观念风俗与礼仪制度研讨会论文集》,页 502~508,科学出版社,2016 年;崔剑锋、彭善国:《塔虎城遗址出土部分瓷器的成分分析与产地推测》,《边疆考古研究》(18 辑),科学出版社,2015 年。

6 王轶凌、汤苏婴、沈琼华、李合、纪东歌、王光尧、李涛:《便携能谱仪方法对越窑青瓷的无损分析研究》,《东方博物》2015 年第 3 期。

7 王三营、曹金萍、崔剑锋:《开封新街口出土唐宋瓷器的整理与认识》,《宋代五大名窑科学技术国际学术讨论会论文集》,科学出版社,2016 年。

8 吕成龙:《明成化朝御窑瓷器简论》,《故宫博物院院刊》2016 年第 4 期。

9 李家治:《中国科学技术史·陶瓷卷》,页 364~385,科学出版社,2007 年。

10 吴隽、李家治、邓泽群、王昌燧:《中国景德镇历代官窑青花瓷的断代研究》,《中国科学 E 辑:工程科学 材料科学》2004 年第 5 期。

A Preliminary Study on a Blue and White Porcelain Bowl with the Mark of 'Tianshun Nian Zhi'

The Palace Museum   Wuhan Museum

Abstract

A blue and white porcelain bowl decorated with a dragon and cloud pattern housed in the Wuhan Museum is famous for its mark which reads 'Tianshun Nian Zhi' (Purchased in the Tianshun Reign). This bowl is one of the few firmly identified pieces which can inform on the composition, form and decoration of ceramics between the Zhengtong and Tianshun reigns. Through XRF analysis, this research tested the glaze and cobalt pigment of this bowl, revealing that, firstly, the glazes applied during the Tianshun reign are very close in composition to blue and white porcelain wares from the later Chenghua reign. Tianshun glaze production techniques, therefore, were very similar to those used in the production of Chenghua porcelain. Secondly, this bowl bearing the 'Tianshun Nian Zhi' mark is rich in manganese oxide and, based on the relative proportions of manganese oxide and ferrum oxide, it can be known that local Chinese cobalt ore provided the blue pigment used in the bowl's decorative painting. It is hoped, therefore, that this research will improve scientific understanding of the glaze and cobalt pigments as well as the development of Chinese ceramics during the period encompassing the Zhengtong and Tianshun reigns.

Keywords

A blue and white porcelain bowl with dragon and cloud pattern marked with 'Tianshun Nian Zhi', Cobalt pigment, Glaze production, XRF

景德镇元、明永乐至成化时期青花瓷釉元素组成的无损分析

故宫博物院　景德镇市陶瓷考古研究所

一、引言

　　青花瓷是以钴料在生坯上绘画，上釉一次烧成后呈现白底蓝色彩绘的釉下彩瓷器，具有中国传统水墨画的效果。青花瓷是中国陶瓷发展史上影响最大、成就最高的陶瓷品种之一[1]。我国青花瓷的起源最早可追溯到唐代；至元代青花瓷开始在景德镇大量生产，元代官府设立"浮梁磁局"开始了景德镇官窑瓷器的烧造历史；明朝廷更在景德镇珠山设立御器厂，为明代宫廷烧造瓷器、以青花瓷为大宗，使中国官窑瓷器青花瓷的生产逐渐进入了一个鼎盛时期[2]，使景德镇成为我国元、明、清时期青花瓷生产的中心。落马桥窑址位于江西省景德镇市中华南路 404 号红光瓷厂厂区内，属景德镇落马桥老城区的中心地带。2012～2015 年考古发掘出土了元青花瓷器，确定落马桥窑址不仅烧造官窑性质的瓷器，又烧造大量略为粗糙的青花瓷、卵白釉瓷，属于同时烧造官、民窑器的场所[3]。北京大学考古文博学院、江西省文物考古研究所、景德镇市陶瓷考古研究所于 2002～2004 年对景德镇明清御窑遗址进行的考古发掘，揭示出明代早中期御器厂遗存的文化层及层位关系，出土大量永乐至正德、嘉靖时期瓷片标本及其他窑业垃圾[4]。以上两处考古发掘成果不仅有助于认识景德镇元代和明代早中期御器厂产品的基本面貌，也为利用科技手段揭示景德镇元代和明代早中期御器厂产品时代发展规律提供了丰富的实物标本。

　　目前，众多关于景德镇历代青花瓷的研究文献相继发表，研究重点是历代青花瓷特点、青花料的差别及来源等[5]，而釉的化学组成的时代发展规律研究比较欠缺，特别局限于正统至天顺时期标本尚未认识清楚，关于该时期青花瓷研究尚属于空白。鉴于此，本文以景德镇数次考古成果为基础，着重选择落马桥窑址出土元代青花瓷和景德镇明清御窑遗址出土明永乐、宣德、正统至天顺时期、成化时期青花瓷器瓷釉为研究对象，重点揭示景德镇地区元代至明代成化时期官式青花瓷釉料元素组成的时代发展脉络，为探讨元、明早中期青花瓷釉料配方演变规律及其青花瓷烧成工艺的发展规律提供数据支持。同时，研究正统至天顺时期不同器型青花瓷釉元素组成特征，并探讨大器型和小器型各自的釉料配方及烧制工艺特点。

二、样品及测试结果

1. 样品

　　本次测试分析的 124 件青花样品均为景德镇市陶瓷考古研究所提供。元代青花瓷标本 22 件，均出土于景德镇落马桥窑址；明代早中期青花瓷标本共计 102 件，均出土于明清御窑遗址。其中明代永乐时期青花瓷 8 件、明代宣德时

期青花瓷标本 20 件，明代正统至天顺时期青花瓷标本 49 件（其中大型器物瓷片标本 11 件，包含 6 件大型花盆标本、1 件正统龙缸残片、4 件大器残片），明代成化时期青花瓷标本 25 件。

2. 测试方法及结果

实验仪器采用美国赛默飞世尔公司出产的 Thermo scientific Niton XL3 型便携式 X 射线荧光能谱仪。由于釉中的钠、镁以及铝、硅含量的测量误差稍大，故本文不予讨论。而采用便携式 X 射线荧光能谱仪获得的钾、钙、钛、铁等元素含量与文献给出的含量范围基本吻合，因此具有一定的可比性。

表 1　景德镇落马桥窑址出土元代时期青花瓷釉的元素组成 （wt%）

序号	编号	Al_2O_3	SiO_2	K_2O	CaO	TiO_2	MnO	Fe_2O_3
1	Y-1	7.68	61.34	2.57	4.56	0.03	0.061	0.739
2	Y-2	7.72	58.89	2.17	5.77	0.02	0.050	0.757
3	Y-3	7.80	58.98	2.15	6.23	0.02	0.048	0.813
4	Y-4	7.69	59.29	2.08	5.94	0.03	0.000	0.590
5	Y-5	7.58	56.74	1.74	6.49	0.02	0.070	0.749
6	Y-6	8.05	60.76	2.18	6.31	0.03	0.061	0.691
7	Y-7	8.39	60.85	2.08	6.10	0.02	0.044	0.699
8	Y-8	9.58	63.34	2.39	5.12	0.02	0.000	0.630
9	Y-9	7.39	57.77	2.42	3.49	0.06	0.094	0.736
10	Y-10	9.51	61.24	3.50	5.33	0.05	0.107	1.356
11	Y-11	8.65	58.54	3.28	4.42	0.04	0.058	0.761
12	Y-12	8.23	59.40	3.15	7.10	0.03	0.059	0.747
13	Y-13	9.36	67.68	2.96	5.39	0.04	0.000	0.530
14	Y-14	8.79	63.41	2.52	5.91	0.02	0.039	0.719
15	Y-15	8.29	61.91	2.66	5.68	0.04	0.048	1.057
16	Y-16	8.19	62.65	1.82	4.43	0.03	0.044	0.613
17	Y-17	9.25	66.08	3.20	4.80	0.03	0.000	0.561
18	Y-18	8.76	65.57	3.70	4.03	0.03	0.052	0.736
19	Y-19	9.17	64.93	2.05	4.95	0.02	0.036	0.559
20	Y-20	9.16	60.17	2.28	5.70	0.04	0.000	0.663
21	Y-21	8.83	65.26	1.89	7.50	0.02	0.056	0.496
22	Y-22	9.20	68.79	3.50	4.99	0.03	0.044	0.740

表 2　景德镇御器厂出土明永乐时期青花瓷釉的元素组成 （wt%）

序号	编号	Al_2O_3	SiO_2	K_2O	CaO	TiO_2	MnO	Fe_2O_3
1	YL-1	8.66	62.70	3.38	5.50	0.03	0.034	0.494
2	YL-3	8.89	64.28	3.61	3.18	0.02	0.084	0.567
3	YL-4	8.11	63.48	3.88	3.96	0.02	0.000	0.719
4	YL-5	8.39	60.06	3.43	5.45	0.02	0.000	0.754
5	YL-6	7.10	57.93	3.50	3.67	0.02	0.000	0.719
6	YL-7	8.82	65.20	3.80	4.72	0.02	0.034	0.593
7	YL-8	6.42	51.51	2.91	5.32	0.02	0.000	0.563
8	YL-9	8.74	62.45	3.02	5.38	0.03	0.090	1.076

表 3 　景德镇御器厂出土明宣德时期青花瓷釉的元素组成 （wt%）

序号	编号	Al₂O₃	SiO₂	K₂O	CaO	TiO₂	MnO	Fe₂O₃
1	XD-1	7.69	56.40	2.49	7.05	0.02	0.070	0.727
2	XD-2	7.54	62.52	2.74	4.54	0.04	0.096	0.651
3	XD-3	8.38	61.01	3.77	4.79	0.03	0.059	0.770
4	XD-4	8.19	60.52	3.45	5.26	0.01	0.049	0.694
5	XD-5	8.10	62.06	2.98	4.87	0.03	0.068	0.670
6	XD-7	9.93	61.43	3.75	3.69	0.02	0.045	0.913
7	XD-8	8.98	63.79	3.73	4.24	0.01	0.044	0.706
8	XD-9	9.58	62.51	5.05	2.96	0.03	0.000	0.606
9	XD-11	8.87	62.91	3.61	4.66	0.02	0.056	0.759
10	XD-12	8.98	61.53	2.62	5.78	0.02	0.068	0.707
11	XD-12	8.05	58.98	2.58	5.83	0.02	0.066	0.714
12	XD-13	8.41	62.49	2.64	5.60	0.02	0.074	0.587
13	XD-14	6.85	58.36	4.22	3.70	0.02	0.045	0.461
14	XD-15	6.85	54.42	3.94	3.66	0.01	0.058	0.823
15	XD-16	7.74	61.02	3.66	4.30	0.02	0.000	0.669
16	XD-17	8.46	62.61	3.42	5.04	0.02	0.068	0.637
17	XD-18	8.17	61.36	3.87	5.43	0.02	0.040	0.636
18	XD-19	7.48	58.87	4.31	3.92	0.01	0.043	0.496
19	XD-20	7.80	64.01	2.55	4.69	0.01	0.043	0.811
20	XD-QHL	5.56	49.88	2.92	4.75	0.02	0.039	0.667

表 4 　景德镇御器厂出土明代正统至天顺时期青花瓷釉的元素组成和 T$_G$ 釉熔融温度

序号	编号	器型	Al₂O₃/%	SiO₂/%	K₂O/%	CaO/%	TiO₂/%	MnO/%	Fe₂O₃/%	T$_G$/℃
1	ZT-1		9.29	61.13	3.79	6.35	0.02	0.057	0.636	1315
2	ZT-2		8.74	66.02	4.24	4.17	0.02	0.056	0.639	1330
3	KB-1		8.33	65.63	4.16	3.15	0.02	0.000	0.494	1336
4	KB-2		8.06	63.05	3.75	2.76	0.03	0.037	0.613	1340
5	KB-3		7.69	61.59	3.76	3.19	0.03	0.034	0.576	1334
6	KB-4		8.31	66.22	3.66	2.62	0.03	0.000	0.479	1343
7	KB-5	盘、碟、碗等普通型小器	8.79	69.73	3.71	2.53	0.03	0.000	0.576	1346
8	KB-6		9.50	66.60	3.70	2.75	0.03	0.045	0.504	1348
9	KB-7		8.53	65.89	3.58	2.86	0.02	0.041	0.576	1343
10	KB-8		7.74	63.57	4.26	2.58	0.03	0.040	0.869	1338
11	KB-9		8.81	64.01	4.27	2.81	0.02	0.041	0.737	1341
12	KB-10		7.71	66.04	3.92	2.63	0.03	0.062	0.680	1339
13	KB-11		7.97	62.20	3.74	2.91	0.02	0.000	0.914	1339
14	KB-12		8.89	68.22	4.10	2.40	0.03	0.000	0.449	1346
15	KB-13		9.39	65.17	3.73	3.82	0.03	0.034	0.591	1338
16	KB-14		9.43	65.98	3.92	2.72	0.03	0.000	0.619	1347
17	KB-15		9.10	69.26	3.82	2.60	0.03	0.000	0.516	1346
18	KB-16		9.09	69.36	3.62	2.73	0.02	0.000	0.439	1346
19	KB-17		9.58	66.97	3.68	3.33	0.02	0.074	0.856	1344
20	KB-18		9.28	67.73	4.11	3.42	0.03	0.040	0.659	1339

序号	编号	器型	Al₂O₃/%	SiO₂/%	K₂O/%	CaO/%	TiO₂/%	MnO/%	Fe₂O₃/%	T_G/℃
21	KB-19		9.33	67.65	4.01	3.47	0.03	0.054	0.739	1340
22	KB-20		7.91	58.33	4.26	3.71	0.03	0.000	0.689	1328
23	KB-21		9.15	64.91	3.80	3.27	0.03	0.039	0.766	1341
24	KB-22		9.40	68.02	3.82	3.73	0.03	0.036	0.739	1339
25	KB-23		9.58	65.74	3.81	3.28	0.04	0.049	0.777	1343
26	KB-28	盘、碟、碗等普通型小器	10.37	56.44	4.38	4.67	0.04	0.074	0.934	1332
27	KB-29		10.21	63.02	5.30	3.01	0.04	0.000	0.604	1341
28	KB-31		6.26	51.29	4.46	2.59	0.02	0.920	0.691	1326
29	KB-32		8.65	55.17	3.99	3.85	0.00	1.192	1.469	1332
30	KB-36		7.11	57.57	4.31	3.52	0.03	0.000	0.560	1324
31	KB-37		6.85	62.72	3.82	2.29	0.02	0.000	0.744	1338
32	KB-38		7.61	55.74	3.28	3.67	0.03	0.045	0.693	1331
33	KB-39		8.62	61.73	4.00	3.24	0.03	0.037	0.709	1338
34	KB-40		8.61	67.73	3.79	3.18	0.02	0.039	0.600	1340
35	KB-41		8.79	67.48	3.67	3.31	0.02	0.050	0.563	1340
36	KB-42		9.19	67.30	3.84	2.94	0.04	0.000	0.531	1344
37	KB-43		8.75	67.49	3.89	3.49	0.04	0.000	0.580	1337
38	KB-44		9.95	65.71	3.67	3.26	0.03	0.035	0.539	1346

表5 景德镇御器厂出土明代正统至天顺时期青花瓷大器釉元素组成和 T_G 釉熔融温度

序号	编号	名称	Al₂O₃/%	SiO₂/%	K₂O/%	CaO/%	TiO₂/%	MnO/%	Fe₂O₃/%	T_G/℃
1	KB-HP-1	花盆	8.82	64.13	2.74	3.11	0.03	0.048	0.671	1346
2	KB-HP-2	花盆	7.62	63.26	3.95	2.04	0.03	0.040	0.567	1343
3	KB-HP-3	花盆	8.85	63.86	2.75	3.29	0.03	0.039	0.537	1345
4	KB-HP-4	花盆	6.61	60.15	3.46	2.37	0.02	0.000	0.493	1337
5	KB-HP-5	花盆	8.45	68.97	2.79	2.52	0.03	0.053	0.701	1349
6	KB-HP-6	花盆	8.90	66.51	2.82	3.24	0.02	0.000	0.670	1345
7	ZT-LG-1	龙缸	10.71	60.73	3.69	1.93	0.03	0.068	0.761	1362
8	KB-24	大器残片	8.87	59.93	2.90	3.46	0.06	0.141	0.891	1343
9	KB-25	大器残片	8.34	63.40	3.06	2.30	0.03	0.077	0.863	1349
10	KB-26	大器残片	7.36	59.93	3.06	2.50	0.08	0.111	0.820	1343
11	KB-27	大器残片	7.93	62.96	3.12	2.14	0.07	0.130	0.980	1348

表6 景德镇御器厂出土明代成化时期青花瓷釉的元素组成　　　　　　　　　　　　（wt%）

序号	编号	Al₂O₃	SiO₂	K₂O	CaO	TiO₂	MnO	Fe₂O₃
1	CH-1	7.07	56.19	4.60	2.95	0.03	0.000	0.420
2	CH-2	8.97	61.83	4.61	3.21	0.03	0.000	0.674
3	CH-3	8.83	60.11	4.63	3.26	0.03	0.048	0.714
4	CH-4	10.29	62.65	4.82	2.53	0.02	0.000	0.674
5	CH-5	8.14	65.48	4.18	3.65	0.03	0.049	0.806
6	CH-6	10.69	62.02	4.47	1.57	0.02	0.000	0.771
7	CH-7	8.80	60.76	5.27	2.33	0.03	0.000	0.481
8	CH-9	7.99	57.05	4.14	2.80	0.03	0.000	0.676

序号	编号	Al$_2$O$_3$	SiO$_2$	K$_2$O	CaO	TiO$_2$	MnO	Fe$_2$O$_3$
9	CH-10	10.04	64.67	4.35	3.53	0.03	0.044	0.670
10	CH-11	9.85	67.01	4.54	3.52	0.03	0.000	0.596
11	CH-12	9.63	62.98	4.56	2.89	0.03	0.034	0.639
12	CH-13	9.76	61.98	4.64	2.74	0.02	0.000	0.861
13	CH-14	9.56	63.45	4.73	2.80	0.03	0.048	0.371
14	CH-15	8.97	63.88	4.06	3.27	0.03	0.000	0.617
15	CH-16	9.09	60.34	3.75	3.07	0.03	0.000	0.704
16	CH-17	8.93	64.94	5.24	2.37	0.03	0.000	0.534
17	CH-18	9.93	66.16	4.47	3.26	0.03	0.043	0.546
18	CH-19	10.13	64.49	4.65	2.77	0.04	0.000	0.541
19	CH-20	10.13	65.73	4.29	2.36	0.03	0.000	0.587
20	CH-21	9.57	59.46	4.17	3.99	0.03	0.049	0.691
21	CH-22	9.05	69.46	4.75	2.56	0.03	0.037	0.493
22	CH-23	9.64	63.05	4.72	2.35	0.03	0.000	0.849
23	CH-24	9.56	66.44	4.69	3.18	0.03	0.000	0.723
24	CH-25	8.68	58.45	4.78	3.01	0.03	0.032	0.550
25	CH-26	9.44	66.66	4.73	3.34	0.03	0.000	0.561

三、讨论

1. 元代、明代永乐至成化时期青花瓷釉的元素组成特征

据表1至表6可知：不同时期青花瓷釉的铁、钛和锰的含量变化不明显，而钾、钙含量变化明显，具有明显时代工艺特征；据此本文重点探讨不同时期青花瓷釉的钾、钙含量规律，不同时期青花瓷釉氧化钾和氧化钙含量箱式图分别见图1和图2。依据图1和图2中氧化钾和氧化钙含量特征可将不同时期青花瓷分为四类：第一类，元代青花瓷，青花瓷釉具有低钾高钙的元素组成特征，氧化钾和氧化钙含量平均值约为2.56%和5.46%。第二类、永乐和宣德时期，两个时期氧化钾和氧化钙含量皆比较接近，可归入一个类型；永乐时期青花瓷釉氧化钾和氧化钙含量平均值约为3.36%和4.52%；宣德时期青花瓷釉氧化钾和氧化钙含量平均值约为3.41%和4.74%；该类标本较元代时期，釉中氧化钾含量略有升高，氧化钙含量有所降低。第三类，正统至天顺时期，该时期青花瓷釉氧化钾和氧化钙含量平均值约为3.94%和3.24%；大部分青花瓷釉的氧化钾和氧化钙含量基本接近，少部分青花瓷釉中氧化钾含量略高于氧化钙含量。第四类，成化时期，该时期青花瓷釉氧化钾和氧化钙含量平均值约为4.55%和2.93%，呈现高钾低钙元素组成特征。这四类青花瓷釉的氧化钾含量随时代变化，呈现逐渐升高的趋势，氧化钙含量呈现逐渐降低的趋势；青花瓷釉的助熔剂元代时期形成以氧化钙为主、氧化钾为辅的助熔剂种类特征，随时代的发展，青花瓷釉的助熔剂种类逐渐发生转变，到明代正统、景泰、天顺时期青花瓷釉元素组成呈现了氧化钾和氧化钙含量接近，共同起主助熔作用的时代特征；而成化时期，形成以氧化钾为主、氧化钙为辅的助熔剂种类特征。这些变化显示从元、明永乐至成化时期，青花瓷釉料配方在不断发生变化，特别是不同种类助熔剂含量的变化，从高钙釉向高钾釉的转变，表明青花瓷釉料配方中釉灰成分比例随时代发展将逐渐降低，而釉果成分比例将逐渐升高[6]。

不同时期青花瓷釉助熔剂中氧化钙和氧化钾含量随时代的发展规律与不同时期青花瓷产品风格及烧制工艺具有很大关联性。依据不同氧化物高温物理化学性质可知：氧化钾的高温黏度明显高于氧化钙，且氧化钾高温黏度值随温度变化斜率明显较氧化钙平缓。这一变化使青花瓷釉的高温黏度不断增高，高温下釉的流动性变缓，釉的烧成温度范围

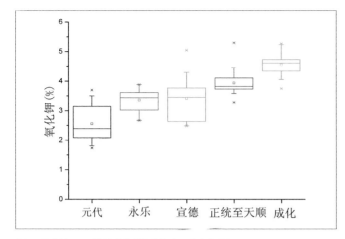

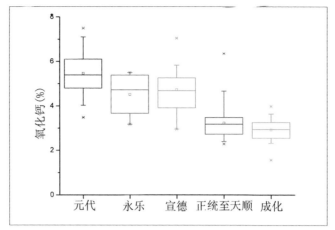

图1 景德镇不同时期青花瓷釉氧化钾含量分布箱式图　　　　　　图2 景德镇不同时期青花瓷釉氧化钙含量分布箱式图

将不断拓宽，进而有利于提高青花瓷质量和成品率。另外，助熔剂时代发展规律与不同时期窑炉结构变化也有所对应，元代景德镇窑体较窄长，为前室与后室的大小比例悬殊的葫芦形窑；明代窑炉形制有所改变，明洪武、永乐时期使用窑体整体长度缩短，为前室与后室的大小比例缩小的葫芦形窑；明代宣德及其后采用改变后的馒头窑，窑体相对较小，窑床平整无坡度，设有一个横长方形的大烟囱；清代发展成为蛋形窑[7、8]。据此推断青花瓷釉氧化钾和氧化钙含量随时代不同而变化的规律，可能是为满足景德镇不同时代制瓷窑炉的形制和结构改动需要和以便更利于瓷器的烧成和多样化产品质量的提高，而进行的釉料配方技术的改变。

2. 明代正统至天顺时期普通型青花瓷和花盆类青花瓷釉的元素组成特征

依据表4和表5中景德镇御器厂出土正统至天顺时期，即所谓"空白期"青花瓷元素组成特征，可见普通型小器青花瓷和花盆类大器青花瓷釉中氧化钾和氧化钙含量存在一定差异，如图3和图4所示，正统、景泰和天顺时期花盆类大器青花瓷釉中氧化钾和氧化钙含量皆低于该时期普通型小器青花瓷釉，表明同时期花盆类大器青花瓷的釉料配方与普通型小器有所不同。花盆类大器使用特定釉料配方，釉中助熔剂氧化钾和氧化钙含量皆有所降低，预示釉的烧成温度将有所升高。

为了进一步了解该时期大器和小器青花瓷釉料的烧成工艺特征，利用表4和表5中各元素组成数据（因氧化硅和氧化铝数据仅供参考，且无氧化镁和氧化钠含量数据，T_G-理论计算值仅供参考），依据 T_G- 瓷釉的熔融温度理论计算公式[9]，计算正统至天顺时期普通型小器青花瓷和花盆类青花瓷大器釉的熔融温度（见表4、表5）。景德镇御器厂出土正统至天顺时期花盆类大器青花瓷熔融温度 T_G 大约为 1347℃ ±20℃，普通型小器青花瓷釉熔融温度 T_G 大约为 1338℃ ±20℃，大器比小器釉的熔融温度 T_G 偏高10℃左右。通常釉的熔融温度与釉烧温度总有一定差异，瓷釉的理论熔融温度值 T_G 用于衡量那种以釉流动点烧成的瓷釉烧温度，而对以半球点为釉烧温度的釉，例如青花瓷釉等，常偏高100℃左右[10]。据此推断正统至天顺时期花盆类大器青花瓷釉烧成温度约1247℃ ±20℃，小器青花瓷釉烧成温度约1238℃ ±20℃，即花盆类大器青花瓷釉的烧成温度略高于普通型小器青花瓷釉(图5)。已有研究[11]表明景德镇明代时期设有专门烧制龙缸的窑炉；另有研究表明嘉靖至万历时期御器厂"大样、二样和三样龙缸生产周期为19天，明显长于小器、盘碟器类大碗、大坛等产品的5天生产周期"[12]，以上研究证明了龙缸类大器的烧制工艺有别于普通型小器的烧制工艺，龙缸类大器需要特定窑炉，且龙缸烧成所需时间明显延长。以上研究表明：明代正统、景泰和天顺时期，御器厂的窑工们很可能针对龙缸和花盆类青花大器、配制特定青花瓷釉料配方，并在特定的龙缸窑炉中采用独特烧成工艺制度进行烧制。

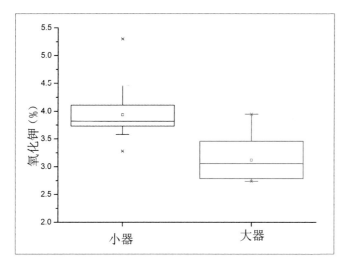

图 3　景德镇正统至天顺时期小器和大器青花瓷釉氧化钾含量分布箱式图

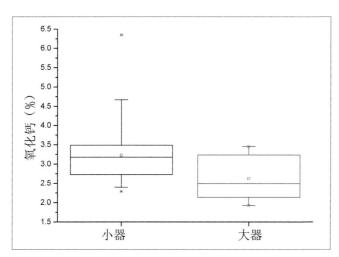

图 4　景德镇正统至天顺时期小器和大器青花瓷釉氧化钙含量分布箱式图

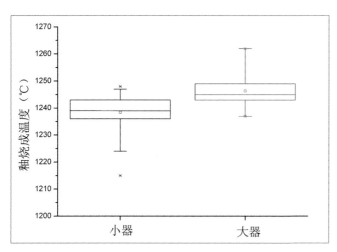

图 5　景德镇正统至天顺时期小器和大器青花瓷釉理论熔融温度箱式图

四、结论

从元代到明永乐时期再至成化时期，青花瓷釉中氧化钙含量从元代时期的 5.46% 逐渐降低到明成化时期的 2.93%，而氧化钾含量则从元代的 2.56% 逐渐升高至明成化时期的 4.55%；呈现了从元代钙釉到宣德时期钙碱釉，正统至天顺时期处于钙碱釉到碱钙釉的过渡阶段，最后在成化时期转变为碱钙釉的时代发展规律。釉中助熔剂成分变化体现青花瓷釉料配方及窑炉烧制工艺随时代发展的趋势。

明代正统至天顺时期，青花瓷釉中氧化钾和氧化钙含量平均值分别为 3.24% 和 3.94%，大部分样品氧化钾和氧化钙含量接近，少量青花瓷釉中氧化钾含量已经略高于氧化钙的含量。该时期具有过渡阶段特点，处于从宣德时期钙碱釉向成化时期碱钙釉转变的过渡期。

明代正统至天顺时期，花盆类大器青花瓷釉的氧化钾和氧化钙含量皆低于同时期普通型小器青花瓷釉；理论计算出花盆类大器青花瓷釉烧成温度约 1247℃ ±20℃，普通型小器青花瓷釉烧成温度约 1238℃ ±20℃，花盆类大器青花瓷釉烧成温度略高于普通型小器青花瓷釉；据此判断花盆类大器青花瓷具有专门的釉料配方，并可能采用特定的烧成工艺制度和在烧龙缸的窑炉中进行烧制。

[本研究得到了国家自然科学基金（51702054 和 51402054）和故宫博物院 2017 年度科研课题（K0T2017-10）经费资助]

执　　笔：丁银忠、单莹莹、江建新、江小民、王光尧

课题组成员：江建新、王光尧、史宁昌、江小民、邬书荣

丁银忠、李　合、单莹莹、翟　毅、唐雪梅

注　释

1　吴隽、李家治、邓泽群等：《中国景德镇历代官窑青花瓷的断代研究》，《中国科学 E 辑：工程科学 材料科学》2004 年第 5 期。

2　刘新园：《景德镇出土明初官窑瓷器》，台北鸿禧美术馆，1996 年。

3　江建新：《论落马桥窑址出土的元青花瓷器——兼论元代窑业的若干问题》，《文物》2017 年第 5 期。

4　王光尧：《对景德镇御窑旧址考古遗址之审视》，《中国古代官窑制度·二》，页 112~121，故宫出版社，2017 年。

5　陈尧成、张志刚、郭演仪等：《历代青花瓷和着色青料》，《中国古代陶瓷科学技术成就》，页 300~331，上海科学技术出版社，1985 年。

6　吴隽、李家治：《景德镇历代青花瓷胎釉化学组成的多元统计分析》，《陶瓷学报》1997 年第 3 期。

7　李家治、陈显求、张福康等：《中国古代陶瓷科学技术成就》，页 189~196，上海科学技术出版社，1985 年。

8　权奎山：《景德镇明清御窑遗址的考古发现和研究》，《故宫博物院院刊》2013 年第 3 期。

9　吴绳愚：《陶瓷计算——坯釉配方及其性能计算》，页 234~236，轻工业出版社，1983 年。

10　李家治、陈显求、张福康等：《中国古代陶瓷科学技术成就》，页 210~229，上海科学技术出版社，1985 年。

11　丁鹏勃：《明代御窑窑炉及烧成工艺探究》，《中国国家博物馆刊》2015 年第 2 期。

12　王光尧：《嘉靖至万历时期御窑制度的变化及御窑瓷器年谱》，《中国古代官窑制度·二》，页 132~150，故宫出版社，2017 年。

Nondestructive Analysis of the Composition of the Blue and White Porcelain Glaze at Jingdezhen City from Yuan Dynasty and Yongle to Chenghua in Ming Dynasty

The Palace Museum   The Archaeological Research Institute of Ceramic in Jingdezhen

Abstract

Blue and white porcelain refers to the white porcelain decorated under the glaze with a blue pigment. In the form of traditional Chinese painting. The manufacturing of blue and white porcelain in Jingdezhen kilns originated in the Yuan Dynasty. With the establishment of the Imperial kilns in the Ming and Qing Dynasties, Jingdezhen became China's 'Porcelain Capital'. This study aims to investigate the scientific development of the content of potassium oxide and calcium oxide in the glaze of blue and white porcelains from the Yuan Dynasty to Ming Yongle, Xuande, Zhengtong, Jingtai, Tianshun and Chenghua periods. It can be seen that the key elements in glaze were switching from alkali glaze to alkali calcium glaze at that period. The elements such as calcium oxide and potassium oxide in the celadon glaze dated from Zhengtong to Tianshun periods shared a similar feature, suggesting that there was a transitional stage from calcium-alkali glaze to alkali-calcium glaze. The development trend of fluxing agent in porcelain glazes in Jingdezhen from Yuan to middle Ming aimed at the improvement of the quality and production rate of blue and white porcelain wares.

Keywords

Blue and white porcelain glazes, Element composition, Fluxing agent

景德镇元、明时期青花瓷器所用钴料的
成分特征研究

故宫博物院　景德镇市陶瓷考古研究所

一、引言

　　青花瓷器作为中国陶瓷史上影响最大、成就最高的陶瓷品种之一，一经出现，便受世人珍爱。元代，景德镇青花瓷器便已成熟并被大量生产。随着明代景德镇御器厂的设立，青花瓷器的生产逐渐进入了鼎盛时期。由于青花瓷器的特殊地位和影响，对青花瓷器的研究历久不衰。特别是元、明、清历代青花所用钴料特征及来源问题一直是考古和科研工作者关注研究的重要内容之一。文献中关于历代青花使用钴料的记载较多，如明《窥天外乘》和《事物绀珠》记载"以苏麻离青为饰"[1]。这表明永乐、宣德时期青花瓷器采用了名为苏麻离青的进口钴料。明正德十年（1515年）江西《瑞州府志》："上高县天则岗有无名子，景德镇用以绘画瓷器。"《江西省大志·陶书》有关于嘉靖及其以前时期景德镇所用国产青料的记载："曰陂塘青产于本府乐平一方，嘉靖中，乐平格杀，遂塞。石子青产于瑞州诸处。回青行，石子遂废。"[2] 据此可知，嘉靖及其以前时期，景德镇所用青料有江西乐平的陂塘青和瑞州诸处的石子青。《明神宗实录》记载："万历三十四年三月乙亥，描画瓷器须用土青，惟浙青为上。"[3] 明末宋应星的《天工开物》载："凡饶镇所用，以衢、信两郡山中者为上料，名曰浙料。"[4] 清唐英《陶冶图说》采取青料条云："瓷器青花霁青大釉、悉借青料，出浙江绍兴、金华二府所属诸山。"[5] 由此可知，最迟于明万历时期，景德镇青花瓷器采用了国产钴料并一直沿用到清代。

　　至今已有众多学者从科技分析角度系统地对历代青花瓷器进行了科学研究[6, 7]，特别是李家治主编的《中国科学技术史·陶瓷卷》进行了系统的总结归纳[8]。研究表明景德镇元代青花采用了进口钴料，明早期官窑青花瓷器沿用了进口钴料，并逐渐采用国产钴料[9-12]。然而，由于元、明、清历代官窑青花瓷器研究样本的稀缺和珍贵性，阻碍了研究工作的系统开展和深入。随着对景德镇御器厂以及相关遗址或窑址考古发掘工作的开展，元、明、清历代瓷器的真实面貌被逐渐揭开，特别是明正统至天顺时期御窑瓷器的考古发现，为科学认识元、明历代青花钴料的使用情况提供了典型标准样品。

　　为了配合"明代正统、景泰、天顺御窑瓷器展"，故宫博物院与景德镇陶瓷考古研究所的科研人员采用便携式 X 射线荧光能谱仪对景德镇落马桥元代青花以及明永乐、宣德、正统至天顺、成化时期的 140 件青花瓷器标本进行了无损测试，科学系统地揭示了景德镇元代以及明永乐、宣德、正统至天顺、成化时期青花瓷器所用钴料的时代特征和发展规律。

二、实验仪器与样品

实验仪器采用美国赛默飞世尔公司出产的 Thermo scientific Niton XL3 型便携式 X 射线荧光能谱仪。此次采用便携能谱仪对景德镇陶瓷考古研究所考古发掘出的 140 件青花瓷器标本进行了无损测试，具体为元代青花样品 22 件、明永乐青花样品 10 件、明宣德青花样品 21 件、明正统至天顺时期青花瓷器 61 件、明成化青花瓷器 26 件。

三、结果与讨论

1. 落马桥元代青花

景德镇市陶瓷考古研究所于 2012～2015 年对位于景德镇市中山南路红光瓷厂院内的落马桥窑址进行了考古发掘，其中发掘出土的元青花瓷器根据主要特征可分为"菲律宾型"和"伊朗型"两大类[13]。为了科学揭示这两类青花瓷器所用钴料的成分特征，对 22 件景德镇落马桥元代青花瓷片标本进行了无损分析，其青花部位的元素组成含量列于表 1。

表 1　落马桥元代青花瓷器标本青花纹饰部位的元素组成含量　　　　　　（wt%）

编号	Al_2O_3	SiO_2	K_2O	CaO	TiO_2	MnO	Fe_2O_3	CoO
Y-1	7.01	49.86	2.49	4.69	0.02	0.06	3.23	0.92
Y-2	7.90	48.18	1.85	5.24	0.02	0.06	4.11	1.14
Y-3	7.11	52.05	1.90	5.61	0.03	0.06	2.82	1.04
Y-4	7.67	53.18	2.03	5.13	0.02	0.04	3.27	0.61
Y-5	7.64	56.15	1.70	6.20	0.03	0.09	1.40	0.55
Y-6	8.79	63.90	2.05	6.18	0.03	0.06	1.11	0.09
Y-7	7.93	49.42	1.87	5.89	0.03	0.06	3.89	0.62
Y-8	7.00	56.01	2.17	5.50	0.03	0.05	2.29	0.53
Y-9	6.96	51.44	2.07	4.09	0.05	0.09	3.94	0.27
Y-10	7.17	48.14	3.10	4.69	0.11	0.10	3.29	0.06
Y-11	10.26	62.53	3.36	5.00	0.07	0.05	1.57	0.03
Y-12	8.73	60.92	3.11	6.81	0.03	0.07	1.72	0.34
Y-13	8.47	59.10	2.72	7.10	0.04	0.00	1.56	0.45
Y-14	8.06	54.08	2.15	5.54	0.02	0.05	3.73	0.76
Y-15	7.54	57.29	2.52	5.56	0.04	0.05	1.59	0.07
Y-16	8.48	59.88	1.82	3.85	0.03	0.09	2.21	0.35
Y-17	9.30	64.75	3.29	4.37	0.03	0.05	1.08	0.17
Y-18	7.97	54.80	3.33	4.40	0.03	0.00	2.94	0.16
Y-19	8.13	55.67	1.83	4.55	0.03	0.08	3.53	0.77
Y-20	8.64	53.35	2.11	5.13	0.03	0.07	3.16	0.34
Y-21	8.98	59.15	1.78	7.32	0.02	0.10	2.69	0.37
Y-22	9.50	62.21	3.44	4.79	0.03	0.00	2.05	0.30

根据表 1 计算可知，所测景德镇落马桥遗址出土的 22 件元代青花瓷器青花部位氧化锰平均含量为 0.06%，氧化铁平均含量为 2.60%，氧化钴平均含量为 0.45%，即落马桥元代青花所用钴料的整体特点为氧化锰含量极低或者不含氧化锰，而氧化铁和氧化钴含量相对较高。

从表 1 和图 1 可知，落马桥窑址元代青花瓷器所用钴料可细分为三类：①大部分元代青花所用钴料的锰钴比小于

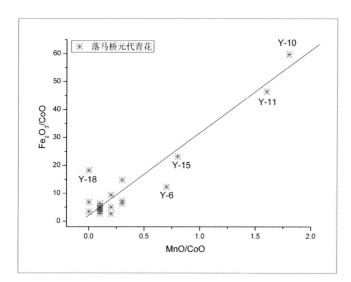

图 1　落马桥元代青花瓷器所用钴料特征

图 2　落马桥元代青花标本 Y-1

图 3　落马桥元代青花标本 Y-3

图 4　落马桥元代青花标本 Y-15

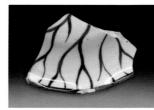

图 5　落马桥元代青花标本 Y-6

图 6　落马桥元代青花标本 Y-10

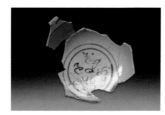

图 7　落马桥元代青花标本 Y-11

0.5，铁钴比小于 20，主要集中在图 1 的左下部；其特点为青花色料呈色浓艳（图 2、图 3）。②Y-6 和 Y-15 这两件标本所用钴料中氧化钴的含量较低，分别为 0.09% 和 0.07%；同时，锰钴比介于 0.5 和 1.0 之间，铁钴比介于 20 和 30 之间。表现为呈色浅淡或者发灰（图 4、图 5）。③Y-10 和 Y-11 这两件标本所用钴料中氧化钴的含量极低，分别只有 0.06% 和 0.03%。因此，外观来看其呈色灰暗，基本不见典型青花的蓝色调（图 6、图 7）。因此，所谓"伊朗型"或者"菲律宾型"青花瓷器标本均使用了低锰高铁类钴料，属于进口钴料。但针对青花瓷器产品的流向，可能采用了不同质量等级的青花钴料。考古发掘表明在落马桥窑址考古发掘出土了"头青"，即头等（上等）青料之意，这进一步佐证了进口青花钴料在元代已有优劣之别。

2. 永乐青花

所测 10 件永乐时期青花瓷器青花纹饰部位的元素组成含量列于表 2。

表 2　永乐青花瓷器标本青花纹饰部位的元素组成含量　　　　　　　　（wt%）

编号	Al_2O_3	SiO_2	K_2O	CaO	TiO_2	MnO	Fe_2O_3	CoO
YL-1	9.16	62.85	4.24	3.75	0.02	1.31	0.61	0.08
YL-2	8.82	60.88	3.44	4.78	0.00	1.62	0.73	0.08
YL-3	8.39	59.27	3.42	3.10	0.02	0.18	1.62	0.28
YL-4	8.51	62.32	3.61	3.18	0.02	0.00	1.60	0.51
YL-5	7.51	55.49	3.38	5.26	0.02	0.00	2.10	0.34
YL-6	7.42	58.06	3.53	3.23	0.02	0.05	2.13	0.39
YL-7	7.73	56.92	3.36	4.80	0.02	0.03	2.98	0.66
YL-8	8.18	63.55	3.07	4.89	0.03	0.05	0.64	0.08
YL-9	8.74	62.45	3.02	5.38	0.03	0.09	1.08	0.23
YL-10	7.26	57.23	3.81	4.99	0.02	0.04	1.53	0.43

从表 2 可知，永乐时期青花瓷器所用钴料可分为两类，其中 YL-1（图 9）和 YL-2（图 10）这两件瓷器标本青花纹饰（其中 YL-2 为青花釉里红）所用钴料中氧化锰含量分别是 1.31% 和 1.62%，氧化铁则分别为 0.61% 和 0.73%，属于高锰低铁型钴料，推测为国产钴料。这可能是目前国产钴料最早应用于青花瓷器的实例。另外所测 8 件青花瓷器标本的青花钴料中氧化锰含量均低于 0.2%，属于低锰高铁型钴料。从图 8 可以看出，所测 8 件永乐青花瓷器所用钴料与落马桥元代青花料基本一致，且钴料组成相对集中。这表明永乐时期沿用了元代时期的进口钴料。然而，从表 2 可知，不同青花瓷片所用钴料中氧化钴的含量变化范围较大，如 YL-7 中氧化钴含量为 0.66%，而 YL-8 中氧化钴含量仅有 0.08%，相差近 10 倍。表现在外观上，YL-7 青花发色深蓝，晕散明显；而 YL-8 则发色较为淡雅（图 11、图 12）。

3. 宣德青花

景德镇珠山明御器厂宣德地层出土了一件书写"乐一号""乐二号""乐三号""二号""三号"铭文青花试料盘（图 13）[14]。为了揭示此件试料盘是否采用了国产钴料，对其铭文部位进行了无损分析。结果列于表 3。同时，为了系统研究宣德时期青花钴料使

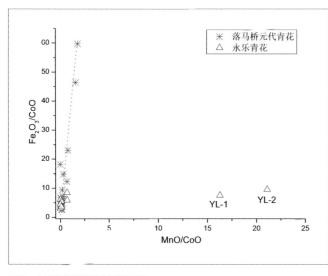

图 8　永乐青花瓷器所用钴料特征

图 9　永乐青花标本 YL-1

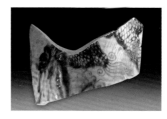

图 10　永乐青花釉里红标本 YL-2

图 11　永乐青花标本 YL-7

图 12　永乐青花标本 YL-8

图 13　宣德时期青花试料盘

用情况，表 4 列出所测 20 件典型宣德青花瓷器青花纹饰部位的元素组成含量。

表 3　宣德试料盘青花纹饰部位的元素组成含量　（wt%）

编号	Al$_2$O$_3$	SiO$_2$	K$_2$O	CaO	TiO$_2$	MnO	Fe$_2$O$_3$	CoO
XD-QHL	6.13	52.95	2.92	3.24	0.00	2.51	0.79	0.09
XD-QHL	7.41	47.56	2.42	4.22	0.00	4.43	2.07	0.00
XD-QHL	8.75	62.69	3.29	3.87	0.02	2.14	0.71	0.03
XD-QHL	8.30	58.25	3.07	3.42	0.00	2.95	0.80	0.11
XD-QHL	8.04	60.68	3.16	4.51	0.02	1.08	0.93	0.10

表 4　宣德时期青花瓷器青花纹饰部位的元素组成含量　（wt%）

编号	Al$_2$O$_3$	SiO$_2$	K$_2$O	CaO	TiO$_2$	MnO	Fe$_2$O$_3$	CoO
XD-1	8.66	55.44	2.64	4.60	0.02	2.39	1.17	0.42
XD-2	7.44	59.23	2.69	3.68	0.03	0.93	1.54	0.31
XD-3	8.24	55.44	3.35	4.76	0.03	0.75	1.32	0.17
XD-4	8.18	55.95	3.26	4.72	0.03	0.48	2.32	0.44
XD-5	8.19	54.81	2.66	4.76	0.03	0.07	2.81	0.80
XD-6	8.43	56.07	2.10	3.55	0.02	2.06	1.64	0.42
XD-7	9.73	57.67	2.23	4.23	0.03	2.10	1.32	0.53
XD-8	9.69	60.94	3.52	5.95	0.01	0.61	0.99	0.10
XD-9	10.18	62.82	4.92	2.35	0.02	1.15	0.63	0.16
XD-10	8.87	61.50	3.18	6.24	0.03	0.15	1.07	0.14
XD-11	9.12	58.72	3.33	4.01	0.00	1.49	1.96	0.33
XD-12	9.35	60.11	2.66	4.61	0.02	1.86	0.79	0.19
XD-13	7.81	54.44	2.63	4.26	0.01	1.87	1.51	0.45
XD-14	7.06	55.11	4.18	3.27	0.02	1.25	1.08	0.17

编号	Al$_2$O$_3$	SiO$_2$	K$_2$O	CaO	TiO$_2$	MnO	Fe$_2$O$_3$	CoO
XD-15	9.13	58.33	3.97	2.65	0.00	3.33	0.86	0.42
XD-16	8.38	67.77	3.55	3.22	0.03	1.55	1.36	0.31
XD-17	8.55	59.52	3.36	4.28	0.02	0.99	1.14	0.23
XD-18	8.76	61.88	3.54	4.80	0.00	0.88	1.09	0.20
XD-19	8.65	60.77	3.75	4.32	0.02	0.70	0.77	0.07
XD-20	7.22	51.22	2.09	5.13	0.02	0.30	3.31	0.55

从表3和图14可知，宣德试料盘中乐一号、乐三号和二号、三号青花部位所用的青花料均含较高含量的氧化锰（>1.0%），因此与落马桥元代青花所用钴料不同。乐二号部位颜色发暗红，测试表明该部位虽然氧化锰和氧化铁含量很高，但没有检测到氧化钴的存在，故推测该纹饰部位并未使用钴料，而是铁绘料。

从表4可知，所测20件宣德青花瓷器所用钴料中氧化锰、氧化铁以及氧化钴的含量变化范围极大，分别从0.07%至3.33%，0.63%至3.31%和0.07%至0.80%，暗示了其钴料来源不同。从图14可知：①青花试料盘中乐一号、乐三号以及二号青花纹饰部位的锰钴比大于25。这与所测宣德青花瓷器所用钴料存在显著的差异。这佐证了此宣德青花盘确实为试验青花钴料发色的实验品。②所测宣德青花瓷器中，编号为XD-4、XD-5（图15）、XD-10和XD-20（图16）的4件标本所用钴料与落马桥元代青花和永乐8件青花瓷器所用钴料一致，均属于典型的进口钴料。③所测20件宣德青花瓷器中，其中有9件青花标本所用钴料的锰钴比和铁钴比介于典型进口钴料和青花试料盘所用钴料之间，据此判断这类宣德青花瓷器标本所用青花钴料可能是进口钴料与国产钴料混合调配的（图17、图18）。④7件宣德青花标本所用钴料与浙江开化龙坦窑址正德时期青花、景德镇清代官窑青花以及民窑青花所用钴料聚在一起，据此推测这7件宣德青花可能采用了国产钴料（图19、图20）。

4. 正统至天顺时期的青花

所测61件明正统至天顺时期青花瓷器青花纹饰部位的元素组成含量列于表5。

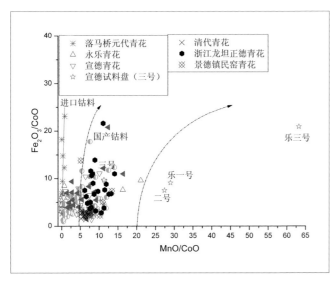

图14　青花试料盘青花部位以及宣德青花瓷器标本锰钴比与铁钴比散点图

图15　宣德青花 XD-5

图16　宣德青花 XD-20

图17　宣德青花 XD-13

图18　宣德青花 XD-17

图19　宣德青花 XD-14

图20　宣德青花 XD-19

表 5　明正统至天顺青花瓷器标本青花纹饰部位的元素组成含量　　　　　　（wt%）

编号	Al_2O_3	SiO_2	K_2O	CaO	TiO_2	MnO	Fe_2O_3	CoO
ZT-1	9.96	62.79	4.06	5.78	0.02	1.07	0.74	0.14
ZT-2	9.69	63.48	4.15	4.63	0.02	1.51	0.72	0.17
ZT-LG-1	10.81	57.40	3.24	1.54	0.00	2.40	0.95	0.28
KB-1	7.80	63.81	4.06	2.61	0.02	0.42	0.63	0.17
KB-2	7.63	58.75	3.54	1.94	0.03	1.74	0.67	0.15
KB-3	7.66	60.57	3.56	2.89	0.02	0.48	0.73	0.09
KB-4	8.26	65.77	3.91	2.46	0.03	0.72	0.91	0.14
KB-5	8.91	66.59	3.74	2.09	0.01	0.81	0.97	0.19
KB-6	10.14	70.10	3.80	2.92	0.03	0.41	0.68	0.09
KB-7	8.14	60.79	3.65	2.39	0.02	0.65	1.14	0.47
KB-8	9.76	56.43	3.86	2.75	0.00	4.07	0.99	0.48
KB-8	8.57	62.81	4.15	2.57	0.02	1.98	0.76	0.21
KB-9	9.23	63.64	4.23	2.70	0.02	0.62	0.71	0.12
KB-10	8.87	62.19	3.80	2.08	0.02	0.63	0.95	0.14
KB-11	9.28	63.70	3.71	2.71	0.02	0.63	0.91	0.15
KB-12	9.12	66.05	4.03	1.77	0.02	1.08	1.02	0.32
KB-13	9.82	66.02	3.80	3.52	0.00	0.62	1.05	0.20
KB-14	9.94	65.56	4.20	1.94	0.03	1.94	0.61	0.16
KB-15	9.89	69.90	3.78	2.82	0.02	0.25	0.54	0.05
KB-16	9.79	70.09	3.78	2.86	0.03	0.56	0.77	0.07
KB-17	9.74	66.04	3.90	3.00	0.03	0.43	1.12	0.24
KB-18	9.60	68.12	3.99	3.33	0.03	0.24	0.85	0.13
KB-19	9.41	65.78	4.13	2.87	0.02	0.66	0.86	0.42
KB-20	10.31	63.30	4.29	3.23	0.03	0.74	1.27	0.40
KB-21	9.62	63.22	3.75	3.04	0.03	0.77	1.61	0.38
KB-22	9.52	64.16	3.93	3.26	0.03	0.76	1.20	0.26
KB-23	10.37	61.04	3.58	2.87	0.02	0.88	1.76	0.65
KB-24	8.84	60.62	3.06	3.20	0.05	1.23	1.08	0.09
KB-25	8.71	61.65	3.09	1.70	0.01	1.85	0.92	0.22
KB-26	8.89	61.70	3.10	1.52	0.07	2.09	0.84	0.23
KB-27	8.96	62.81	3.16	1.34	0.08	2.18	0.79	0.23
KB-28	11.84	56.87	4.17	4.35	0.03	0.80	1.15	0.19
KB-29	10.54	63.86	5.31	2.89	0.04	0.73	0.82	0.09
KB-31	8.39	68.23	3.94	2.86	0.03	0.42	0.49	0.12
KB-32	10.21	65.20	4.58	4.06	0.02	0.31	0.74	0.04
KB-33	8.29	65.99	4.13	2.20	0.02	0.61	0.53	0.21
KB-34	9.57	58.41	3.51	2.77	0.02	0.84	1.60	0.34
KB-35	8.11	60.88	4.19	2.70	0.03	0.62	0.80	0.25
KB-36	9.25	65.63	4.14	3.20	0.03	0.44	0.61	0.16
KB-37	9.11	59.84	3.74	2.26	0.02	1.21	1.34	0.49
KB-38	8.51	62.37	4.65	3.00	0.02	0.32	0.67	0.40
KB-38	8.53	59.07	3.16	2.40	0.02	1.06	1.64	0.57
KB-39	9.02	62.92	4.01	2.89	0.03	0.80	0.75	0.06

编号	Al$_2$O$_3$	SiO$_2$	K$_2$O	CaO	TiO$_2$	MnO	Fe$_2$O$_3$	CoO
KB-40	9.07	59.07	3.02	3.72	0.02	0.63	1.27	1.32
KB-40A	8.72	66.30	4.03	2.95	0.02	0.30	0.82	0.13
KB-41	8.96	66.71	4.03	2.49	0.02	1.17	0.64	0.11
KB-42	9.31	66.40	3.86	2.61	0.03	1.28	0.65	0.11
KB-43	9.86	65.02	3.70	3.30	0.03	1.06	0.64	0.11
KB-44	10.70	61.41	3.56	3.69	0.03	0.54	0.62	0.06
DC-1	9.41	65.66	3.39	3.21	0.02	0.21	0.93	0.30
DC-2	8.97	62.55	3.19	2.95	0.02	0.31	0.90	0.35
DC-3	9.72	64.48	3.87	1.88	0.02	2.55	0.75	0.27
DC-6	8.12	60.30	2.99	3.47	0.03	0.12	0.81	0.17
DC-7-1	8.04	59.04	3.16	3.63	0.03	0.23	0.85	0.65
DC-7-2	6.67	48.99	2.59	2.32	0.00	0.13	0.68	0.15
KB-HP-1	9.83	64.53	2.74	2.38	0.03	1.54	0.72	0.18
KB-HP-2	5.54	52.56	3.44	1.80	0.01	1.36	0.61	0.21
KB-HP-3	9.93	65.98	2.94	2.40	0.03	1.50	0.72	0.17
KB-HP-4	9.39	65.32	4.07	2.91	0.02	0.46	0.64	0.06
KB-HP-5	8.72	66.26	2.50	2.26	0.03	0.62	1.29	0.20
KB-HP-6	8.89	67.27	2.99	2.38	0.02	0.46	0.89	0.15

从表 5 可知，所测正统至天顺时期青花瓷器所用钴料中氧化锰、氧化铁以及氧化钴的含量变化范围较大，结合图 21 可知：①虽然所测 61 件明代正统至天顺时期青花瓷器中部分瓷器所用钴料锰钴比均与落马桥元代青花钴料接近，但仍存在细微的差别。②所测 61 件明代正统至天顺时期青花瓷器中有 37 件青花样品钴料的锰钴比介于典型进口钴料和国产钴料之间，据此判断这类青花瓷器标本延续了宣德时期采用进口钴料与国产钴料的混合调配技术（图 22、图 23）。③所测 61 件明代正统至天顺时期青花瓷器中有 24 件青花样品钴料的锰钴比处在国产钴料分布区域之内，据此判断此类青花瓷器标本可能采用了国产钴料（图 24、图 25）。

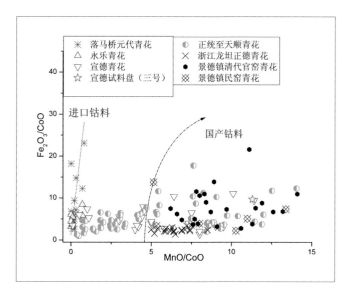

图 21　明正统至天顺青花瓷器标本锰钴比与铁钴比散点图

图 22　明正统至天顺青花 KB-17

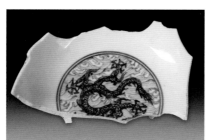

图 23　明正统至天顺青花 KB-38

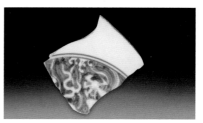

图 24　明正统至天顺青花 KB-14

图 25　明正统至天顺青花 KB-41

5. 成化青花

所测26件明成化时期青花瓷器青花纹饰部位的元素组成含量列于表6。

表6 明成化时期青花瓷器标本青花纹饰部位的元素组成含量 （wt%）

编号	Al_2O_3	SiO_2	K_2O	CaO	TiO_2	MnO	Fe_2O_3	CoO
CH-1	9.05	62.20	4.50	2.73	0.02	0.54	0.90	0.22
CH-2	8.94	57.47	4.58	3.68	0.03	0.33	0.80	0.03
CH-3	9.98	62.07	4.89	2.61	0.03	0.91	0.74	0.10
CH-4	9.60	55.71	4.32	2.04	0.03	1.00	1.63	0.23
CH-5	15.68	39.37	2.08	0.14	0.00	4.62	1.53	0.58
CH-6	9.97	62.54	4.70	1.74	0.02	1.58	0.71	0.22
CH-7	9.85	64.66	5.40	2.46	0.02	0.18	0.58	0.00
CH-8	10.76	49.57	3.53	0.91	0.04	1.55	2.19	0.49
CH-9	14.12	45.68	2.31	0.17	0.00	3.69	1.50	0.45
CH-10	10.19	65.43	4.48	3.31	0.02	0.30	0.76	0.11
CH-11	9.10	66.01	4.64	3.67	0.02	0.10	0.66	0.00
CH-12	9.14	65.17	4.73	2.56	0.03	0.23	0.79	0.08
CH-13	11.52	53.59	4.10	1.99	0.03	2.88	1.07	0.40
CH-14	10.41	61.19	4.16	3.73	0.03	0.46	0.52	0.06
CH-15	9.15	67.33	4.14	2.38	0.03	1.17	0.79	0.07
CH-16	9.38	59.42	3.77	2.74	0.03	0.38	0.93	0.19
CH-17	7.88	58.18	4.85	2.02	0.03	0.84	0.73	0.18
CH-18	8.90	61.89	4.46	2.55	0.03	1.20	0.71	0.13
CH-19	9.26	57.95	4.41	2.70	0.03	0.52	0.96	0.17
CH-20	9.90	60.41	4.43	1.92	0.02	1.31	1.33	0.24
CH-21	11.15	66.93	4.14	3.26	0.02	0.38	0.95	0.24
CH-22	9.56	68.95	4.72	2.42	0.03	0.37	0.63	0.03
CH-23	10.10	65.85	4.59	1.91	0.02	0.80	0.87	0.07
CH-24	9.42	66.54	4.41	2.58	0.02	0.39	0.90	0.19
CH-25	8.33	59.38	4.37	2.34	0.02	1.94	1.06	0.34
CH-25	9.43	62.30	4.92	2.83	0.03	0.51	0.97	0.23
CH-26	9.24	60.89	4.30	3.28	0.03	0.19	0.96	0.14

从表6和图26可知：所测26件明代成化时期青花瓷器所用钴料基本与正统至天顺时期青花瓷器一致，即成化时期沿用明正统至天顺时期的钴料。所测26件明成化青花瓷器中有12件青花瓷器钴料的锰钴比介于典型进口钴料和国产钴料之间，据此判断这类青花瓷器标本的青花钴料是进口钴料与国产钴料混合调配的（图27、图28）。所测26件明成化时期青花瓷器中有15件青花样品钴料的锰钴比处在国产钴料分布区域之内，据此判断此类青花瓷器标本可能采用了国产钴料（图29、图30）。另有2件青花瓷器由于所绘青花纹饰太细小，即钴料含量太低，很难用便携能谱仪判断采用了何种钴料。

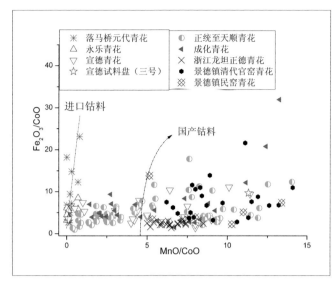

图 26　明成化青花瓷器标本锰钴比与铁钴比散点图

图 27　成化青花 CH-1

图 28　成化青花 CH-25

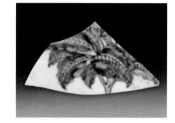

图 29　成化青花 CH-12

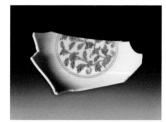

图 30　成化青花 CH-2

6. 景德镇元、明时期青花所用钴料特征

从上述分析讨论可知，景德镇元代和明永乐、宣德、正统至天顺以及成化时期青花瓷器所用钴料大体可分为三类，即进口钴料、国产钴料以及进口钴料与国产钴料混合调配的钴料（简称"混合料"）。为了更好地体现进口钴料、国产钴料以及"混合料"的整体特征，将景德镇元、明时期青花瓷器所用三种类型钴料以及浙江开化龙坦正德时期青花瓷器钴料的氧化锰、氧化铁和氧化钴平均含量列于表 7 和图 31～图 33。

表 7　不同类型钴料锰、铁和钴含量平均值

来源	钴料类型	样品数量 / 个	MnO/%	Fe₂O₃/%	CoO/%
景德镇元、明青花	进口钴料	32	0.08	2.36	0.43
	"混合料"	67	0.76	1.09	0.28
	国产钴料	44	1.55	0.82	0.18
浙江龙坦窑址正德青花	国产钴料	22	1.65	1.20	0.19

从表 7 和图 31 ～图 33 可知：①景德镇元代和明代早期青花瓷器所用的进口钴料中氧化锰、氧化铁和氧化钴平均含量分别为 0.08%、2.36% 和 0.43%，属于低锰高铁型钴料。②明代永乐、宣德、正统至天顺和成化时期部分青花所用的国产钴料中氧化锰、氧化铁和氧化钴平均含量分别为 1.55%、0.82% 和 0.18%，属于高锰低铁型钴料。相比之下，景德镇明代早中期青花瓷器采用的国产钴料中氧化锰、氧化铁和氧化钴含量总体上与浙江开化龙坦窑址正德时期青花瓷器所用钴料类似，仅是氧化铁含量较低一些。③明代宣德、正统至天顺和成化时期部分青花所用的"混合料"中氧化锰、氧化铁和氧化钴平均含量分别为 0.76%、1.09% 和 0.28%，整体上介于进口钴料和国产钴料之间。目前所见最早关于进口钴料和国产钴料"混合调配"使用的文献记载是成书于明嘉靖三十五年（1556 年）的《江西省大志·陶书》："回青淳，则色散而不收；石青多，则色沉而不亮。每两加青一钱，谓之上青；四六分加，为之中青；十分之一，谓之混水……中青用以设色，则笔路分明；上青用以混水，则颜色清亮；真青混在坯上，如灰色；石青多，则黑。"此次无损分析工作表明了明永乐时期开始认识并使用了国产钴料，在充分认识进口钴料和国产钴料发色特点的基础上，至宣德时期部分青花瓷器采用了进口钴料与国产钴料混合调配的钴料，明正统至天顺以及成化时期沿用并大规模沿用

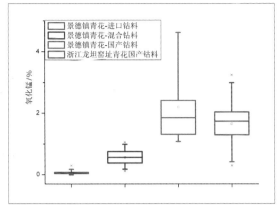
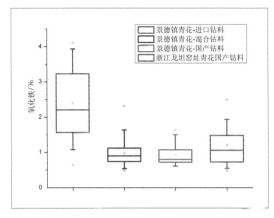
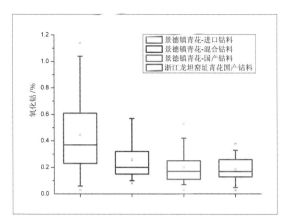

图 31　不同类型钴料的氧化锰含量箱式图　　　　图 32　不同类型钴料的氧化铁含量箱式图　　　　图 33　不同类型钴料的氧化钴含量箱式图

了"混合料"的施彩技术并臻于成熟。而始于宣德时期采用进口钴料与国产钴料混合调配的施彩技术是嘉靖时期文献出现"进口回青与石青掺和使用"记载的技术源头。

四、结论

此次采用便携式 X 射线荧光能谱仪对元代，明永乐、宣德、正统至天顺、成化时期的 140 件青花瓷器标本所用钴料进行了无损测试，得到了初步的研究结论。

所测元代青花瓷器所用钴料均为低锰高铁型的进口钴料，青花钴料用量不同或者钴料优劣之别是造成青花发色差异的原因之一。

明永乐时期仍采用了进口钴料，但开始使用高锰型的国产钴料；此次分析工作未发现永乐时期采用进口钴料和国产钴料"混合调配"使用的青花标本。

宣德时期少量青花瓷器采用了进口钴料，但更多的瓷器所用青花料介于进口料和国产料之间的过渡区域，可能采用了进口钴料与国产钴料混合调配的钴料（混合料）；同时，一些宣德青花瓷器可能单独采用了国产钴料。

明正统至天顺时期有部分青花瓷器可能采用了"混合料"，部分青花可能采用了国产钴料。

所测明成化青花瓷器使用钴料情况基本上与明正统至天顺时期一致，既有采用"混合料"的瓷器，也有单独采用国产钴料的情况。

此次无损分析工作表明了明永乐时期开始认识并使用了国产钴料，在充分认识进口钴料和国产钴料发色特点的基础上，至宣德时期部分青花瓷器采用进口钴料与国产钴料混合调配的钴料，明正统至天顺以及成化时期沿用并大规模采用了"混合料"的施彩技术并臻至成熟。

始于宣德时期的进口钴料与国产钴料混合调配的施彩技术是嘉靖时期文献出现"进口回青与石青掺和使用"记载的技术源头。

[本研究得到了故宫博物院 2017 年度科研课题（KT2017-10）和国家自然科学基金（51702054 和 51402054）经费资助]

执　　笔：李　合、江建新、邬书荣、王光尧

课题组成员：史宁昌、王光尧、江建新、邬书荣、江小民

　　　　　　丁银忠、李　合、单莹莹、翟　毅、唐雪梅

注 释

1　（明）王世懋：《窥天外乘》，（明）沈节甫辑：《纪录汇编》（四），页 2235~2236，书目文献出版社，1994 年；（明）黄一正辑：《事物绀珠》卷
　　四六，北京大学图书馆藏明万历吴勉学刻本，四库全书存目丛书，齐鲁出版社，1995 年。

2　（明）王宗沐纂修，（明）陆万垓增修：《江西省大志》，影印明万历二十五年（1597）刊本，台北：成文出版社有限公司，1989 年。

3　熊谬、熊薇：《中国陶瓷古籍集成》，页 24~25，上海文化出版社，2006 年。

4　宋应星：《天工开物》，岳麓书社，2002 年。

5　熊谬、熊薇：《中国陶瓷古籍集成》，页 302，上海文化出版社，2006 年。

6　吴隽、李家治、邓泽群、王昌燧：《中国景德镇历代官窑青花瓷的断代研究》，《中国科学 E 辑：工程科学 材料科学》2004 年第 5 期。

7　王昌燧：《科技考古进展》，页 30~50，科学出版社，2013 年。

8　李家治：《中国科学技术史·陶瓷卷》，页 364~385，科学出版社，2007 年。

9　陈尧成、郭演仪、陈虹：《中国元代青花钴料来源探讨》，《中国陶瓷》1993 年第 5 期。

10　陈尧成、郭演仪、张志刚：《历代青花瓷器和青花色料的研究》，《硅酸盐学报》1978 年第 4 期。

11　汪庆正：《青花料考》，《文物》1982 年第 8 期。

12　 R.Wen, C. S. Wang, Z. W. Mao, Y. Y. Huang and A. M. Pollard, The Chemical Composition of Blue Pigment on Chinese Blue-and-White Porcelain of
　　the Yuan and Ming Dynasties (1271-1644 A.D.), *Archaeometry 49(1)*, 2007, pp.101-115.

13　江建新：《论落马桥窑址出土的元青花瓷器——兼论元代窑业的若干问题》，《文物》2017 年第 5 期。

14　江建新：《谈景德镇明御厂故址出土的宣德瓷器》，《文物》1995 年第 12 期。

Study on the Composition Characteristics of Cobalt Material Used in Jingdezhen Blue and White Porcelain in Yuan and Ming Dynasties

The Palace Museum   The Archaeological Research Institute of Ceramic in Jingdezhen

Abstract

The Palace Museum and the Archaeological Research Institute of Ceramic in Jingdezhen had held "Imperial Porcelains from the Reigns of Zhengtong, Jingtai and Tianshun in the Ming Dynasty". A portable X-ray fluorescence spectrometer was used to nondestructively test 140 blue and white porcelain specimens from Yuan Dynasty to Yongle, Xuande, Zhengtong, Jingtai, Tianshun and Chenghua period of Ming Dynasty. This non-destructive testing work scientifically and systematically revealed the epochal characteristics and development of cobalt materials used in Jingdezhen blue and white porcelain in Yuan Dynasty, Ming Yongle, Xuande, Zhengtong, Jingtai, Tianshun and Chenghua Period. It is the latest research achievement of blue-and-white cobalt material in recent years.

Keywords

Jingdezhen, Blue and white porcelain, Cobalt material, Epochal characteristics

附录：相关知识链接

Appendix: Related Knowledge

2014 年珠山北麓发现的文物堆积地层图

2014 年考古工作者在景德镇御窑遗址珠山北麓开展考古发掘，出土的正统、景泰、天顺御窑瓷器在面貌上可分为两类，一类与永乐、宣德御窑瓷器面貌接近，另一类与成化御窑瓷器风格相似。这些瓷器混出于同一个瓷片堆积层中，有可能是不同时期烧造的御窑瓷器落选品在同一时期被处理、掩埋。在考古地层学上，不排除这个瓷片层早到宣德时期、晚至成化时期。但是，类型学研究和科学检测均表明，这批瓷器既有与正统青花云龙纹缸特征相同者，也有与湖北省武汉市明王室家族墓地出土的"天顺年置"铭青花云龙纹碗风格一致者，说明它们可以分为两类，应分别属于正统和天顺两个时期。

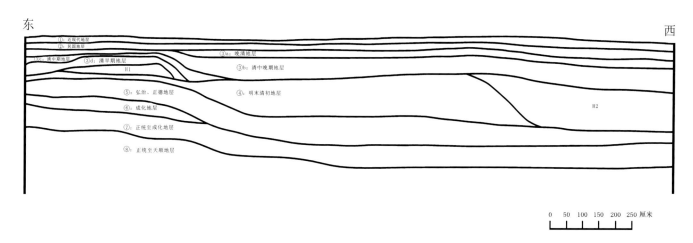

东　　　　　　　　　　　　　　　　　　　　　　　　　　　　　　　　　　　　西

0　50　100　150　200　250 厘米

明宣德、正统、天顺、成化时期御窑瓷器典型器

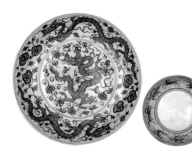

青花云龙纹天球瓶（宣德）　　　青花云龙纹缸（正统）　　　青花云龙纹碗（天顺）　　　青花穿花龙纹盘（成化）

宣德　正统至天顺　宣德　正统至天顺

青花云龙纹钵　青花云龙纹缸　青花白龙纹高足碗　青花海水白龙纹高足碗

正统至天顺　成化　正统至天顺　成化

青花梵文盘　青花梵文盘　青花海兽纹碗　青花海兽纹碗

青花团花纹碗　青花团花纹碗　青花海水龙纹碗　青花海水龙纹碗

青花双狮戏球图盘　青花双狮戏球图盘　青花缠枝宝相花纹碗　青花缠枝宝相花纹碗

青花翼龙纹碗　青花翼龙纹碗　青花矾红彩海水龙纹碗　青花矾红彩海水龙纹碗

青花海水云纹碗　青花海水云纹碗　青花矾红彩海水龙纹盘　青花矾红彩海水龙纹盘

　　阿拉伯纹饰，是指与西亚地区传统纹饰相似的装饰图案。与中国传统纹饰相比，阿拉伯纹饰多通过简单素材的组合、叠加形成繁密图案，体现出有规律的几何布局。唐代扬州城址发现的青花瓷，是中国人以此类图案为装饰的最早例证。明代永乐、宣德两朝御窑瓷器上不仅经常出现阿拉伯纹饰，甚至在器形上直接模仿西亚地区黄铜器、玉器。正统、景泰、天顺三朝御窑瓷器，阿拉伯纹饰被应用于中国传统造型器物上，纹饰亦有所变化。至成化时期，阿拉伯纹饰与中国传统器型的融合已经完成，这种外来装饰日渐内化为御窑瓷器的自身特征。嘉靖、万历时期，御窑瓷器持续使用这种纹饰，明代嘉靖时期官修《江西省大志》一书所说的"回回花"即阿拉伯纹饰。

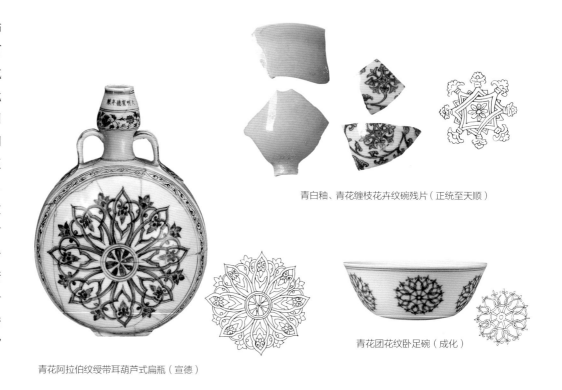

青白釉、青花缠枝花卉纹碗残片（正统至天顺）

青花团花纹卧足碗（成化）

青花阿拉伯纹绶带耳葫芦式扁瓶（宣德）

明代青料史略

青料名称：苏麻离青（又名苏勃泥青）
年代：永乐、宣德
产地：西亚地区
发色特征：发色浓艳，往往出现铁锈斑

青料名称：平等青（又名陂塘青）
年代：成化、弘治
产地：江西省乐平市
发色特征：浅蓝带灰、柔和淡雅

青料名称：石子青（又名无名子）
年代：正德
产地：江西省上高县
　　　　（明代归瑞州府管辖）
发色特征：浓中带灰

青料名称："回青"加"石子青"
年代：嘉靖、隆庆、万历早期
产地：外国加国产
发色特征：蓝中透紫

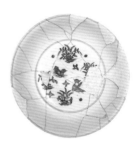

年代：宣德
工艺特征：釉下以青花和刻线两种方式勾勒纹饰轮廓
主要器型：碗、高足碗、盘
主要纹饰：鸳鸯莲池图（又名满池娇图）
颜色：红、绿、黄、褐

年代：正统至天顺
工艺特征：省去釉下刻线一步，局部图案以釉下青花勾边
主要器型：碗、高足碗、盘
主要纹饰：鸳鸯莲池图
颜色：红、绿、黄、褐、黑

年代：成化
工艺特征：全部图案均以釉下青花勾边
主要器型：碗、高足碗、盘
主要纹饰：鸳鸯莲池图
颜色：红、绿、黄、褐、紫等，每种彩料出现深浅不同的细化分类

年代：成化
工艺特征：全部图案均以釉下青花勾边
新器型：杯、罐、瓶、盒
新纹饰：花卉、葡萄、鸟树、夔龙、瑞兽、人物、子母鸡等
颜色：红、绿、黄、褐、紫等，每种彩料出现深浅不同的细化分类

钧窑

钧窑天蓝釉鼓钉三足花盆托

钧窑天蓝釉红斑盘

钧窑遗址在今河南省禹州市境内，最著名的窑场位于禹州旧城北门内的钧台、八卦洞附近。钧窑瓷器可分为两类：一类器型以碗、盘、洗、罐、瓶、炉、枕等日用品为主，釉色以带乳光的天蓝居多，部分饰有红或紫红色斑块。这类产品的年代为金、元时期，陶瓷学界已基本达成共识。另一类器型主要是各式花盆、花盆托、出戟尊等陈设器，由于这类器物以花盆和花盆托为主，故又称"花器"。通体施玫瑰紫、海棠红、月白、天蓝等窑变釉，底部、足内侧多刻划从"一"至"十"的汉写数目字。这类钧瓷即通常所说的"五大名窑"之一——"钧窑"产品。有关陈设类钧瓷的烧造年代，陶瓷学界尚有争议，有"北宋说""金代说""元末明初说""明代说"等不同观点。"北宋说"是明清以来收藏鉴赏界的传统观点，后三种观点是 20 世纪初以来学者根据考古地层学、类型学和科技检测等提出的新认识。

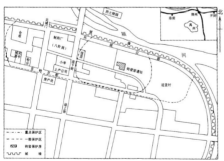

钧窑遗址位置示意图

元代和明代磁州窑的中心窑场位于今河北省邯郸市彭城镇，明代在此设官窑。磁州窑产品以白地黑花瓷器最为著名，是北方民窑的杰出代表。其烧瓷历史从北宋延续到清代，在元、明时期，还为宫廷烧造瓷器。据文献记载，明代磁州窑曾为宫廷烧造瓶、坛、缸等瓷器，还为赵王府烧造祭器。此外，在传世清宫旧藏磁州窑瓷器中，有永乐、宣德时期的渣斗、葫芦瓶、如意耳扁瓶、梅瓶等白瓷，这些器物的造型与同时期景德镇窑、龙泉窑、钧窑产品相似。

白釉黑彩童子蹴鞠图枕（金代）

白地褐彩人物图长方形枕（元代）

白釉印云龙纹双耳扁瓶（明代）

白釉黑彩花蝶纹瓶（宋代）

龙泉窑

龙泉大窑枫洞岩窑址发掘全貌（西→东）

龙泉窑青釉刻花盘（明初）

景德镇窑仿龙泉青釉盘（宣德）

景德镇窑仿龙泉青釉刻花碟（宣德）

龙泉窑遗址分布于今浙江省龙泉市、庆元县等市县，中心窑场位于龙泉市小梅镇大窑村岙底地区，有专门为宫廷烧造瓷器的窑址。龙泉窑是宋、元时期著名的青瓷窑，以所产粉青釉、梅子青釉瓷最负盛名。北宋末年，龙泉窑已开始为宫廷烧造瓷器。据《大明会典》《明实录》记载，明代初年，龙泉窑仍在为宫廷烧造瓷器，有太监在此督陶。2006年至2007年，考古工作者对岙底地区的枫洞岩窑址进行了发掘，出土的部分明代早期青瓷，在器型、纹饰等方面与永乐、宣德时期景德镇御器厂烧造的青花瓷器多有相似之处。成化以后，龙泉窑不再为宫廷烧造瓷器，当地的窑业生产也逐渐走向衰落。

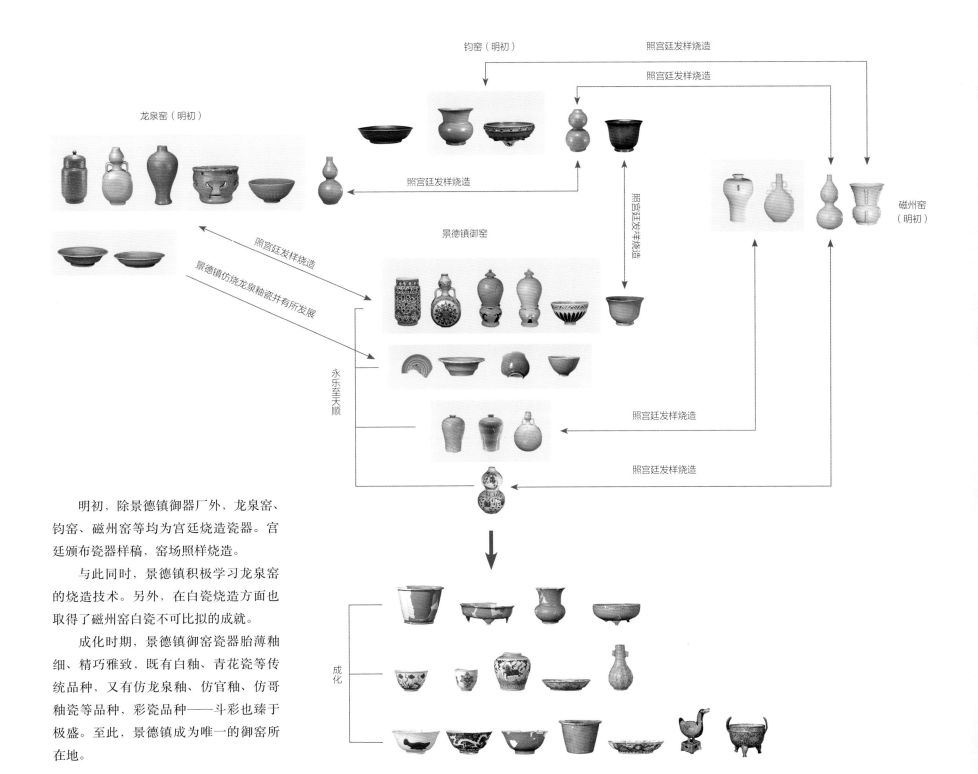

钧窑（明初）

照宫廷发样烧造

照宫廷发样烧造

龙泉窑（明初）

照宫廷发样烧造

照宫廷发样烧造

磁州窑
（明初）

景德镇御窑

照宫廷发样烧造

照宫廷发样烧造

照宫廷发样烧造

照宫廷发样烧造

景德镇仿烧龙泉釉瓷并有所发展

永乐至天顺

成化

明初，除景德镇御器厂外、龙泉窑、钧窑、磁州窑等均为宫廷烧造瓷器。宫廷颁布瓷器样稿，窑场照样烧造。

与此同时，景德镇积极学习龙泉窑的烧造技术。另外，在白瓷烧造方面也取得了磁州窑白瓷不可比拟的成就。

成化时期，景德镇御窑瓷器胎薄釉细、精巧雅致，既有白釉、青花瓷等传统品种，又有仿龙泉釉、仿官釉、仿哥釉瓷等品种，彩瓷品种——斗彩也臻于极盛。至此，景德镇成为唯一的御窑所在地。

后记

"明代正统、景泰、天顺时期御窑瓷器展"是故宫博物院和景德镇市人民政府战略合作框架的成果之一，也是2002年我和江建新先生在御窑遗址考古工地策划的"明代御窑瓷器系列对比展"的构成部分。

在2014年的《明代洪武永乐御窑瓷器——景德镇御窑遗址出土与故宫博物院藏传世瓷器对比》编后记中已经说过，把故宫博物院收藏的传世明代御窑瓷器和景德镇御窑遗址出土的明代御窑瓷器按时代进行对比展览是一个宏大的计划，当初的想法还包括台北故宫博物院的藏品以及南京明故宫遗址和功臣墓的出土瓷器，希望全面地反映御窑瓷器的面貌及其在皇宫内外的使用情况。在已办的对比展中，台北故宫博物院的藏品以及南京明故宫遗址和功臣墓出土瓷器虽没入展，但因为台北故宫博物院的藏品和北京故宫博物院的藏品性质完全相同，南京明故宫遗址出土的同类瓷器也是宫廷用瓷的物证，功臣墓出土瓷器更多是明初的龙泉青瓷和"元青花风格的瓷器"，所以没能实现最初的想法也无伤大雅。

展览不只是把文物放在展柜内的宝物展示，更应该是学术研究成果的体现。文物展览在展示其艺术价值的同时，也应让观众和读者从中了解更多文物背后的历史真实，所以展览允许存在策展者主观意向的同时，也应该做到客观、全面地展示文物，以便让观者通过展览产生自己独立的思考与判断。所以即便是同一个系列的明代御窑瓷器对比展览，也会因时代、历史背景和文物本身的差异，要求有不同的展览构思。"明代正统、景泰、天顺时期御窑瓷器展"是最能体现这种不同的展览，也是这个系列展览中最考验策展人者。

考虑到景德镇出土该时期的标本不多，把"明代正统、景泰、天顺时期御窑瓷器展"办成和其他几个明代御窑瓷器对比展不同的展览是原初的想法。只有跳出景德镇，把展览办成既包括景德镇御窑不同时期的产品对比，也包括景德镇窑和龙泉窑、磁州窑、钧州窑几个不同窑场在同一时期的产品的对比，以便能从中看到景德镇窑场自身的发展系列，也能看到不同窑场烧造御窑瓷器时遵循的同样的官样与管理制度。因为无论是文献记载，还是传世实物、窑址出土的考古资料，都表明在明代天顺八年（1464年）以前为宫廷烧造御用瓷器的窑场至少有景德镇和龙泉两处，而在传世实物和窑址出土资料中磁州窑和钧州窑在器物类别、造型、纹样方面又与景德镇和龙泉两窑场表现着极大的一致性，昭示着明代早期可能存在四处御用瓷器生产基地，而这一点不仅是从事御窑瓷器研究与保管者要深入研究并揭示的历史实情，而且也是应该告知大家的内容。

2014年珠山北麓的考古发现，出土了大量地层可靠的正统、景泰、天顺时期御窑瓷器，让我们这个展览的内容更加丰富，也为进一步研究正统、景泰、天顺时期的御窑瓷器和御窑制度带来了更加丰富的资料。但是，受配合文物保护大棚改造工程、抢救性发掘的限制，工期急迫，此次发掘在把握地层层位方面只是区分出成化文化层、正统、景泰、天顺文化层，以及更早期的文化层的叠压关系，而没能把正统、景泰、天顺时期文化层包括的亚层及其他性质的埋藏单位进行更加细致的区分，所以只能统称之为正统、景泰、天顺文化层。至于深入的细分，尚待进行进一步的类型排比以及将来掌握更多的地层证据。

这个展览在实现我们原始构思，把近年来学术界关于景德镇御窑、龙泉窑和钧窑考古研究成果进行综合并呈现在展览中的同时，也把景德镇御窑遗址考古新成果与大家分享。我们知道在本展览和图录中，无论是关于正统、景泰、天顺时期御窑瓷器的认知与断代，还是展览的结构等都有进一步提升的空间，所以我们期待大家共同参与讨论，为未来再次通过展览的方式把讨论、研究的成果公布出来做好准备。

感谢故宫博物院领导和相关部门为此次展览提供的支持，感谢保利艺术博物馆在此次展览和出版工作中的帮助，感谢湖北省文物局王风竹副局长和武汉博物馆在借展文物时的友好支持，感谢故宫出版社为出版付出的努力。尤其要感谢故宫博物院器物部陶瓷组和景德镇市陶瓷考古研究所各位同人的辛勤劳动和付出。

编者

Postscript

"Imperial Porcelains from the Reigns of Zhengtong, Jingtai and Tianshun in the Ming Dynasty" is not only a key research outcome of the strategic framework of cooperation between the Palace Museum and the Municipal People's Government of Jingdezhen but also one of a series of comparative exhibitions focusing on Ming dynasty Imperial porcelain. This exhibition series was originally conceived by myself and Mr Jiang Jianxin when we worked together at the archaeological site of the Imperial ceramic kilns of Jingdezhen City in 2002.

In 2014, the postscript of the catalogue for the "Imperial Porcelains in the Reigns of Hongwu, Yongle and Xuande of the Ming Dynasty" noted how ambitious it had been to attempt to organise a comparative exhibition series bringing together the Ming Imperial porcelains in the Palace Museum collections and archaeological finds from the Jingdezhen Imperial Kiln sites. Originally, we had hoped this exhibition series could have also included ceramic collections from both the Palace Museum in Taipei, the Ming Palace and Meritorious Ministers' Tombs in Nanjing. This original vision would have provided audiences with a complete understanding of Ming Imperial ceramics and their functions within the Ming Palaces. Although it was not eventually possible to include the collections from Taipei or Nanjing in this series of exhibitions, the collections now held in Taipei and the collections of the Nanjing Ming Palace are largely comparable to the collections held by the Palace Museum. Excavations at the Meritorious Ministers' Tomb, on the other hand, only unearthed a few pieces of Longquan celadon dating to the early Ming period along with some other pieces of Yuan-type blue and white porcelain. Therefore these omissions do not severely affect the ability of the exhibition to meet its original aims.

The exhibition of archaeological artefacts is not just about the display of collections but also a representation of current academic research. Exhibition design should, therefore, make clear both the value of the collections themselves as well as the stories behind them. While curators should make their own voices heard, exhibitions should also let the collections speak for themselves, ensuring that the audiences are free to make their own interpretations. In the case of this comparative series of exhibitions of Ming Imperial ceramics, each exhibition has a unique context due to the varying historical and cultural backgrounds of the different artefacts. As a result, a variety of different design decisions have been required. I believe the exhibition of "Imperial Porcelains from the Reigns of Zhengtong, Jingtai and Tianshun in the Ming Dynasty" represents the best example of this concept. Throughout this project, the curators of the Palace Museum have wrestled with the challenge of how best to design this exhibition and have achieved a fantastic final result.

In the design of this exhibition we have tried to bring together as many Imperial ceramics from the Zhengtong, Jingtai and Tianshun reigns as possible but, currently, only a few firmly identified collections unearthed from Jingdezhen are available. As a result, we have had to include collections from other periods and different kilns, such as the Longquan kilns, the Cizhou kilns, the Jun kilns and others. By comparing them, we can clearly see the development of the ceramic industry at Jingdezhen as well as the evolution in form and design of Imperial ceramics and even the management of the Ming Imperial ceramic industry. This exhibition has shown that, based on historical records, archaeological evidence and museum collections, there were at least two Imperial ceramic kilns in operation, at Jingdezhen and Longquan, prior to the 8th regnal year of the Tianshun Emperor. The museum collections and archaeological evidence dating to this period also demonstrate that the ceramics from the kilns at Cizhou and Jun shared very similar forms, design and decoration with the Imperial ceramics from Jingdezhen and Longquan. This exhibition not only allows us to tell these historical research outcomes to ceramic researchers and museum keepers but also provides an opportunity to present the stories of ancient Imperial kilns to the general public.

The firmly identified Zhengtong, Jingtai and Tianshun Imperial ceramics, discovered at the northern side of Zhushan Imperial Kiln site in 2014, not only enrich this exhibition but also make an important contribution to ceramic studies. However, because of time constraints during the excavation, the deposit can only be divided into three stratigraphic units, namely the Xuande period, the period encompassing the Zhengtong, Jingtai and Tianshun reigns and the Chenghua period. Unfortunately, we could not sub-divide the periods between the Xuande and Chenghua periods in greater detail. Hopefully, in the near future, more light can be shed on these issues through the comparative study of the different ceramics from the excavation as well as other post-excavation analyses.

We have long hoped to be able to bring together recent archaeological discoveries and academic studies of the Jingdezhen, Longquan and Jun kilns, and share this knowledge with the general public. This exhibition makes this dream a reality. Although this catalogue and exhibition achieved new and important research outcomes, we realize that knowledge about ceramics during the Zhengtong, Jingtai and Tianshun reigns remains extremely limited. We therefore anticipate much further discussion of this topic to come and look forward to new exhibitions of the results of these discussions and future research.

I would like to extend my most sincere gratitude to the leaders and relevant departments of the Palace Museum and to the Poly Art Museum, for their support in the preparation of this exhibition and the publication of this catalogue. My most sincere gratitude also goes to Vice-director Wang Fengzhu, of the Administration of Cultural Relics and Antiquities of Hubei Province, and to the Wuhan Museum, for their friendly support in borrowing their collections. I also want to say many thanks to the Forbidden City Publishing House for their great efforts in the publication of this catalogue. In closing, I would like to send my special thanks to all the staff in the Ceramics Group of the Department of Objects and Decorative Arts of the Palace Museum and to the staff of the Archaeological Research Institute of Ceramic in Jingdezhen, for all their hard work in the design and preparation of this exhibition.

Editor

图书在版编目（CIP）数据

明代正统、景泰、天顺御窑瓷器 ： 景德镇御窑遗址出
土与故宫博物院藏传世瓷器对比 ／ 故宫博物院，景德镇市
陶瓷考古研究所编.—北京 ： 故宫出版社，2019.7
　　ISBN 978-7-5134-1220-9

　　Ⅰ．①明… Ⅱ．①故… ②景… Ⅲ．①瓷器(考古)—
对比研究—中国—明代 Ⅳ．①K876.34

　　中国版本图书馆CIP数据核字(2019)第129224号

明代正统、景泰、天顺御窑瓷器
景德镇御窑遗址出土与故宫博物院藏传世瓷器对比
故宫博物院　景德镇市陶瓷考古研究所 编

出 版 人：王亚民
责任编辑：梅　婷　骆　艳
装帧设计：北京气和宇宙设计有限公司
责任印刷：常晓辉　顾从辉
出版发行：故宫出版社
　　　　　地址：北京市东城区景山前街4号　邮编：100009
　　　　　电话：010-85007808　010-85007816　传真：010-65129479
　　　　　邮箱：ggcb@culturefc.cn
印　　刷：北京雅昌艺术印刷有限公司
开　　本：889毫米×1194毫米　1/12
印　　张：31.5
版　　次：2019年7月第1版
　　　　　2019年7月第1次印刷
印　　数：1~2000册
书　　号：ISBN 978-7-5134-1220-9
定　　价：460.00元